V&R

ANNIKA KRAHN 2006

Lothar Pikulik

E. T. A. Hoffmann als Erzähler

Ein Kommentar zu den »Serapions-Brüdern«

Vandenhoeck & Ruprecht
in Göttingen

Sammlung Vandenhoeck

Umschlagbild: Die „Serapionsbrüder" (von links: Hitzig, Koreff, Chamisso, Hoffmann, Devrient). Zeichnung von L. Löffler

CIP-Kurztitelaufnahme der Deutschen Bibliothek

Pikulik, Lothar:
E. T. A. Hoffmann als Erzähler : e. Kommentar zu d. »Serapions-Brüdern« / Lothar Pikulik. – Göttingen : Vandenhoeck u. Ruprecht, 1987
(Sammlung Vandenhoeck)
ISBN 3-525-01215-2
NE: Hoffmann, Ernst T. A.: Serapions-Brüder

Schrift: Garamond 10/11 auf der Linotron 202/5
Satz: Fotosatz Otto Gutfreund, Darmstadt
Druck und Einband: Hubert & Co., Göttingen

Inhalt

Einleitung

Dieser Kommentar entstand bereits vor einigen Jahren und war ursprünglich für eine Ausgabe der »Serapions-Brüder« gedacht, die nicht zustande kam. Er erscheint jetzt als selbständige Veröffentlichung, erweitert durch neuere Forschungsergebnisse, aber gekürzt um die Anmerkungen zu einzelnen Stellen, da solche sich ausreichend in den meisten größeren Hoffmann-Ausgaben finden.

Wenn mit der Kürzung ein Gewinn an Lesbarkeit erreicht ist, so stellt sich wohl auch um so leichter ein zusammenhängender Eindruck von Hoffmanns Erzählsammlung ein. Deren Zusammenhang zu erhellen, ist eines der Ziele des Kommentars. In der Vielfalt soll die Einheit, im Wechsel die Wiederkehr sichtbar werden: etwas ebenso spezifisch Romantisches wie allgemein Poetisches und vor allem Mythopoetisches. Hoffmanns Erzählungen, einerseits eine immer wieder neu wirkende Vermählung von Phantasie und Besonnenheit, Metaphysik und Komik, Magie und Ironie, bestehen andererseits im Variieren bestimmter Grundmuster. Und da in den »Serapions-Brüdern« nahezu sämtliche Muster und Variationen vorkommen, über die Hoffmann verfügt, scheint es auch, daß die Sammlung, obwohl nur ein Teil seines poetischen Oeuvres, das Oeuvre als ganzes repräsentiert.

Weil es hier primär um den Erzähler Hoffmann geht, werden die Rahmengespräche nur summarisch, die Binnenerzählungen dagegen verhältnismäßig ausführlich kommentiert. Was zu den letzteren gehört, zu den Stücken also, die Hoffmann mit dem Untertitel »Gesammelte Erzählungen und Mährchen« gemeint haben dürfte, ist jedoch strittig. Ob Texte wie »[Alte und neue Kirchenmusik]«, »[Zacharias Werner]« oder »[Die ästhetische Teegesellschaft]«, die in den heute gängigen Ausgaben als Binnenstücke auftauchen, dazuzählen, muß bezweifelt werden. Der Text über die Kirchenmusik gehört nicht zum Genre »Erzählung«. Der Text über Zacharias Werner besitzt gegenüber dem Rahmengespräch keine Selbständigkeit, sondern erscheint als dessen Teil und verbleibt auf dessen Ebene (das gilt zum großen Teil auch von der musikhistorischen Erörterung). Der Text über die ästhetische Teegesellschaft schließlich reicht über ein bloßes Apropos nicht hinaus, wie es in Form von Anekdoten, knappen Charakterbildern oder kurzen Erlebnisberichten auch sonst sehr häufig in den Gesprächen der Serapions-Brüder vorkommt. Wollte man sie alle als Binnenstücke deklarieren, ergäbe deren Zahl ein Mehrfaches des üblicherweise als Binnenteil Anerkannten.

Hoffmann selbst hat über die Zuweisung der erzählenden Passagen zu den Binnenstücken keine Klarheit geschaffen. Die zu seinen Lebzeiten erschienene erste Ausgabe hat im Gegensatz zu neueren Ausgaben kein Inhaltsverzeichnis, das die einzelnen Erzählungen und Märchen gesondert mit Titeln auswiese. Die explizite Titelangabe ist auch deshalb kein Entscheidungskriterium, weil sie selbst innerhalb der Sammlung bei mehreren Erzählungen fehlt. Will man Rahmen- und Binnenteil voneinander abheben, kann man nicht einmal den Unterschied zwischen Gespräch und Erzählung zugrunde legen, so nämlich, als würden die Serapions-Brüder auf der Rahmenebene nur miteinander konversieren, auf der Binnenebene nur erzählen. Vielmehr sind auch die Rahmengespräche, wie bereits angedeutet, von vielerlei Geschichten durchwirkt. Die Unterscheidung ist somit auf andere Weise zu treffen, wobei die länger anhaltende Gesprächsunterbrechung und der ›Einlage‹- oder ›Einschub‹-Charakter des Vorgetragenen mit deutlicher Anfangs- und Endbegrenzung die Hauptkriterien sein dürften. Ohne die strittige Frage der Zuordnung endgültig entscheiden zu wollen, geht unser Kommentar davon aus, daß zu den Binnenstücken im engeren Sinne 25 Erzählungen zu rechnen sind, jene, die im vorstehenden Inhaltsverzeichnis aufgeführt sind.

Eine Titelkorrektur: Der sachlich unrichtige Titel »[Vampirismus]« zu einer Erzählung im vierten Band wurde durch den vom einleitenden Rahmengespräch autorisierten Titel »[Eine gräßliche Geschichte]« ersetzt. Diese Korrektur hat bereits Hartmut Steinecke in seiner Ausgabe der »Serapions-Brüder«, Frankfurt 1983 (insel taschenbuch 631), vorgenommen.

Ihrem Charakter als Kommentar gemäß bietet unsere Darstellung Informationen über Erstdruck und Entstehungszeit der Erzählungen sowie – ausführlicher – über Hoffmanns Quellen, zum Teil mit längeren Quellenzitaten, vor allem aber

Hilfen zum Verständnis von Sinn und Struktur der Texte, die als Interpretationsanstöße und -vorschläge dienen mögen. Für den informierenden Teil wurden u. a. die Ausgaben von Georg Ellinger, von Carl Georg von Maassen und des Winkler-Verlages (Anmerkungen von Wulf Segebrecht) dankbar benutzt. Das wichtigste Hilfsmittel, die historisch-kritische Ausgabe von Maassens, ist leider unvollständig: sie enthält nur die Bände 2 bis 4 der »Serapions-Brüder«.

Die erste Ausgabe erschien in vier separaten Bänden, verhältnismäßig kurz nachdem Hoffmann auf den Vorschlag des Buchhändlers und Verlegers Georg Reimer eingegangen war, seine in Journalen und Taschenbüchern verstreuten Erzählungen und Märchen gesammelt herauszugeben (zur Entstehungsgeschichte siehe den Gesamtkommentar):

»Die Serapions-Brüder. Gesammelte Erzählungen und Mährchen. Herausgegeben von E. T. A. Hoffmann«, Berlin: Georg Reimer 1819–21 [Band 1 und 2 Februar 1819, Band 3 Oktober 1820, Band 4 Ostern 1821].

Über die Abweichungen dieses Textes von den Erstdrucken der einzelnen Erzählungen informieren die Ausgaben von Georg Ellinger, Carl Georg von Maassen und des Winkler-Verlages.

Unserem Kommentar liegt die im Winkler-Verlag erschienene Ausgabe zugrunde:

E. T. A. Hoffmann: »Die Serapions-Brüder. Nach dem Text der Erstausgabe (1819–21) unter Hinzuziehung der Ausgaben von Carl Georg von Maassen und Georg Ellinger, mit einem Nachwort von Walter Müller-Seidel und Anmerkungen von Wulf Segebrecht, sowie mit den Illustrationen von Theodor Hosemann zur ersten Gesamtausgabe von 1844/45«, München: Winkler 1963.

Sämtliche Zitate aus den »Serapions-Brüdern« sowie alle Seitenangaben beziehen sich, wenn nicht anders vermerkt, auf diese Ausgabe.

Kommentar zum Ganzen

1. Entstehung

Nachdem Hoffmann als Schriftsteller beachtliche Erfolge erzielt hatte, machte ihm der Berliner Buchhändler und Verleger Georg Reimer in einem nicht erhaltenen Brief Ende Januar oder Anfang Februar 1818 den Vorschlag, die in Taschenbüchern und Zeitschriften verstreuten Erzählungen gesammelt in Buchform herauszugeben. Hoffmann antwortete darauf in seinem Brief vom 17. Februar 1818:

»Sehr gern gehe ich auf Ihren gütigen Vorschlag wegen des Abdrucks meiner Erzählungen ein und wäre schon jetzt Vorrath zu einem artigen Bändchen da. nehmlich

1) Der Dichter und der Musiker (fünf Jahre alter Aufsatz aus der Mus: Zeitung)

2) Die Fermate (T. für Frauen)

3) Der Artushof (Urania)

4) Fragment aus dem Leben dreier Freunde (Wintergarten)

Zu diesen Erzählungen würde ich zwey *neue* hinzufügen um das halbe Dutzend voll zu machen. Erlauben Sie indessen eine Frage deren Entscheidung ich Ihnen gänzlich überlasse so wie Sie glauben, daß das Buch besser geht. Ist es gerathener die Sachen unter dem simplen Titel: Erzählungen gehn zu lassen oder eine Einkleidung zu wählen nach Art des Tieckschen Phantasus?« (Briefe II, S. 156)

Die »Einkleidung« erscheint gemäß dieser Äußerung noch nicht besonders wichtig. Hoffmann unterwirft sich in dieser Frage sogar der am Markt orientierten Entscheidung des Verlegers. Nachdem die Entscheidung zugunsten jener Einkleidung gefallen war, paart sich jedoch die ökonomische Rücksicht mit dem künstlerischen Gewissen und dem Willen, seinem Dichtertum Ehre zu machen. Schon die Anlehnung an Tiecks von weiten Kreisen geschätzten »Phantasus« war mit einem gewissen Anspruch verbunden und erlegte die Verpflichtung zu künstlerischer Gestaltung auf.

Die genaue Anordnung der Sammlung mögen Reimer und Hoffmann mündlich vereinbart haben. Bereits am 24. Februar 1818 teilte der Dichter seinem Verleger mit, daß er sich zu folgendem Titel entschlossen habe: »Die SeraphinenBrüder./ Gesammelte Erzählungen und Mährchen/ Herausgegeben/ von/ E. T. A. Hoffmann«, fügt allerdings hinzu: »Jedoch nehme ich mit Freuden andere Vorschläge an.« (Briefe II, S. 157) Reimer akzeptierte den Titel und kündigte den Band im Ostermeß-Katalog 1818 entsprechend an. Im Sommer verabredete Hoffmann dann mit Reimer, übers Jahr einen zweiten Band der »Seraphinen-Brüder« erscheinen zu lassen mit drei kürzlich abgelieferten Beiträgen zu Taschenbüchern auf das Jahr 1819 als Grundstock. Der erste Band sollte mit »Nußknacker und Mausekönig«, der zweite mit »Das fremde Kind« abschließen. Demgemäß annoncierte Reimer nunmehr zur Michaelis-Messe (29. September) ein »erstes Bändchen« der »Seraphinen-Brüder«, und zwar als »fertig geworden«, während Hoffmann die Niederschrift noch gar nicht begonnen hatte (Briefe II, S. 157, Fußnote).

Daß Hoffmann zunächst den Titel »Die Seraphinen-Brüder« wählte und ihn später, noch vor Ende des Jahres 1818, in »Die Serapions-Brüder« änderte, hat folgende Bewandtnis:[1] Nachdem Hoffmann Ende September 1814 endgültig nach Berlin übergesiedelt war, um hier wieder in den preußischen Staatsdienst einzutreten, sammelte er wenig später einen Kreis von Freunden um sich, der sich am 12. Oktober 1814, am Tag des hl. Seraphinus von Montegranaro (gestorben 1604, kanonisiert am 16. Juli 1767), konstituierte und daher von Hoffmann »Seraphinenorden« genannt wurde. Außer Hoffmann gehörten ihm an: Julius Eduard Hitzig, wie Hoffmann Jurist im preußischen Staatsdienst; Friedrich de la Motte-Fouqué, der Dichter der »Undine«; Adelbert von Chamisso, der Dichter des »Peter Schlemihl«; der Bühnendichter und Novellist Carl Wilhelm Salice Contessa; der preußische Offizier Friedrich von Pfuel, Bruder von Ernst von Pfuel, des Freundes von Kleist; der Arzt und Dichter David (ab 1816 Johann) Ferdinand Koreff; der Theologe und spätere Superintendent und Konsistorialrat Georg Seegemund. Gäste des Ordens waren der preußische Staatsrat und Vizepräsident Theodor Gottlieb von Hippel und Ludwig Robert (urspr. Markus Levin), der Bruder Rahel Varnhagens. Man traf sich zunächst im Kaffeehaus Manderlee, später mehrmals in

Hoffmanns Wohnung und auch in der Wohnung anderer Mitglieder. Der Name »Seraphinenorden« für diesen Kreis ist belegt durch einen Brief von Georg Seegemund an Wilhelm Neumann vom 14. März 1815.[2]

Der »Orden« bestand fast zwei Jahre und löste sich in der zweiten Hälfte des Jahres 1816 auf. Der erste Biograph Hoffmanns, Julius Eduard Hitzig, behauptet, daß die Auflösung eine Folge der glänzenden und erfolgreichen Aufführungen von Hoffmanns Oper »Undine« (Premiere am 3. August 1816 in Berlin) gewesen sei: Hoffmann sei dadurch eine »Lokal-Celebrität« geworden, als welche er nun »Einladungen über Einladungen in Berliner Gesellschaftskreise erhielt«.[3] Wesentliche Gründe dürften jedoch auch die Abreise Chamissos Mitte Juli 1816, der als Naturforscher an einer Weltumseglung teilnahm, und die Übersiedlung Contessas auf das Gut seines Freundes Ernst von Houwald in der Niederlausitz im selben Jahre gewesen sein. Mit den übriggebliebenen Mitgliedern dürfte Hoffmann von Zeit zu Zeit noch zusammengekommen sein.

Die Neugründung des Bundes erfolgte im Spätherbst 1818. Möglicherweise gab Chamissos Heimkehr (er war am 17. Oktober in Swinemünde gelandet) dazu den Anstoß. Die Anregung, sich einmal in der Woche in Hoffmanns Wohnung zu treffen, »um sich mit einander zu besprechen und das etwa Gearbeitete mitzutheilen«,[4] hat sich freilich Hitzig zugeschrieben. Am 13. November überwies Reimer an Hoffmann einen Vorschuß auf das Honorar der »Seraphinen-Brüder« von 75 Reichstalern. Gleich nach Empfang, am Samstag, 14. November, lud Hoffmann einige Freunde des alten Bundes zu sich ein Im Laufe des Abends stellte sich heraus, daß der hl. Serapion, ein ägyptischer Asket und Märtyrer des 4. Jahrhunderts, im Kalender stand. Darauf beschlossen die Freunde, sich Serapions-Brüder zu nennen und fortan, wie ehedem, regelmäßig zusammenzukommen. Hoffmann änderte dementsprechend den Titel seines Buches in »Die Serapions-Brüder« um und schrieb zur Motivierung die Erzählung von dem geisteskranken Grafen P., der sich für den Märtyrer Serapion hält (Briefe II, S. 180, Fußnote).

In den sechs »Freunden« der Rahmenerzählung, von denen zunächst vier sich versammeln, zwei später hinzukommen, hat man die Freunde des damaligen (alten und neuen) Bundes wiedererkennen wollen: in Theodor: Hoffmann; in Ottmar: Hitzig; in Sylvester: Contessa; in Vinzenz: Koreff; in Lothar: Fouqué; in Cyprian: Chamisso. Nach einer anderen Deutungsvariante sind auch Lothar und Cyprian Hoffmann zuzuweisen. Die Zuordnung, über die auch sonst Meinungsverschiedenheiten bestehen, führt jedoch in jeder Variante zu Ungereimtheiten[5] und ist der Unabhängigkeit der Dichtung von der Wirklichkeit wenig angemessen. Im Prinzip sind alle Figuren fiktiv und Geschöpfe Hoffmanns, was nicht ausschließt, daß sie mit einigen Zügen an wirkliche Vorbilder angelehnt sind. Wenn Hoffmann selber sich in ihnen spiegelt, dann im Grunde in allen. Wie Segebrecht mit Recht bemerkt, steht »hinter den nur oberflächlich charakterisierten Gesprächsteilnehmern ein gemeinsames autobiographisches Ich.«[6]

Wenn aber Hoffmann seine individuelle Autorschaft zu einem Autorenkollektiv erweitert, insofern nämlich, als die erzählenden Serapions-Brüder auch als Autoren ihrer Geschichten auftreten, so bedeutet das nicht eine Vervielfältigung, sondern eine Entgrenzung des eigenen Ich. Die Produkte dieses Ich, seine Erzählungen, bringt Hoffmann damit zugleich in einen Status der Publikation, der es ihm ermöglicht, sie *als losgelöst von seinem Innern, objektiv zu betrachten* (644). Der Dichter, so lautet sein Ideal, soll sich dem Dienst an der Kunst und dem überindividuellen Geist weihen, der in der Kunst zur Anschauung gelangt, nicht der eitlen Selbstbespiegelung: *»Überhaupt«, sprach Lothar, »bin ich überzeugt, (...) daß der Dichter, dem in der Tiefe des Gemüts die wahrhaftige Erkenntnis der Kunst und mit ihr auch die Andacht aufgegangen, die den schaffenden Geist im Universum anbetet, sich nicht herabzuwürdigen vermag zu dem schnöden Götzendienst, der nichts verehrt als sein eignes Ich, als einzig alles Vortreffliche gebärenden Fetisch* (645).

2. Rahmenkonzeption

Mit dem Hinweis auf Tiecks »Phantasus« im Brief an Reimer und im Vorwort der »Serapions-Brüder« hat Hoffmann selbst das Modell genannt, nach dem er den Rahmen seiner Sammlung konzipiert hat. Der »Phantasus« (1812–16) seinerseits ist ebenso wie Goethes ihm vorausgehende »Unterhaltungen deutscher Ausgewanderten« (1795) und Wielands »Hexameron von

Rosenhain« (1805) vom »Decamerone« Boccaccios (1350–55, Erstausgabe 1470), dem Muster der europäischen Rahmenerzählung, abhängig.

Im Unterschied zur orientalischen Rahmenerzählung, etwa »Tausendundeine Nacht«, wird die Rahmenbildung beim europäischen Typus durch das Bedürfnis nach geselliger Unterhaltung motiviert:[7] eine Gruppe von Leuten hat sich, aus welchem Anlaß auch immer, an einem Ort zusammengefunden und nimmt, da Zeit und Muße vorhanden, die Gelegenheit wahr, sich Geschichten zu erzählen. Bei Boccaccio gibt die in Florenz wütende Pest den Anstoß: angesichts des Elends und des Verfalls der Sitten in seinem Gefolge entschließen sich sieben junge Damen und drei junge Männer, sich auf ein nahegelegenes Landgut zurückzuziehen und hier das Ende des Schreckens abzuwarten. Ähnlich bei Goethe: die von der Französischen Revolution ausgehenden politischen Wirren der neunziger Jahre bezwingen eine deutsche Adelsfamilie, ihre linksrheinischen Besitzungen zu verlassen und auf ein Gut rechts des Rheins zu fliehen, wo sich bald auch aus der Nachbarschaft alte Bekannte und Freunde einfinden. Nicht auf diese Weise von außen bestimmt ist die Zusammenkunft bei Wieland, Tieck und Hoffmann. Hier ist es weitgehend nur die Absicht, sich zu treffen, als solche, die die Menschen zueinander bringt.

Erzählt der Autor der Rahmenerzählung einerseits von der sich so konstituierenden Gesellschaft und ihren Gesprächen, läßt er andererseits die Teilnehmer der Gesellschaft Geschichten erzählen, die als selbständige Einlagen hervortreten und die Gespräche unterbrechen, so ergibt sich die für diese Form charakteristische Gliederung in zwei miteinander verzahnte Teile: einen Rahmenteil und einen (aus mehreren verschiedenen Erzählungen bestehenden) Binnenteil. Diese Art der Rahmenerzählung heißt mit Recht »zyklisch«, nicht nur, weil sie im allgemeinen Sinne des Begriffs Zyklus eine Sammlung von Erzählungen zusammenfaßt, sondern weil infolge der mehrfachen Pendelbewegung zwischen Rahmen- und Binnenteil eine Art zyklischer Wiederkehr stattfindet. Daneben gibt es die einfache gerahmte Einzelerzählung ebenso wie die Einzelerzählung, die sich auf Grund analytischer Anlage erst im nachhinein zur Rahmenerzählung formiert. Auch diese beiden Typen kommen bei Hoffmann vor, im Binnenteil der »Serapions-Brüder«. Von ihnen wird an anderer Stelle zu sprechen sein.

Die Rahmenerzählung gestaltet noch als literarische Fiktion, was den Ursprung und ursprünglich die Wirklichkeit alles epischen Gestaltens ausmacht: jemand erzählt einer Zuhörerschaft eine Geschichte. Wenn in der späteren Entwicklung an die Stelle des mündlichen Vortrags das geschriebene Manuskript bzw. das gedruckte Buch, an die Stelle der anwesenden Zuhörer der einsame Leser tritt, so hat sich die Epik von diesem Ursprung beträchtlich und mit einschneidenden Folgen für den epischen Text selbst entfernt. Bei Tieck und Hoffmann ist sogar innerhalb der Rahmenerzählung die Fiktion des freien mündlichen Vortrags nicht aufrechterhalten. In den »Serapions-Brüdern« wie im »Phantasus« ziehen die ›Erzähler‹ Manuskripte aus der Tasche und lesen sie vor. Hier wirkt sich der Umstand aus, daß Rahmen- und Binnenteil nicht aus einem Guß gedichtet sind, sondern daß im einen wie im anderen Falle der Rahmen erst nachträglich um bereits veröffentlichte und für den mündlichen Vortrag gar nicht gedachte Texte herumgeschrieben wurde, bei Tieck sogar um Dramen. Hoffmann hat vielleicht anfangs anderes geplant, denn die Geschichten vom Einsiedler Serapion und vom Rat Krespel läßt er noch mündlich frei vortragen. Mit der »Fermate« geht er jedoch bereits zum Vorlesen über, um später nur noch dreimal auf den freien mündlichen Vortrag zurückzukommen (bei: »Eine Spukgeschichte«, »Der Baron von B.«, »Eine gräßliche Geschichte«).

Sind die Binnenstücke bei Tieck und Hoffmann in der Regel an schriftliche Vorlagen fixiert, ist der Rahmen um so stärker durch das freie und von einem Reichtum an Themen variierte Gespräch belebt. Er wächst hier über die Funktion, eine Sammlung von Texten einzukleiden und zusammenzuhalten sowie Kommentare zu den Binnenstücken zu liefern, weit hinaus und gewinnt Selbstzweckcharakter. In der Ausgabe der »Schriften« benötigt der »Phantasus«, um zum ersten Binnenstück zu gelangen, eine Einleitung von weit über 100 Seiten, in der zunächst umständlich berichtet wird, wie die Gesellschaft zusammenkommt (sie trifft sich wie bei Boccaccio und Goethe auf einem Landgut), aber auch die für dieses Rahmenkonzept so charakteristischen Gespräche in Gang gesetzt werden, Gespräche über Poesie, Theater, Schauspielkunst, Musik, Gartenkunst und anderes mehr – was dagegen fehlt, ist der Bezug zu den politischen und sozialen Zeiterscheinungen. Hoffmann verfährt mit der Einleitung wesentlich kürzer, was dem Ganzen besser bekommt, aber auch bei ihm kreist die Unterhaltung um vielerlei Themen, wie bei Tieck um solche, die die Künste betreffen, sodann um Probleme der Psychopathologie und – ein Lieblingsthema Hoffmanns – des Animalischen Magnetismus. Auch Bezüge zur Zeitgeschichte finden sich. Die Gespräche erschöpfen sich aber nicht in theoretischen Erörterungen. »Tiecks Anregung zu kleinen, in die Unterhaltung eingeflochtenen Histörchen und Erlebnissen nutzt Hoffmann als gewandter Plauderer und mit feinerem Gefühl für das Wesen der Rahmenerzählung in geschicktester Weise aus und umspinnt die vorgelesenen Stücke mit einem ganzen Netze mündlicher Geschichten aller Art«.[8] Auch in einem anderen Punkt geht Hoffmann über Tieck hinaus. Weit mehr als dieser nutzt er die Möglichkeit, die vorgetragenen Erzählungen in den Rahmengesprächen zu kommentieren, zu ironischer Selbstkritik. Der – manchmal schonungslosen – Aufdeckung der eigenen Schwächen mögen die Lobeserhebungen an anderer Stelle, die er sich durch die Rahmenfiguren zugute kommen läßt, ungefähr die Waage halten, aber die Souveränität, mit der Hoffmann hier über sich selbst urteilt, erweist ihn wiederum als Feind der Eitelkeit und bestrebt, seine Werke von seinem Inneren zu lösen und sie objektiv zu betrachten (siehe oben).

Es spricht sodann für sein künstlerisches Gewissen, daß er sich sichtlich bemüht hat, den nachträglich geschaffenen Rahmen mit den unabhängig davon geschriebenen Binnenstükken zu einer Einheit zu verschmelzen. Er lenkt die Gespräche häufig so, daß die Einlagen durch Gesprächsthema, Gesprächssituation und Stimmung sowie Verhalten der Sprechenden motiviert erscheinen. Und er verpflichtet die Erzählenden bzw. Vorlesenden auf ein gemeinsames Prinzip, das, nachdem es aus der einleitenden Geschichte vom Einsiedler Serapion entwickelt worden ist, immer wieder als Panier hochgehalten und an die Binnenstücke als Maßstab angelegt wird (über dieses *Serapiontische Prinzip* siehe Abschnitt 6). Daß die Binnenerzählungen, wie das Urteil der Zuhörer bezeugt, diesem Prinzip ganz oder teilweise gehorchen, wollen wir den Serapions-Brüdern glauben, auch wenn es sich chronologisch in Wahrheit anders verhält und Hoffmann die ästhetische Theorie der ästhetischen Praxis nachgeliefert hat. Er hätte jede andere seiner Erzählungen für »serapiontisch« erklären, so wie er neben dieses auch etliche andere Prinzipien als verbindlich hätte stellen können.

Was Hoffmann in den »Serapions-Brüdern« als Grundsatz für die Dichtung theoretisch formuliert, bezieht sich nämlich nicht nur auf diesen einen Werkkomplex, und was die hier versammelten Erzählungen und Märchen als Konzept seiner Kunst praktisch verwirklichen, ist repräsentativ für sein ganzes Schaffen. Insofern bestand auch kein zwingender Grund, nur diese und keine anderen Stücke in die Sammlung aufzunehmen. Wären sie nicht bereits ›gebunden‹ gewesen, hätten auch Texte aus den »Fantasiestücken« oder aus den »Nachtstücken« in sie Eingang finden können, zumal Hoffmann sich für die Anordnung der Einlagen offenbar keinem festen Plan unterworfen hat (im Unterschied etwa zu Boccaccio). Er hat zwar das Ganze in acht »Abschnitte« eingeteilt, deren jeden er mit einer neuen Zusammenkunft der Serapionsrunde beginnen und ihrem Auseinandergehen enden läßt. Aber wie kürzere Anekdoten und längere Erzählungen, heiteres Geplauder und gründliche Erörterung, ernste Besinnung und fröhliche Ausgelassenheit, Komisches und Tragisches oder Grausiges ständig einander ablösen, so scheint er weiter kein anderes Ziel zu verfolgen als die Abwechslung. »Dieses Prinzip freilich ist meisterhaft durchgeführt und leitet uns sicherer durch das umfangreiche Buch als Regel, Aufbau und Schema.«[9]

Wird damit trotz Regellosigkeit Einheit erreicht – eine größere, als Tieck sie im »Phantasus« zustande bringt –, bleibt doch eine gewisse Distanz zwischen Rahmen- und Binnenteil unberührt. Sie ist nicht nur Hoffmann im besonderen, sondern der zyklischen Rahmenerzählung überhaupt eigen. In der Regel treten hier Erzähler auf, die keinen weiteren Zusammenhang mit dem von ihnen Erzählten erkennen lassen, als daß sie es vermitteln. Hoffmann macht zweimal eine Ausnahme: bei den Geschichten vom Einsiedler Serapion und vom Rat Krespel, zwei Ich-Erzählungen, erzählen Cyprian und Theodor aus eigenem Erleben, als Zeugen des Geschehens und als – mehr oder weniger am Rande – Beteiligte. Schon bei der »Fermate« hingegen verzichtet Hoffmann auf eine solche Verbindung, um nicht zu sagen: er vermeidet sie. Der vorlesende Theodor führt in seiner Geschichte einen erzählenden Theodor ein; dabei wäre es formal ein leichtes gewesen, die Erzählung wiederum als Ich-Erzählung zu präsentieren. Es kann kaum sein, daß Hoffmann bloß die Redaktion des Erstdrucks scheute. In anderen Fällen hat er den Text für den Neudruck ja überarbeitet. Wollte er dann die Schwelle zwischen der Welt des Rahmenteils und der Welt des Binnenteils betonen? Wenn er sie betont, dann doch aber auch, um sie, zumindest punktuell, zu überschreiten, und zwar nicht nur, wie bei den ersten Geschichten, durch die Form der Ich-Erzählung und nicht nur durch den gattungsbedingten Wechsel zwischen Rahmengespräch und Erzähleinlage, sondern auch durch eine gewisse Parallelführung der Themen auf beiden Ebenen, durch die Korrespondenz zwischen einer größeren Erzählung im Binnenteil und kleineren Anekdoten im Rahmen oder durch einen Coup wie bei der Vorlesung des »Unheimlichen Gastes«, wo Cyprian unvermittelt und zunächst unerkannt in die Runde platzt, so als sei eine Gestalt aus der Fiktion in die Wirklichkeit, der »Schein ins Leben getreten« (eine Lieblingsformel Hoffmanns). Damit deutet die Rahmenkonzeption eine Struktur und Tendenz an, die auch der erzählten Welt eigen sind, hier aber tiefer und weiter ausgestaltet werden (siehe dazu Abschnitt 4): das Bestehen einer Duplizität und deren Überwindung.

3. Serapions-Bruderschaft

Inhaltlich stellt der Rahmenteil außer der Materie der Gespräche auch deren Geist und damit das Hoffmannsche Ideal kunstsinniger Geselligkeit dar.

Eine Gruppe von Gleichberechtigten und Gleichgesinnten, ohne Statuten und sonstige förmliche Verabredungen (bis auf die, wöchentlich einmal zusammenzukommen), sind die Serapions-Brüder, wie der Name sagt, ein auf herzlichen persönlichen Beziehungen begründeter Freundschaftsbund. Da seine Mitglieder ihn als *in Herz und Gemüt gleichgestimmte Seelen* (516) geschlossen haben, setzen sie die Tradition des im 18. Jahrhundert entstandenen, von der Gefühlswelle der Empfindsamkeit getragenen Freundschaftskultes fort. Außergesellschaftlich wie die empfindsame Freundschaft, ist der Serapiontische Bund nicht nur ohne Förmlichkeit und Regel, ohne Wortführer und Rangunterschiede, man distanziert sich auch von der Art der *gesellschaftlichen Unterhaltung*, wie sie in der Großen Welt üblich ist, mit ihren *Bonmots*, ihren *Calembours*, ihrem scharfen und manchmal boshaft treffenden Witz (759). Andererseits will man nicht in die Niederungen des Trivialen absinken. Alles, was an die Öde und Dürftigkeit des Alltagslebens und dessen Repräsentanten, den Philister, erinnert, soll peinlichst vermieden, die Zusammenkunft im Zeichen Serapions ein über die Prosa des Alltags herausgehobenes Fest poetischer Gemütlichkeit werden. Der Philister, Erzfeind der Romantiker, ist den Serapions-Brüdern nicht nur Gegenstand der Aversion, sondern auch des Grauens. Wenn er sich, normengebunden und ein Gewohnheitstier, ausschließlich im Zirkel des Immergleichen dreht, statt im Strom des Lebens an den Veränderungen des Lebens teilzunehmen, wirkt er starr und tot wie ein Automat. Cyprian erzählt im Einleitungsteil die Geschichte der beiden Philosophen, die in einer Disputation unterbrochen werden und nach einer Trennung von zwanzig Jahren genau wieder an der Stelle fortfahren, wo sie aufgehört hatten, so als sei in der Zwischenzeit nichts geschehen und als habe sich mit ihnen nichts verändert. Um diesem *tiefen gespenstischen Philistrismus* (16) nicht zu verfallen, wollen die Freunde, wenn sie sich ihrerseits nach 12 Jahren zum erstenmal wieder treffen, nicht einfach die Vergangenheit in der alten Form wiederaufleben lassen, um so *in demselben Geleise* fortzutraben (15f.). Sich nicht außerhalb der Zeit anzusiedeln, sondern in ihrem Fluß mitzuschwimmen, gleichwohl Kontinuität zu wahren und das Damals nicht zu vergessen ist das Ziel: *wir wollen andere sein als damals und doch wieder dieselben, das ist ausgemacht* (16f.), ein gemäßigt konservatives ebenso wie gemäßigt progressives Programm. Der Philister ist der Feind freilich nicht nur vor den Toren, sondern auch innerhalb der Stadt. In ihm bekämpft Hoffmann eine Komponente seines eigenen Wesens. In sublimster Form darf etwas vom gemütlichen Philisterleben den Zusammenkünften sogar beigemischt sein: *Sollte denn bei uns poetischen Gemütern und gemütlichen Poeten jemals eine Art Philistrismus einbrechen können? – Einen gewissen Hang dazu tragen wir wohl in uns, streben wir nur wenigstens nach der sublimsten Sorte; ein kleiner Beigeschmack davon ist zuweilen nicht ganz übel! (56)*

Zu beachten ist: Hoffmann beschwört das Gemüt, nicht das Gefühl, das Gemüt als Gefäß mehrerer verschiedener seelischer Kräfte, auch der tieferen, aus Ahnung, Traum, Fantasie* her-

* Wir übernehmen durchgehend Hoffmanns Schreibung dieses wichtigsten seiner zentralen Begriffe mit »F«.

vorsprossenden Regungen. Der Serapions-Bund ist deshalb nicht einfach Wiederauflage der empfindsamen Freundschaft, sondern etwas anderes. In mancher Hinsicht ist der Unterschied zum Vorgänger groß. Die Serapions-Brüder haben kein Elitebewußtsein wie die »wenigen Edlen« der Werther-Zeit. Wenn auch durchaus von allem Außergewöhnlichen, Abenteuerlichen, Exzentrischen angezogen, wie die Erzähleinlagen und die Gespräche beweisen, spricht jeder von ihnen bloß so, *wie es ihm im Innersten recht aufgegangen war*, ohne seinerseits *seine Gedanken für etwas ganz Besonderes und Außerordentliches zu halten oder dafür ausgeben zu wollen, wohl wissend, daß das erste Bedürfnis alles Dichtens und Trachtens eben jene gemütliche Anspruchslosigkeit ist, die allein das Herz zu wärmen, den Geist wohltuend anzuregen vermag* (995). Anders als der empfindsame Zirkel verträgt der Serapions-Bund die Ungleichheit der Charaktere. Gleichgestimmt und gleichgesinnt, sind die Freunde doch nicht alle wesensgleich. Der Akkord des Verschiedenen, nicht der Gleichklang des Ähnlichen kennzeichnet die Gruppe. Sylvester und Vinzenz etwa bilden, *die innere Gutmütigkeit abgerechnet*, die sie teilen, *sonst den schneidendsten Kontrast* (260). Wie so häufig bei romantischen Freundschaften ist der eine introvertiert, der andere extravertiert. Und anders als die Empfindsamen geraten die Serapions-Brüder nicht ins gefühlsselige Schwärmen (wie zum Teil noch die Gesellschaft im »Phantasus«). Unsentimental, nicht selten nüchtern-ironisch, geben sie im ganzen dem Geist der Heiterkeit und des Humors den Vorzug. Übrigens heben sich ihre Gespräche auch ab von dem angestrengten, auf das unbedingt Geistreiche kaprizierten »Symphilosophieren« der frühromantischen Zirkel um die Brüder Schlegel.

Die neue Tugend der Geselligkeit, die Hoffmann einführt, ist die schon mehrfach zitierte *Gemütlichkeit*. Konstitutiv ist für sie die Angeregtheit des Geistes durch den geselligen freundschaftlichen Austausch. Aber außer den Komponenten der sprühenden Laune und der Lebhaftigkeit des Gedankens, der inneren Wärme und Herzlichkeit, des wechselseitigen Geltenlassens und der Anspruchslosigkeit[10] ist ihr unverkennbar auch das Element des Behagens beigemengt. Wenn nicht alles täuscht, ist die Romantik damit an die Schwelle zum Biedermeier gelangt. Die Freunde zeigen sich tief betroffen von den erst jüngst vergangenen Turbulenzen der Zeit, den Napoleonischen Eroberungszügen und den Befreiungskriegen: *Aber wen von uns hat indessen nicht der wilde Strudel von Ereignis zu Ereignis, ja von Tat zu Tat fortgerissen? Konnte denn alles Schrekken, alles Entsetzen, alles Ungeheure der Zeit an uns vorübergehen ohne uns gewaltig zu erfassen, ohne tief in unser Inneres hinein seine blutige Spur einzugraben?* (10) Verständlich, daß aus solchen Erfahrungen das Bedürfnis nach Ruhe und Sicherheit als seelisches Signum der Restaurationsepoche erwächst. Und nicht mehr will man über den psychischen und metaphysischen Abgründen brüten, die die Tiefschürfungen der späten Empfindsamkeit und der Romantik aufgerissen hatten, sondern sich behaglich einem bescheidenen Genuß des Lebens hingeben. Sofern die Serapions-Brüder diesen neuen Geist in ihre Runde bereits eingelassen haben, sofern sie, wie sie mehrfach bekunden, froh sind, aus den Schauerlichkeiten der vorgetragenen Geschichten herauszukommen, und das mehr Leichte und Heitere zur *Erholung von der den Sinn anstrengenden Erzählung* (742) in die Waagschale werfen, gerät ihre *Gemütlichkeit* in auffälligen Kontrast zur Unheimlichkeit eines großen Teils der Binnenstücke. Auf der Gesprächsebene werden die großen Spannungen vermieden. Ein Ausgleich der Extreme wird angestrebt. Die Unterhaltung soll nicht, was Zeichen des *fixen Wahns* wäre, stundenlang bei einem Thema verharren, aber auch nicht, was Zeichen der *Narrheit* wäre, in Ideenflucht ausarten (765). Und als die Freunde einmal einen Abend in wilder Ausgelassenheit beschließen, fühlen sie sich weniger *im Innern wahrhaft gemütlich froh* als *gewaltsam aufgeregt* (874), was darauf schließen läßt, daß sie solche tolle Lust künftig meiden werden. Kurz: Auf der Rahmenebene bannt Hoffmann die Geister, die er im Binnenteil selbst beschwört, ein Magier, der seinen Beruf, ohne dem Sinn für das Wunderbare und Dämonische untreu zu werden, in neuem Licht sieht.

4. Erzählte Welt

Die »Serapions-Brüder« sind ein Kompendium des ganzen Hoffmann. In ihnen finden sich alle Aspekte, die Hoffmanns Weltsicht einschließlich seines Menschenbildes ausmachen.

So wie sich die Freunde nicht im Freien versammeln (mit einer Ausnahme), sondern im Zimmer, ist der Schauplatz der von ihnen erzählten Welt zumeist das Innere von Häusern, von Städten oder sonst von menschlichen Siedlungen. Die weite Landschaft, wie wir sie etwa von Tieck oder Eichendorff kennen, kommt bei Hoffmann kaum vor, und wenn, dann mehr als Kulisse denn als erlebter Raum. Natur ist bei Hoffmann in den meisten Fällen bloß ein Begriff und eine stereotype Vorstellung, kein ursprüngliches Erlebnis. Tritt sie aber einmal als erlebte Welt in Erscheinung (»Die Bergwerke zu Falun«), dann bezeichnenderweise als Innen-(und Unter-)reich.

Die Kunst des Dichters, sagt Hoffmann einmal mit Bezug auf die Opera buffa, müsse darin bestehen, *die Personen nicht allein vollkommen geründet, poetisch wahr, sondern recht aus dem gewöhnlichen Leben gegriffen, so individuell auftreten zu lassen, daß man sich augenblicklich selbst sagt: sieh da! das ist der Nachbar, mit dem ich alle Tage gesprochen! Das ist der Student, der alle Morgen ins Kollegium geht, und vor den Fenstern der Cousine erschrecklich seufzt u.s.w.* (90f.). Der Ausspruch läßt sich auf Hoffmann selber anwenden, denn um solche die Vertrautheit des Lesers mit dem Dargestellten erweckende Wirklichkeitsnähe hat er sich bemüht. Ein Berliner konnte denn auch in Hoffmanns Berliner Geschichten (wie »Ein Fragment aus dem Leben dreier Freunde«, »Die Brautwahl«) seine Stadt wiedererkennen, so wie früher im Märchen vom »Goldnen Topf« (in den »Fantasiestücken«) der damalige Dresdener sein Dresden hatte wiedererkennen können. Nicht minder um eine gewisse Treue bemüht ist der Dichter bei der Wiedergabe historischer Realität. Ein geschickter Benutzer umfänglichen Quellenmaterials, verleiht er dem Nürnberg der Meistersinger, dem Paris Ludwigs XIV., dem Rom Salvator Rosas, wenigstens nach seinem Dafürhalten, den *Schein von historischer Wahrheit*, der *einer trägen Fantasie aufhilft* und der Darstellung *Lebendigkeit und Frische* gibt (144).

Es erübrigt sich aber zu betonen, daß dieser Detailrealismus nicht Selbstzweck ist und nicht den Sinn hat, die Realität im ganzen affirmativ zu bestätigen. Wenn Hoffmann Wirklichkeit schildert, dann nur, um die Wirklichkeit zu verfremden, sei es, daß das Fremdartige sich als von der Fassade des Gewöhnlichen verborgene Hintergrundswelt entpuppt, sei es, daß es als toller Spuk *keck in das Alltagsleben hineinführt* (90). Die Wirklichkeit ist insofern nur die Operationsbasis des Fantastischen, ja die Voraussetzung des Fantastischen, denn ohne zu wissen, was real ist, wissen wir auch nicht, was fantastisch ist. Sie ist ferner der Grund, von dem sich das Fantastische erhebt, die Startrampe für den Flug ins Zauberreich oder der Boden, wo der Dichter, wie es in einem vielzitierten Ausspruch heißt, die *Himmelsleiter* einsetzt, um die Gebilde seiner Schöpfung emporsteigen zu lassen *in höhere Regionen* (599).

Wer auf dieser Himmelsleiter, die Hoffmann auch dem Leser hinhält, damit er *nachzusteigen vermag* (ebd.), so hoch gekommen ist, daß er über den Horizont des Gewöhnlichen hinausschaut und das Dargebotene im ganzen überblickt, wird nicht umhin können, mit dem Autor eine dreifache Einsicht zu statuieren: die Welt ist ein Rätsel; die Welt ist gespalten; die Welt ist eine Posse.

Die Welt ist ein Rätsel. Das heißt für Hoffmann und seine romantischen Zeitgenossen nicht: sie ist der menschlichen Erkenntnis völlig verschlossen. Sondern sie öffnet sich nur der tieferen Einsicht: der Ahnung, dem Traum, einer komplexen Sinneserfahrung (Synästhesie). Nicht dagegen, wie die Aufklärung glaubte, der bloßen Verstandesklugheit und der Wahrnehmung des Einzelsinnes. Der Typ des Aufklärers, den die Romantiker vor Augen haben, wenn sie ihm widersprechen, sieht überall Phänomene, die er als Wirkungen offen zutage liegender oder jedenfalls erforschbarer Ursachen begreift; er kennt keine Probleme, an deren Lösungen er nicht auch glaubte. Der Romantiker sieht überall Phänomene, die nicht zu erklären sind, ›Wirkungen ohne Ursachen‹, und Probleme, die sich nicht lösen lassen. Die Welt ist darum kein sinnloses Konglomerat. Jene tiefere Einsicht erspürt hinter der abweisenden Verschlossenheit des Rätsels einen Sinn, wenn dieser auch, je tiefer man dringt, um so weiter zurückweicht und sich als letztlich unergründlich erweist. Eine mittelalterliche Vorstellung aufgreifend, deutet die Romantik die Welt als Buch. Wie Hoffmann aber in Anlehnung an Novalis befindet, ist die Schrift dieses Buches eine letztlich unentzifferbare Geheimschrift (vgl. 193).

Die Welt so zu sehen heißt, sie mit den Augen metaphysischer Sehnsucht betrachten. Nicht unbedingt mit den Augen metaphysischen Glaubens. Es ist ein Unterschied, ob man glaubt oder sich nur zu glauben sehnt. Hoffmann war nur die Sehnsucht nach dem Glauben, nicht der Glaube selber beschieden. Ein aufgeklärter Intellektueller, aber an der metaphysischen Leere leidend, welche die Reduktion der Welt auf das empirisch Erfahrbare und gesetzmäßig Erklärbare hinterlassen hatte, entläuft er der Schule der Aufklärung und begibt sich auf die Suche nach Spuren und Relikten noch unbekannter und unerforschter Territorien. Sie sind ihm nicht als Ort der Götter oder Gottes wichtig – Hoffmann war kein homo religiosus –, sondern als Ort des »Wunderbaren«, des vielerlei umfassenden und vieldeutigen Inbegriffs alles dessen, was das Gegenteil der von Hoffmann immer wieder als eng und langweilig und bedrückend geschilderten alltäglichen Wirklichkeit ausmacht. Daß das Wunderbare seinerseits in zweierlei Färbung schillert, nicht nur heilbringender, sondern, in der Gestalt des Dämonischen, auch unheilbringender Natur ist, macht seine Aufdekkung problematisch, erhöht aber auch den Reiz, es zu orten und aus der Nacht des Unbekannten und Unbewußten ans Tageslicht zu heben. Wenn man sieht, wie sehr Hoffmanns Bedürfnis auch ein Glaubenwollen an dämonische Mächte ist, so versteht man, warum der Dichter der »Blumen des Bösen«, Baudelaire, ein so großes Gefallen an dem deutschen Romantiker fand. –

Die Welt ist gespalten. Der Satz hängt mit dem vorigen zusammen. Ihre Rätselhaftigkeit bereits teilt die Welt in das Bekannte und das Unbekannte. Die Welt als gespalten zu begreifen, legte damals aber nicht nur romantische Spekulation, sondern auch historische Erfahrung nahe. An der Wende vom 18. zum 19. Jahrhundert bietet sich die historische Wirklichkeit als Zerfall einer ehemals viele Jahrhunderte bestehenden Einheit dar. Das christliche Weltbild, die gesellschaftliche und politische Ordnung, die Normen der Moral, die Ordnungssysteme des Wissens, die Schemata des Denkens und des künstlerischen Gestaltens und nicht zuletzt das traditionelle Bild vom Menschen und seiner Psyche, sie geraten aus den Fugen infolge der Umwälzungen, die sich im 18. Jahrhundert im Bereich von Staat und Gesellschaft, des Denkens, des Wissens, der Ästhetik, der Psychologie ereignen. Und wenn die französischen Revolutionsheere und bald darauf die Heere Napoleons Europa mit Krieg und Wirrwarr überziehen, so scheint dies der sichtbare Ausdruck des Zerfalls. Die Romantik reagiert darauf mit dem Traum vom »Goldenen Zeitalter«. So wie Hoffmann als Alternative zur alltäglichen Wirklichkeit das »Wunderbare« beschwört, setzt er dem Zwiespalt als Alternative die sehnsüchtige Vorstellung von einem ursprünglichen Zustand der Harmonie und Ganzheit entgegen: *Ich meine, daß in jener goldenen Zeit, als unser Geschlecht noch im innigsten Einklange mit der ganzen Natur lebte, kein Grauen, kein Entsetzen uns verstörte, eben weil es in dem tiefsten Frieden, in der seligsten Harmonie alles Seins keinen Feind gab, der dergleichen über uns bringen konnte* (602). Der Keim der Zwietracht scheint aber bereits in ältester Zeit zu liegen. Die mythologischen Einlagen der Hoffmannschen Märchen zeigen, daß selbst das Wunderbare in dualistisch sich bekämpfende Mächte zerfällt oder von einem Störenfried (etwa dem Gnomenkönig Pepser im »Fremden Kind«) heimgesucht ist. Das Goldene Zeitalter tritt dem Leser Hoffmanns denn auch nur sporadisch vor Augen, und mehr in verbalen Beschwörungen als in konkreten Schilderungen. Hoffmanns Vorliebe gehört der Darstellung des Zwiespalts, des unvollkommenen, aber ›interessanteren‹ Zustandes der Welt. Die Gestaltung dieses Zustandes ist in sich wiederum nicht einheitlich, sondern disparat. Hoffmann variiert seine Vorstellung von der Gespaltenheit der Welt auf mehrerlei Weise.

(1) Innenwelt – Außenwelt. *Es gibt eine innere Welt, und die geistige Kraft, sie in voller Klarheit, in dem vollendetsten Glanze des regsten Lebens zu schauen, aber es ist unser irdisches Erbteil, daß eben die Außenwelt in der wir eingeschachtet, als der Hebel wirkt, der jene Kraft in Bewegung setzt* (54). Mit der inneren Welt ist die Sphäre des Wunderbaren, mit der Außenwelt die alltägliche Wirklichkeit gemeint. Die Innenwelt kann sich auf seelische Weise, etwa als Traum, offenbaren, aber auch als verborgene Dimension der Außenwelt. Eine Korrespondenz waltet zwischen dem Innersten des Menschen und dem Innersten der Wirklichkeit. Paradox ist es, daß die Außenwelt beengend wie ein Kerker wirkt, die Innenwelt dagegen Freiheit und Erlösung verspricht. Das ist aber nicht immer so. Gelegentlich, wie in den »Bergwerken zu Falun«, sind die Rollen auch vertauscht. Die Innenwelt gelangt im übrigen ohne die Außenwelt nicht zur Geltung. Nur im Kontakt mit dem Wirklichen, das dann wie ein Hebel wirkt, tritt der Sinn für das Wunderbare in Funktion, auch dies ein Grund, warum Hoffmann die ins Unbekannte führende Himmelsleiter im Alltäglichen und Bekannten fundiert.

(2) Vordergrund – Hintergrund, Oberfläche – Tiefe. Spricht Hoffmann vom *Maskenspiel des irdischen Lebens*, wo *der*

innere Geist mit leuchtenden Augen aus der Larve heraussieht (»Fantasie- und Nachtstücke«, S. 263); läßt er das Wunderbare hinter Mauern, Fassaden, Türen, Vorhängen, Schleiern, Verkleidungen und sonstigen bedeckenden, verhüllenden, verstellenden Gegenständen zum Vorschein kommen; ist, damit man es erreicht, ein Abstieg ins Erdinnere nötig (»Die Bergwerke zu Falun«), so treten die beiden Sphären in das Verhältnis von Schichten, mit dem Unterschied, daß sich das Wirkliche im Oberflächlichen erschöpft, das Wunderbare sich in die Tiefe erstreckt. In der Tiefe ist die Welt anders strukturiert als auf der Oberfläche. Herrscht oberflächlich die Kausalität, so waltet unterirdisch die Analogie. Herrscht oberflächlich Trennung, Vereinzelung (das Prinzip der Individuation), so enthüllen sich unterirdisch Verwandtschaften, Korrespondenzen, laufen *gar geheimnisvolle Drähte durchs Leben* (150). Nicht nur bei Hoffmann, in der Romantik allgemein, ist am Ende einer Erzählung, eines Romans, immer ein ganzes Netz geheimer Beziehungen aufgedeckt, die am Anfang bzw. aus der Perspektive der oberflächlichen Betrachtung noch nicht bestanden hatten.

(3) ›Hineinfahren‹ und ›Hineinragen‹ der inneren Welt in die äußere. Die innere Welt spielt nicht immer bloß eine passive Rolle und wartet nicht immer nur, bis sie von einem, der sie sucht, entdeckt wird. Sie übernimmt häufig selbst den aktiven Part, fährt als Spuk in die Wirklichkeit hinein und bleibt dann für die Zeit ihres Waltens als aus fernen und tiefen Gründen in die Alltagswirklichkeit hineinrankendes exotisches Gewächs gegenwärtig. So sieht das moderne Berlin, der Schauplatz der »Brautwahl«, zwei Figuren längst vergangener Zeit in Aktion: den Goldschmied Leonhard und den Juden Manasse, beide mit ihrer Biographie im 16. Jahrhundert beheimatet, aber aus der Tiefe der Zeit in die Gegenwart hineinragend.

(4) Gespaltene Identität. Innere und äußere Welt erscheinen bei Hoffmann oft so ›ineinandergeschoben‹, daß sie wie integriert wirken, jedoch ohne ihre Widersprüchlichkeit zu verlieren. Sie sind eins und doch innerlich gespalten, bilden einen Kontrast, und doch ist es unmöglich, die verschiedenen Seiten zu sondern. Nicht wenige Figuren der Hoffmannschen Erzählungen und besonders Märchen sind Exponenten dieses paradoxen Verhältnisses, die Magiergestalten etwa wie der Pate Droßelmeier in »Nußknacker und Mausekönig«, der eine Doppel-

natur hat und zugleich der bürgerlichen Welt wie dem geheimnisvollen Puppenreich angehört. Auch eine weniger fantastische Gestalt wie Cardillac im »Fräulein von Scuderi« ist noch ein Beispiel solcher Doppelexistenz. Eine Variante dieses Modells ist das Doppelgängermotiv: die Spaltung eines Ichs in zwei, so daß das Ich selber an seiner Identität irre wird. In der Form wie etwa in den »Elixieren des Teufels« kommt das Motiv in den »Serapions-Brüdern« zwar nicht vor. Grundsätzlich aber hat die ganze Welt bei Hoffmann einen Doppelsinn, ist das ganze Leben eine Art Doppelgängerei.

(5) Fatalismus. Ins Anonyme hüllt Hoffmann das Wunderbare, und vage aus dem kosmischen Überbau oder dem seelischen Untergrund wirken läßt er es, wenn er die irdische Welt einer nicht weiter charakterisierten fremden oder feindlichen Macht oder dem ewigen Verhängnis, wie es bei ihm häufig heißt, aussetzt (vgl. z. B. »Spielerglück«). Bei diesem Modell ist er am wenigsten originell. Hier knüpft er an die Tradition des Schicksals- und Sternenglaubens an, an fatalistische Vorstellungen, die in älteste Zeit zurückreichen.

(6) Doppelte Optik. Die Gespaltenheit der Welt ist nicht nur eine Eigenschaft der Welt selbst, sondern gründet auch in der Wahrnehmung des Menschen, der sie betrachtet – manchmal scheint Hoffmann sagen zu wollen: *nur* im Betrachter. Beschränkt sich die Wahrnehmung auf die normale empirische Sinneserfahrung und das rationale Begreifen, so erscheint die Welt auch nur als normale, alltägliche Wirklichkeit. Geht sie dagegen über die Empirie hinaus, und zwar nicht nur bis zur Schwelle, wo die Witterung von Geheimnis einsetzt, sondern noch weiter, bis zur traumverlorenen, fantasieinspirierten Versenkung und Entrückung, so enthüllt sich die Welt als wunderbares Traum-, als Fantasiereich. Es kann sein und kommt bei Hoffmann häufiger vor, daß sich diese doppelte Optik an ein und derselben Figur und oft in sprunghaftem Wechsel erweist.[11] Es kann auch sein, und so verhält es sich mehrfach in den »Serapions-Brüdern«, daß die beiden Arten der Wahrnehmung auf verschiedene Personen verteilt sind, daß etwa Kindern der gläubige Blick für das Wunderbare, Erwachsenen nur die beschränkte Perspektive für das Wirkliche gegeben ist (vgl. »Nußknacker und Mausekönig« oder »Das fremde Kind«).

So bedient sich Hoffmann insgesamt eines reichen Instrumentariums, um seine dualistische Weltsicht in Szene zu setzen.

Gelegentlich mag eine dieser Anschauungsformen die Darstellung besonders prägen, in der Regel jedoch verfährt Hoffmann kaum jemals ausschließlich nach einer, sondern nach mehreren zugleich. Sie lassen sich auch unschwer miteinander verbinden, da sie mehr oder weniger einer gemeinsamen Tendenz gehorchen: das Wunderbare nicht fern von der Wirklichkeit, sondern in deren nächster Nähe, ja in dieser selbst, als ihre Kehrseite, zu konstituieren. Nicht eine Fantastik außerhalb des Alltags, sondern die Fantastik *des* Alltags ist Hoffmanns Königsthema, der beharrlich immer wieder dem Leser vor Augen geführte Nachweis, daß nichts so sehr über alle Begriffe des Normalen geht wie das, was sich in der Normalität selbst begibt.

Alles was hier von Hoffmanns Welt im allgemeinen gesagt worden ist, kann analog von seinem Menschenbild im besonderen gesagt werden. Wie der Makrokosmos, so ist auch der Mikrokosmos ein Geheimnis. Es heißt sogar, *daß des Menschen Sinn unerforschlicher sei als alle Geheimnisse des Weltalls* (977). Wie die Welt in eine Tagsphäre und eine Nachtsphäre gespalten ist, so auch der Mensch in Bewußtes und Unbewußtes, ein Zwiespalt, aus dem die Absenzen des Geistes und das Umspringen des Wachzustandes in den Traumzustand, das Hineinfahren innerer Eingebungen in die Wachwelt, das Handeln aus vagen Ahnungen wider die scheinbar bessere Einsicht des Verstandes, das Handeln auch aus dumpfen Trieben wider die Stimme des Gewissens erwachsen. Wie die als Oberfläche begriffene Außenwelt eine unergründliche Tiefe abdeckt, so ist auch das Äußere des Menschen, seine Physiognomie, seine Kleidung, eine Fassade, die Tieferes verhüllt. Der menschliche Zwiespalt wird zum Problem mit pathopsychologischen Wirkungen im schon erwähnten Doppelgängermotiv: wenn nicht nur das Ich, das Bewußtsein, sondern auch das Es, das Unbewußte, behauptet, Ich zu sein. Auf noch andere Weise kommt der menschliche Zwiespalt zum Ausdruck, wenn angesichts von Geheimnis und Wunder sich Glaube und Zweifel bekämpfen (vgl. »Nußknacker und Mausekönig« oder »Das fremde Kind«), der Glaube als metaphysische Inspiration durch die Fantasie, der Zweifel als kritische Einflüsterung des Verstandes.

Wo das Objekt der dichterischen Gestaltung der Riß ist, der durch die Welt und den Menschen geht, liegt das Augenmerk zwangsläufig nicht auf der einen oder anderen Seite, sondern auf dem Verhältnis beider. Hoffmanns Interesse gilt besonders der Schwelle zwischen beiden Sphären. Die Funktion der Schwelle ist, gleichzeitig zu trennen und zu vermitteln. Und aus dem unentwegten Ziehen der Grenze und ihrem Überschreiten besteht Hoffmanns Erzählen. Jedesmal wenn wir vor eine geheimnisvoll anmutende Fassade, eine Tür, einen Vorhang geführt oder mit einem Menschen mit sonderbarer Physiognomie und Mimik, sonderbarer Kleidung, sonderbarem Verhalten konfrontiert werden, befinden wir uns an diesem entscheidenden Punkt von Hoffmanns Werk, von dem aus dann der Übertritt in das Dahinter- oder Darunterliegende erfolgt. Die Schwelle kann allerdings auch in umgekehrter Richtung überschritten werden. Hoffmann spricht dann gewöhnlich davon, daß das, was sich jenseits der empirischen Erfahrung zu befinden scheint: ein Traum, eine Fiktion, eine fremde Macht, ein Spuk, »ins Leben tritt«. Eine Vielzahl von Schwellenmotiven durchzieht sein Werk. Neben dem Zentralmotiv des Geheimnisvollen und den damit in Verbindung auftretenden Gegenständen des Verhüllens gehört dazu auch Zeitliches und Seelisches, etwa das Äquinoktium als Scheide zwischen Frühjahr und Herbst, der häufig genannte Zustand des *wunderbaren Delirierens* (136) als eines träumerischen Zustandes zwischen Wachen und Schlafen oder die noch häufiger genannte *Ahnung*, insofern ein Schwellenphänomen, als sie zwischen Bewußtsein und Unbewußtsein angesiedelt ist und zwischen beiden vermittelt.

Schon Hoffmanns Wortschatz signalisiert das Vorhandensein zahlreicher Begrenzungs- wie Durchlaßstellen. Mit Vorliebe nennt der Dichter Figuren, Gegenstände, Schauplätze, Situationen, Gebärden und Handlungen, wenn sie auf Tieferes verweisen und also Geheimnis ankünden sollen, *wunderlich, seltsam, sonderbar, außerordentlich, skurril, bizarr, grotesk, kurios* und ähnlich. Die damit bezeichneten Phänomene haben gemeinsam, daß sie alle von der Norm abweichen, d. h. aus dem Rahmen der alltäglichen Wirklichkeit fallen und Aufmerksamkeit erregen. Sie gehören deshalb aber noch nicht zur entgegengesetzten Sphäre der Welt. Da sie zwar ungewöhnlich, aber nicht gerade fantastisch anmuten, sind sie nach Hoffmanns eigener Unterscheidung, in dem Nachtstück »Das öde Haus«, nur wunder*lich*, nicht wunder*bar*. Sie machen genau die Schwelle zwischen dem Wirklichen und dem Wunderbaren aus, und wo sie in Erscheinung treten, sind die ersten Sprossen der besagten *Himmelsleiter* bereits erklommen.[12]

Das Wunderliche, zumal in der Form des Skurrilen und Grotesken, hat häufig den Anstrich des Komischen. Allzu oft und einseitig ist Hoffmann als Dichter des Dämonischen, als »Gespenster-Hoffmann« abgestempelt worden. Er ist jedoch auch, was bereits seine Neigung zur Karikatur zeigt, ein Dichter des Lächerlichen, wie denn die dritte der zentralen Aussagen seiner Weltsicht: Die Welt ist eine Posse (vielleicht sollte es krasser noch heißen: Die Welt ist ein Tollhaus) einen nicht geringen Teil seines Werkes prägt.

Ob man das Leben verrückt findet und es zu einer Komödie verarbeitet, ist eine Frage der Perspektive. Man braucht, um Komisches darzustellen, nichts zu erfinden, sondern, aus einem gewissen Blickwinkel, nur zu registrieren, was ist. Das meint Hoffmann, wenn er sagt, *daß nichts so toll und wunderlich zu ersinnen, als was sich von selbst im Leben darbiete* (743). Er hat sich gleichwohl zu dieser Sicht von verschiedenen Seiten anregen lassen: von den skurrilen und grotesken Darstellungen des französischen Radierers Jacques Callot, vom Wiener Volkstheater, von der italienischen Opera buffa, insbesondere von der italienischen Commedia dell'arte, wie sie bei ihrem späten Nachfahren Carlo Gozzi, mit dem Märchen vermählt, noch einmal emporblüht. Was diese Quellen gemeinsam haben, ist eine Komik, die nicht so sehr um der satirischen Geißelung und moralischen Besserung in Szene gesetzt wird, sondern eher mit sich selbst spielt (vgl. 848), eine Komik des Übermuts, die sich in Luftsprüngen, in Kapriolen von der Schwere des Alltagslebens emanzipiert. Sie braucht gleichwohl des Sinns nicht zu entbehren, sogar nicht der tieferen metaphysischen Bedeutung, ja ihre Kehrseite kann, wie beim Rat Krespel, das Traurige und Tragische sein.

Narren wie dieser, desgleichen Wahnsinnige, als den Narren Verwandte, sind nur auf Grund einer beschränkten Auffassung von Normalität Zerrbilder des Humanen. Ebenso wie ein Konstituens des Lebens ist Tollheit vielmehr auch ein Konstituens des Menschen, des Menschen schlechthin, nur daß die einen aus ihrer Tollheit – unfreiwillig oder mit Absicht – kein Hehl machen, die anderen sie in sich verschließen, vielfach ohne überhaupt von ihr zu wissen, und dann ›normal‹ erscheinen. Was der Mensch im Innersten ist, enthüllt sich demnach über die

Zustände, in denen er sich närrisch oder wahnsinnig gebärdet, Abartiges an den Tag zu legen scheint, während es doch gerade Artgemäßes ist. Cyprian macht dies deutlich, wenn er sagt, *daß einiger Wahnsinn, einige Narrheit so tief in der menschlichen Natur bedingt ist, daß man diese gar nicht besser erkennen kann als durch sorgfältiges Studium der Wahnsinnigen und Narren, die wir gar nicht in den Tollhäusern aufsuchen dürfen, sondern die uns täglich in den Weg laufen, ja am besten durch das Studium unseres eigenen Ichs, in dem jener Niederschlag aus dem chemischen Prozeß des Lebens genugsam vorhanden* (764).

Hoffmanns Neigung, alles ins Komische zu ziehen, macht, wie das Zitat andeutet, vor der eigenen Person mit ihren Träumen und Sehnsüchten nicht halt. Mit dem unbarmherzig entlarvenden und karikierenden Blick nicht nur für die Beschränktheiten des Philisters, sondern auch für die Exaltationen des romantischen Künstlers, bringt er es fertig, die eigene Romantik lächerlich zu machen. Traumgesichte, die er seinem Publikum sonst als Visionen eines höheren Daseins serviert, werden dann zu Überspanntheiten degradiert und dem Spott preisgegeben, die Träumer selbst einer desillusionierenden Erfahrung unterworfen, die geeignet ist, sie von ihren Träumen zu ›heilen‹ (vgl. »Ein Fragment aus dem Leben dreier Freunde«).

5. Erzählstrukturen

Wie ein Dichter die Welt sieht, so schildert er sie auch, das »Wie« der Anschauung bestimmt das »Wie« der Darstellung. Bei einem Erzähler heißt das, daß die Erzählstruktur der Struktur der erzählten Welt entspricht. Allerdings hätte Hoffmann von seiner Sicht aus auch zur Form des Dramas kommen können: sein Befund, daß die Welt eine Posse sei, ruft nach der Komödie, seine Neigung, den Zwiespalt der Welt im Antagonismus streitender Mächte zu spiegeln, vielleicht sogar nach dem ernsten Drama. Obzwar vom Theater inspiriert, ja sogar selber mehrere Jahre am Theater praktisch tätig, lag ihm jedoch diese Gattung nicht, offensichtlich zu seinem eigenen Bedauern (vgl. 711). Gleichwohl arbeitet er mit dramatisch-theatralischen Mitteln: Er läßt seine Figuren wie auf der Bühne gern in ausdrucksvoller Gestik und Mimik auftreten;[13] er suggeriert seinem Publikum nicht selten ein unmittelbares Dabeisein, so als säße der

Leser vor einer Szene, vor der gerade ein Vorhang weggezogen worden ist; er wickelt die Handlung oft in Spiel und Gegenspiel und in überraschenden Umschwüngen ab, wie es der antagonistischen Auseinandersetzung gegensätzlicher Kräfte angemessen ist. Manche seiner Erzählungen scheinen geradezu ›verhinderte‹ Dramen zu sein: wie sein reifes Spätwerk »Prinzessin Brambilla«, so sind in unserer Sammlung auch »Die Brautwahl« und »Signor Formica« erzählte Komödien, Texte, bei denen man offensichtlich eine Einteilung in Akte und Szenen vornehmen kann (siehe den Einzelkommentar zur »Brautwahl«).

Die Struktur seiner Erzählungen zu durchschauen, ist im übrigen schwierig, zerfallen sie doch häufig, wie die Welt, von der sie erzählen, in heterogene Teile. Wenn eine Geschichte auf einfache Weise erzählt wird, dann besteht sie aus der Abfolge einer zusammenhängenden Ereigniskette im Zuge einer konsequenten Vorwärtsbewegung, so als würden Perlen auf einen Faden gereiht, oder als schritte jemand auf gerader Straße voran. Was Hoffmanns Erzählen demgegenüber in vielen Fällen kennzeichnet, ist das häufige Abweichen vom geraden Wege, das Fallenlassen des roten Fadens, das Hin- und Herspringen zwischen weit auseinanderliegenden Punkten, kurz: die völlige Systemlosigkeit. Sein Vorgehen scheint insofern der Art zu gleichen, wie Krespel sein Haus baut: ohne Grundriß, aus dem Stegreif und die normale Folge solchen Unternehmens ad absurdum führend – Krespel läßt zuerst die Mauern aufführen und nachträglich die Fenster und Türen hineinbrechen. Wie aber bei diesem Bau überraschenderweise *alles am Ende sich besser zusammengeschickt als zu erwarten stand* und das Haus, *welches von der Außenseite den tollsten Anblick gewährte*, mit seiner inneren Einrichtung *eine ganz eigene Wohlbehaglichkeit erregte* (32f.), so enthüllt sich auch jenseits der Außenseite des Hoffmannschen Erzählens bei genauerem Hinschauen eine ganz anders geartete innere Beschaffenheit. Was oberflächlich rhapsodisch, fragmentarisch anmutet, hat in der Tiefenstruktur einen Zusammenhang, zum einen indem alles um einen *festen Kern* (254) gruppiert ist, zum anderen durch die *feinen Fäden, die sich durch das Ganze ziehen, und in seinen scheinbar völlig heterogenen Teilen zusammenhalten* (252), wie es im Anschluß an »Nußknacker und Mausekönig« im Gespräch der Serapions-Brüder heißt. Wie gerade an diesem Märchen zu erkennen, bestehen die Fäden aus thematischen und motivischen Korrespondenzen, hier etwa der ständigen Wiederkehr der Themen Häßlichkeit/Schönheit, Glauben/Liebe und der Motive Puppe, Nuß, Uhr. Das andere Bindemittel, der feste Kern, stellt sich hier sinnigerweise als harte, schwer zu knackende Nuß bzw. als deren Inhalt dar. Und wenn die harte Nuß zu knacken in diesem Märchen bedeutet, eine zur Mißgestalt entartete Welt wieder der ursprünglichen Schönheit, Lebensfülle und Harmonie zuzuführen, so ist dies eigentlich der symbolische Kern der meisten Erzählungen Hoffmanns. In zahlreichen Varianten kreisen sie um ein und dasselbe Problem: das der Erlösung, einerseits von den Bedrückungen der alltäglichen Wirklichkeit, andererseits von den Bedrohungen der dämonischen Gegenseite.

Auch der Satz, daß die Welt ein Geheimnis sei, findet seine Entsprechung in der Erzählstruktur. Das Erzählen der einfachen Form ist ein Mitteilen von Informationen: wir werden mit Situationen, Figuren und Vorgängen im wahrsten Sinne des Wortes »bekannt« gemacht. Hoffmanns Erzählen ist dagegen häufig zunächst ein Vorenthalten von Informationen: er beginnt seine Geschichten vielfach mit der Darstellung eines Geheimnisses, und Situationen, Figuren, Vorgänge, die darin verflochten sind, begegnen uns als etwas Unbekanntes. Gleichwohl weiß dann der Leser mehr, als er wüßte, wenn er die Geschichte gar nicht läse. Er weiß zumindest, daß es Geheimnisse überhaupt gibt, er weiß, daß er etwas nicht weiß. Und er wird damit zum Fragenden, der mit Spannung auf eine Antwort harrt.

Die Antwort wird ihm nicht vorenthalten. Das Fortschreiten der Erzählung besteht einesteils zwar in einer Vertiefung des Geheimnisses, andernteils aber in einer allmählichen Aufhellung des Rätsels. Es zeigt sich dabei, daß die Chronologie der Ereignisse (also die Reihenfolge auf der Ebene des Erzählten) auf der Ebene des Erzählens umgedreht ist. Nicht das Zuerstgeschehene wird zuerst erzählt, beispielsweise im »Fräulein von Scuderi« die bereits im Mutterleib sich vollziehende Entwicklung Cardillacs zum Verbrecher, sondern etwas viel Späteres steht am Anfang: das rätselhafte Auftauchen Olivier Brussons bei Madeleine von Scuderi, nachdem der Dämon sein Wirken längst begonnen hat, und die Erzählung ist im folgenden bei zunächst zunehmender Entfaltung und Verdichtung des Rätselhaften ein erklärendes Rückschreiten zum Früheren, eine Aufwicklung der Vorgeschichte.

Erzählungen, die so angelegt sind, verfahren »analytisch«.[14] Während wir bei der »synthetischen« Erzählung Zeuge sind, wie sich Geschehen erst entwickelt, sind wir hier Zeuge, wie bereits Geschehenes, aber Verhülltes, im Rückwärtsgang enthüllt und auf seine Ursprünge zurückgeführt wird. Da das Aufzuhellende sich nicht einfach als Faktum, sondern als Rätsel präsentiert, löst es den Gang der Aufhellung freilich nicht nur aus, sondern setzt ihm auch Widerstand entgegen. Geheimnisse sind Phänomene, die nach einer Lösung rufen und sie gleichzeitig verbergen. Nur Berufenen, Menschen mit Fantasie und Intuition, ist es gegeben, die Hindernisse zu überwinden, nicht mit Hilfe rationaler Analyse, sondern durch überrationale Eingebungen, durch »Ahnungen«.

Hoffmann steht mit diesem Verfahren nicht allein. »Geheimnisse und ihre Aufklärung, das ist überhaupt das Thema und Schema des romantischen Romans in Deutschland. Alle die Romane von Tieck, Novalis, Brentano und Eichendorff beginnen mit Rätseln und Fragen und enden mit Lösungen und Antworten.«[15] Der Begriff »Aufklärung« darf hier jedoch nicht im Sinne des vorromantischen Rationalismus verstanden werden. Wenn der Rationalist des 18. Jahrhunderts Dunkles aufklärt, dann zehrt das Licht des Verstandes das Dunkel völlig auf. Übersinnliches wird dann als gar nicht existent oder als bloß scheinbar erwiesen und auf natürliche Ursachen zurückgeführt. Bei Hoffmann dagegen bleibt immer ein unaufgeklärter und unaufklärbarer Rest bestehen. *Nichts ist mir mehr zuwider,* läßt er Theodor im Gespräch der Serapions-Brüder sagen, *als wenn in einer Erzählung, in einem Roman der Boden, auf dem sich die fantastische Welt bewegt hat, zuletzt mit dem historischen Besen so rein gekehrt wird, daß auch kein Körnchen, kein Stäubchen bleibt, wenn man so ganz abgefunden nach Hause geht, daß man gar keine Sehnsucht empfindet noch einmal hinter die Gardinen zu kucken* (355). Das Aufklären scheint bei Hoffmann der Tendenz des Rationalismus geradezu entgegengesetzt. Wir leuchten manchmal in einen Brunnen hinein, um uns zu überzeugen, wie tief er ist und daß die Tiefe unergründlich ist. Hoffmann leuchtet in gleicher Weise in die Hintergründe eines Geheimnisses, um zu zeigen, daß sich die Ursprünge in tiefem Dunkel verlieren. Oft ist die Aufhellung eines Rätsels nur die Entdeckung eines neuen Rätsels. Das Geheimnis, mit dem »Das Fräulein von Scuderi« beginnt, ›löst‹ sich durch die

Aufdeckung des geheimnisvollen Verhaltens Cardillacs, das Geheimnis Cardillacs ›löst‹ sich durch die Aufdeckung des Erlebnisses seiner Mutter vor Cardillacs Geburt. Aber auch mit diesem Erlebnis sind nur neue Fragen aufgeworfen und keine endgültigen Antworten gegeben. So wird mit dem Licht der Aufklärung paradoxerweise die Dunkelzone ständig erweitert und rückwärts verschoben derart, daß sich hinter jedem ausgeleuchteten Hintergrund ein neuer Hintergrund auftut, die Hintergründigkeit unbegrenzt potenzierend. Die höchste Klarheit bedeutet zuletzt die tiefste Einsicht in das Unerklärliche. Hoffmann erzählt in »Johannes Kreislers Lehrbrief«, einem Text der »Kreisleriana«, einmal von einem Fremden, der seinerseits Erzählungen vorträgt, *die auf unbegreifliche Weise dunkles, gestaltloses Ahnen in lichter, erkenntnisfähiger Form vor des Geistes Augen brachten* (Fantasie- und Nachtstücke, S. 322). Das ist die Formel, die auf Hoffmann selber zutrifft. Dunkel wird von Licht erkennbar gemacht, aber *auf unbegreifliche Weise*, das heißt so, daß das Dunkel vom Licht nicht vertilgt, sondern im Gegenteil zur Geltung gebracht wird.

Das Hinabsteigen ins Dunkel ist dabei auch immer ein Vorgang im zeitlichen Sinne, insofern, als die Lösungen des Rätsels, das auf der Gegenwartsebene begegnet, im Brunnen der Vergangenheit gründen. Überhaupt wird durch die analytische Struktur die Zeitstufung Gegenwart–Vergangenheit erst geschaffen, weil das Enthüllen von Vorgeschichte sich per definitionem zum präsentischen Rätsel in ein vorzeitliches Verhältnis setzt. Greift überdies die Enthüllung der Vorgeschichte über die unmittelbare Vergangenheit in die entferntere Vorvergangenheit zurück, wie beim »Fräulein von Scuderi«, so entsteht Zeittiefe und eine Zeitstruktur, in der sich wiederum das Verhältnis von Oberfläche und Tiefe spiegelt.[16]

Man möchte weitergehen und behaupten, daß auf diese Weise auch Zeit*fluß* entsteht. Begreifen wir einen Gegenstand nicht nur als etwas Seiendes, sondern auch als etwas Gewordenes (und nichts anderes bedeutet es ja, wenn wir nach seiner Vergangenheit und seinem Ursprung fragen), so verwandeln wir einen Zustand in einen Prozeß. Hoffmann hat wie andere Romantiker an der Erstarrung der in der reinen Gegenwärtigkeit aufgehenden Alltagswirklichkeit gelitten und ihr durch sein Schaffen entgegenzuwirken gesucht. Entgrenzt er nun das Gegenwärtige durch die Dimension des Vorzeitlichen, so erfährt das Erstarrte eine Verflüssigung. In diesem Sinne kann man auch die sonderbare Tatsache deuten, daß mehrere seiner Erzählungen in den »Serapions-Brüdern«, etwa »Die Fermate«, »Doge und Dogaresse«, »Meister Martin der Küfner und seine Gesellen«, von einem Gemälde ausgehen und die in die Fläche gebannten und in einer einzigen Stellung erstarrten Figuren ins rege Leben schreiten lassen. Dichtet Hoffmann zu der gemalten Szene eine Geschichte, in der erzählt wird, wie es zu dieser Szene gekommen ist, oder auch, was ihr folgt, so ist das Bild plötzlich eine Momentaufnahme in einem ganzen ›Film‹ geworden. Damit wird auch hier das zuständlich Fixierte in einen Prozeß verwandelt, Statisches durch das Element der Zeit aufgelöst, um nicht zu sagen: erlöst.

Eine letzte Bemerkung zu der Art, wie Hoffmann erzählt, bringt uns zu dem Problem zurück, mit dem wir die Charakterisierung der »Serapions-Brüder« begonnen haben: dem der Rahmenerzählung. Auch die analytisch angelegten Binnenerzählungen sind Rahmenerzählungen; denn da die Vorgeschichte, die das Geheimnis aufklärt, in Form einer durch einen Erzähler vorgetragenen Erzähleinlage nachgeholt wird, wird diese eingelegte Erzählung ihrerseits zum Binnenstück, der Erzählteil, in dem das Geheimnis vorgestellt worden ist, entsprechend zum Rahmen. Jedoch besteht zwischen dieser Form und der zyklischen Rahmenerzählung, was das Verhältnis zwischen Rahmen- und Binnenteil angeht, ein wesentlicher Unterschied. Bei der Großrahmung im Zyklus, von Boccaccio bis Hoffmann, ist ein Binnenstück in den Rahmen in der Regel immer so eingefügt, daß es sich ohne wesentliche Beschädigung auch wieder herausnehmen läßt, und zwar deshalb, weil zwischen Rahmenzone und Binnenwelt keine Verschränkung stattfindet. Liefert der Binnenteil dagegen die Aufklärung des auf der Rahmenebene erzählten Geheimnisses, so sind beide, da gewissermaßen nur zwei Seiten derselben Sache, aufs innigste miteinander verflochten und untrennbar.[17]

Es kommt dabei gewöhnlich hinzu, daß die Vorgeschichte von einer Figur erzählt wird, die in das Geschehen selber verwickelt ist. Sie besitzt also nicht die Distanz und das Maß an Degagement, das einer der Serapions-Brüder besitzt, wenn er eine Geschichte erzählt oder vorliest (ausgenommen, es handelt sich um eine Ich-Erzählung; vgl. »Der Einsiedler Serapion« oder »Rat Krespel«).

Gleichwohl ist *jeder* in eine Erzählung eingefügte Erzähler eines Binnenstücks, auch der am Geschehen selber beteiligte, ein Medium, das Rahmenteil und Binnenteil sowohl abgrenzt wie miteinander vermittelt. Und er hat also auf der Ebene des Erzählens dieselbe Funktion der Schwelle, die auf der Ebene des Erzählten Phänomene wie das »Wunderliche« besitzen. Diese Doppelfunktion des Abgrenzens und Vermittelns kann sich potenzieren, wenn die Vorgeschichte nicht nur einem einzigen Erzähler in den Mund gelegt wird,sondern dieser seinerseits einen weiteren Erzähler einführt und dessen Geschichte in seine eigene einschiebt. Es entsteht dann, wie z. B. im »Fräulein von Scuderi«, eine Verschachtelung: Olivier Brusson erzählt dem Fräulein seine Geschichte; innerhalb seiner Geschichte aber erzählt er, wie er einstmals die Geschichte Cardillacs zu hören bekam. Zu dem die Verbrechen des Goldschmieds begründenden Verhängnis gelangen wir somit über eine zweifache Erzählerschwelle.

Im »Kampf der Sänger« wird als Erzähler ein Chronikleser eingeführt: *Zur Zeit wenn Frühling und Winter am Scheiden stehn, in der Nacht des Äquinoktiums, saß einer im einsamen Gemach und hatte Johann Christoph Wagenseils Buch von der Meistersinger holdseliger Kunst vor sich aufgeschlagen* (274). Der Einsame versinkt in einen Traum, in dem ihm die Welt der Meistersinger aufgeht. Diese Stufe als Eingang in die Erzählung ist Hoffmann aber noch nicht genug. Aus der Chronik ersteht nicht nur deren Inhalt, sondern auch ihr Verfasser, Wagenseil, der, wie aus einer Abbildung hervorgetreten, vor dem Träumenden erscheint und ihm nun das, was er sieht, genauer erklärt. Worauf dann, nachdem erst noch einmal der Erzähler sich an den Leser gewandt hat, die eigentliche Geschichte beginnt.

Außer daß auch hier, wie bei vielen Werken Hoffmanns, die potenzierte Vermittlung auffällt, zeigt die Erzählung noch etwas Weiteres: den Übergang von einem ersten nebulosen Eindruck zu einem deutlichen Bild. Im Prinzip ist mit dem Übergang von einem Geheimnis zu seiner Aufklärung dasselbe gegeben, jedoch kann sich eben der erste Eindruck, wie hier, auch in Gestalt des Traumes oder als etwas nur im fernen Dämmer Erschautes darbieten. Der Prozeß des Erzählens bedeutet dann ein ›Heranholen‹ des Fernen, ein Wegblasen des Nebels, ein Überführen des traumhaft Unzusammenhängenden in verständlich Zusammenhängendes. Er gleicht dem Verfahren des Malers, wenn dieser mit einer bloßen Skizze beginnt und sie dann ›ausfüllt‹, indem er Linien auszieht und die Flächen koloriert und so dem Ganzen Kontur und Farbe verleiht. *Es begibt sich wohl, daß, sehen wir fremde Gestalten in der dämmernden Ferne daherschreiten, uns das Herz bebt vor Neugier, wer die wohl sein, was sie wohl treiben mögen. Und immer näher und näher kommen sie. Wir erkennen Farbe der Kleidung, Gesicht, wir hören Gespräch, wiewohl die Worte verhallen in den weiten Lüften. Aber nun tauchen sie unter in die blauen Nebel eines tiefen Tals. Dann können wir es kaum erwarten, daß sie nur wieder aufsteigen, daß sie bei uns sich einfinden, damit wir sie erfassen, mit ihnen reden können. Denn gar zu gern möchten wir doch wissen, wie* die *ganz in der Nähe geformt und gestaltet sind, welche in der Ferne sich so verwunderlich ausnahmen* (278f.).

Abgesehen davon, daß wir in dieser Äußerung eine Eigenart Hoffmanns erfassen, macht sie uns eine Eigenart der Poesie überhaupt bewußt. Denn kann es eine treffendere Definition der Dichtung geben als die, daß sie eine Gestalterin und Deuterin unserer Träume ist und deutlich ausspricht, was wir alle nur ahnen und nebulos vor Augen sehen! Etwas Ähnliches sagt Hoffmann mit dem Satz: *Es ist ein eignes Geheimnis, daß in dem Gemüt des Künstlers oft ein Bild aufgeht, dessen Gestalten, zuvor unkennbare körperlose im leeren Luftraum treibende Nebel, eben in dem Gemüte des Künstlers erst sich zum Leben formen und ihre Heimat zu finden scheinen* (357).

6. Gestaltungsprinzipien

Die Prinzipien, nach denen ein Dichter dichtet, lernt man am besten kennen, wenn man seine Dichtung selbst befragt. Man kommt jedoch nicht umhin, sich auf abstraktere Weise auch mit Hoffmanns ›Ästhetik‹ zu befassen, da er sich in den »Serapions-Brüdern« auch als Theoretiker versucht: die Freunde formulieren einen gewissen zentralen Grundsatz und beschließen, sich gegenseitig nur solche poetischen Produkte vorzulegen, die diesem, aus der Geschichte vom Einsiedler Serapion entwickelten, Prinzip entsprechen.

Über das dann sogenannte *Serapiontische Prinzip* (56) ist viel gerätselt worden,[18] und es ist in der Tat keineswegs sehr klar und einheitlich, was der Autor darüber die Serapions-Brüder äußern läßt. Man wird deshalb auch keine ganz eindeutige Erklärung davon geben können, sondern eher finden, daß es sich nicht nur um *ein* Prinzip, sondern um einen ganzen Komplex von Prinzipien oder ein Prinzip mit mehreren verschiedenen Aspekten handelt. Einige dieser Aspekte seien im folgenden kurz beleuchtet.

Der kreative Aspekt: Vorbildlich am wahnsinnigen Einsiedler Serapion, der nur zu erzählen vermag, was ihm seine Halluzinationen vorspiegeln, erscheint zunächst, daß er damit aus dem eigenen Inneren schöpft, sodann, daß er das subjektiv Geschaffene so darstellt, als ob er es objektiv vor sich erschaue. *Doch wir wollen uns an unsern Schutzpatron, den heiligen Serapion erinnern, der selbst Geschichtliches so aus seinem Innern herauserzählte, wie er alles selbst mit eignen Augen lebendig erschaut und nicht wie er es gelesen* (531). Damit sind zwei wesentliche Momente des Schaffensvorgangs genannt: das Innere als Quelle des Schaffens, das Schauen als Modus des Schaffens. Wenn Hoffmann »aus dem Innern« sagt, meint er nicht: aus dem Gefühl. Daß etwas *wahrhaft serapiontisch* ist, heißt, es ist *recht aus der Tiefe deiner Fantasie hervorgegangen* (640). Und wenn das Schaffen ursprünglich ein »Schauen« ist, so ist offenbar ein Bilder produzierender Akt aus einer im wahrsten Sinne imaginierenden Fantasie heraus [imago = Bild] gemeint. Hoffmann versteht den Dichter hier als »Eidetiker«. Ist aber die eidetische Kraft das Vermögen, subjektive Anschauungsbilder, ohne entsprechenden Reiz von außen, zu erzeugen, so besagt das zugleich, daß es nicht die normale visuelle, sondern eine höhere visionäre Anschauung ist, die dem Schaffen zugrunde liegt. Von Theodors Erzählung »Die Fermate« heißt es ausdrücklich, daß sie *nicht im eigentlichsten Sinne (...) serapiontisch zu nennen, da er Bild und Gestalten die er beschrieben, wohl auch mit leiblichen Augen geschaut* (74). Statt dessen macht das *innere Auge* (275) den Dichter, der damit, wie Hoffmann im Anschluß an eine uralte Vorstellung vom Dichter bemerkt, zum *wahrhaften Seher* (54) wird (entsprechend der antiken Vorstellung vom »vates«).

Man kann sich allerdings fragen, ob die Wahl Serapions als Leitfigur durchaus glücklich war. Sie entspricht zwar Hoffmanns Bedürfnis, dem Prinzip der Nachahmung der Wirklichkeit (Mimesis-Prinzip) Trotz zu bieten, einem Kunstrealismus, wie er damals noch von vielen gefordert wurde. Sie exemplifiziert aber nur die Hälfte dessen, was für sein eigenes Schaffen gilt, ein Schaffen, das den *Hebel* (54) zu den fantastischen Visionen, auf die es freilich hinauswill, in der Anschauung der äußeren Welt sucht. Die Erzählung »Das Fräulein von Scuderi« wird von den Freunden *wahrhaft serapiontisch* genannt, *weil sie auf geschichtlichem Grund gebaut, doch hinaufsteige ins Fantastische* (709). Der Akzent dieser Äußerung könnte, im Sinne des Hoffmannschen Erzählideals, allerdings auch anders liegen: »weil sie nicht nur ins Fantastische hinaufsteigt, sondern auch auf geschichtlichem Grund gebaut ist.« Mit der Gestalt Serapions hat dies nur noch halb zu tun, denn der Einsiedler statuiert nur seine Innenwelt, nicht die Außenwelt (vgl. 54). Da sein Verstand zerrüttet ist, ermangelt es ihm darüber hinaus an einer für Hoffmann gleichfalls wichtigen Kontrollfunktion. In einem von 1820 datierenden »Schreiben an den Herausgeber« der Zeitschrift »Der Zuschauer« (hrsg. von J. D. Symanski) schreibt der Dichter, indem er noch einmal auf das Serapiontische Prinzip Bezug nimmt, von dem *ehelichen Bund (...), in dem beide, Verstand und Phantasie bleiben müssen, wenn etwas Ordentliches herauskommen soll* (Schriften zur Musik. Nachlese, S. 674). Im Sinne der damaligen Auffassung von der Ehe ist hier keine auf Gleichberechtigung beruhende Partnerschaft, sondern ein Dominieren der ›männlichen‹ Hälfte, des Verstandes, gemeint. Jedoch darf der Verstand die Fantasie nicht verdrängen, das rationale Kalkül darf beim Schaffen nicht die innere Schau ersticken. Deshalb wird Leander, der dem Serapions-Klub angehören möchte, nicht zugelassen: *Alles was er schafft, hat er gedacht, reiflich überlegt, erwogen, aber nicht wirklich geschaut. Der Verstand beherrscht nicht die Fantasie, sondern drängt sich an ihre Stelle* (101).

Der Aspekt der Wahrhaftigkeit: Hoffmann wird nicht müde zu betonen, daß der Dichter nur das aussprechen dürfe, was er auch *wirklich* oder *wahrhaft* geschaut hat (54, 55, 101, 260 und öfter), nicht also, was er bloß, wie Leander vorgeworfen wird, erdacht, oder gar, was er sich bloß aus den Quellen zusammengelesen hat. In der Geschichte der Kunst ist diese Forderung, die im Grunde nicht ästhetischer, sondern ethischer Natur ist, da sie darauf hinausläuft, daß der Künstler »ehrlich«, »aufrichtig«, »wahrhaftig« sein soll, etwas verhältnismäßig Neues, erst seit der zweiten Hälfte des 18. Jahrhunderts Datierbares. In der Zeit davor hätte man nicht danach gefragt, ob der Künstler, wenn er etwas schafft, auch selber daran »glaubt«, mit seiner inneren Überzeugung dafür einsteht.[19] Für dieses Prinzip ist der wahnsinnige Einsiedler Serapion allerdings ein idealer Gewährsmann. Denn da er ausschließlich ausspricht, was ihm sein Wahn als wahr vorspiegelt, ist er stets wahrhaftig, drückt er nur aus, woran er glaubt. Da dies bei ihm zwanghaft geschieht, handelt es sich andererseits nicht um eine freiwillige Leistung, sondern nur um psychopathologische Notwendigkeit. Viel schwerer hat es ein psychisch gesunder Autor, dem die »Ehrlichkeit« nicht auf diese Weise in den Schoß fällt. Man kann sich vorstellen, daß ein Dichter wie Hoffmann, als Publikumsgünstling auf einer Welle des Erfolges schwimmend, manches Mal in die Versuchung kam, eher der Nachfrage des literarischen Marktes als dem Prinzip der Wahrhaftigkeit zu gehorchen. Die »Serapions-Brüder« selbst gehen ja auf eine Verlegerinitiative zurück. Ob der Umstand, daß jemand im Auftrag und um des Erfolges willen schreibt, unbedingt ein Hindernis ist, das künstlerische Gewissen reinzuhalten, muß jedoch eine offene Frage bleiben.

Der technische Aspekt: Die Einbeziehung des Verstandes als Kontrollfunktion zeigt bereits, daß es Hoffmann fern lag, einer hemmungslosen Spontaneität und blinden Ausdruckswut das Wort zu reden, auch wenn dies manchmal bei ihm so klingt und man meinen könnte, es komme allein darauf an, daß der Dichter »begeistert« sei. Wie er in den anderen Künsten, vor allem in der Musik, die Notwendigkeit der technischen Fertigkeit anerkennt, so verordnet er auch dem Poeten und damit sich selbst als Dichter ein besonnenes, diszipliniertes, planmäßiges Vorgehen, wenn es gilt, das im Inneren Erschaute *recht zu erfassen mit allen seinen Gestalten, Farben, Lichtern und Schatten* (55).

Der Aspekt der Wirkung: Hier kehrt man wieder zum Problem der Wahrhaftigkeit zurück; denn Wirkung erzielt das dichterische Werk nur, wenn es auch durch seine innere Glaubwürdigkeit überzeugt. *Woher kommt es denn, daß so manches Dichterwerk das keineswegs schlecht zu nennen, wenn von Form und Ausarbeitung die Rede, doch so ganz wirkungslos bleibt wie ein verbleichtes Bild, daß wir nicht davon hingerissen werden (...). Woher kommt es anders, als daß der Dichter nicht das wirklich schaute wovon er spricht* (54). Spricht Hoffmann bloß vom »Hinreißen« des Lesers, verleugnet er allerdings die für ihn charakteristische Ironie, die sich in seinen Geschichten mit dem erzählerischen Enthusiasmus oftmals die Waage hält und diesen durchkreuzt, so daß der Leser ähnliche Wechselbäder durchmacht wie die von der Exaltation in die Ernüchterung fallenden Figuren innerhalb der Geschichte. Eine von Hoffmann häufig zur Sprache gebrachte Kategorie der Wirkung ist der Begriff »lebendig«. Was wirken soll, muß lebendig sein und erhält Leben nur, wenn es innerlich wahrhaft geschaut ist. Mehr läßt sich darüber jedoch kaum sagen, die Erweckung zum Leben ist letztlich ein Akt dichterischer Magie.

Der magisch-metaphysische Aspekt: Solche Magie ist insofern unerläßlich, als der Leser an das Dargestellte auch *glauben* soll (54, 83, 87 und öfter), ganz wie der Dichter, der ebenfalls nur seiner inneren Überzeugung gemäß schreiben darf. Das ist, zumal im Hinblick auf Darstellungen des Wunderbaren, kein bloß ethisches, noch weniger ein bloß ästhetisches Postulat (etwa im Sinne ästhetischer Illusion). Der Dichter spekuliert hier auf ein Fürwahrhalten im metaphysischen Sinne, soll doch *die Zauberkraft der poetischen Wahrheit, welche dem, das Wunderbare darstellenden Dichter zu Gebote stehen muß* (84), eine Mission erfüllen, indem sie dem aufgeklärten Unglauben zu Leibe rückt. Die moderne Skepsis ist indessen nicht so leicht aus dem Felde zu schlagen, wie sich in Hoffmanns Werken selbst zeigt. Die Figuren, die hier auftreten, erweisen sich häufig als zwischen Glaube und Zweifel gespalten: die Fantasie schließt ihnen Wunderbares auf, der Verstand aber stellt es immer wieder in Frage. Und das wird auch der Zwiespalt ihres Autors gewesen sein.

Was Hoffmann sonst theoretisch über das dichterische Gestalten ausführt, überrascht teilweise durch die Nähe zu Prinzipien der klassischen Ästhetik, wie etwa die Forderung, daß eine Erzählung in allen Teilen sich zum Ganzen *ründen* soll (842). »Ganzheit« und »Ründe« sind allerdings weite Begriffe, die sehr Verschiedenes umschließen können. Zumindest meint Hoffmann nicht eine Ganzheit, die sich bereits auf den ersten Blick, an der Oberfläche des Textes darbietet, sondern erst in der Tiefenstruktur, durch die *feinen Fäden*, die die heterogenen Teile untergründig miteinander verknüpfen (s. o.).

Überhaupt liegt bei Hoffmann die Essenz seiner Dichtung nicht offen zutage, die Bedeutungen sowenig wie die Verstrebungen des Textes. Der Sinn ist bei ihm symbolisch verschlüsselt, die Vernetzung der Symbole, zu denen nicht nur Inhalts-, sondern auch Formmomente gehören (vgl. den eingeschobenen Erzähler als »Schwelle«), macht die Struktur aus.

Auch mit dem symbolischen Stil ergeben sich Verbindungen zur Klassik, zumal zum klassischen Goethe. Jedoch sind Unterschiede gleichzeitig unverkennbar, wenn man Goethes Symbolbegriff in Betracht zieht, wie er ihn in den »Maximen und Reflexionen« umrissen hat. »Das ist die wahre Symbolik«, heißt es hier, »wo das Besondere das Allgemeine repräsentiert, nicht als Traum und Schatten, sondern als lebendig-augenblickliche Offenbarung des Unerforschlichen« (Hamburger Ausgabe, Bd. 12, S. 471). Hoffmann dagegen würde sagen: gerade als Traum und Schatten, und nicht so sehr als lebendig-augenblickliche Offenbarung wie als geheimnisvolle Verhüllung. In dieser Hinsicht ähnelt seine Symbolik dem Symbolverständnis der späteren Tiefenpsychologie, wie Hofstätter es beschreibt: »Die Symbole sind nicht ›unmittelbar durchsichtig‹ (C. G. Jung), sondern dienen dem Unbewußten als Versteck. Erlebnisse, Gefühle und Zustände, die man aus der Erinnerung zu streichen versuchte und die so ins Unterbewußtsein verdrängt wurden, kommen in symbolhafter Verkleidung wieder zum Vorschein und äußern sich in rätselhaften Traumbildern, die deshalb so faszinieren, weil man ihren Zusammenhang mit dem längst nicht mehr bewußten Erlebnis ahnt.«[20]

Was für Hoffmann, für den romantischen Dichter überhaupt, die Welt ist: ein System geheimer Zeichen, das ist die romantische Dichtung für den Leser. Sie entzieht sich darum auch der »allegorischen« Deutung. Allegorische Bilder sind in ihrem Sinn vollständig auflösbar, d. h. ihr Sinn läßt sich auf den »Begriff« bringen. Goethe hierzu: »Die Allegorie verwandelt die Erscheinung in einen Begriff, den Begriff in ein Bild, doch so, daß der Begriff im Bilde immer noch begrenzt und vollständig zu halten und zu haben und an demselben auszusprechen sei« (Hamburger Ausgabe, Bd. 12, S. 471). Dagegen: »Die Symbolik verwandelt die Erscheinung in Idee, die Idee in ein Bild, und so, daß die Idee im Bild immer unendlich wirksam und unerreichbar bleibt und, selbst in allen Sprachen ausgesprochen, doch unaussprechlich bliebe« (S. 470). Nicht anders als Goethe würde Hoffmann sagen, daß im Symbol der Sinn als »Idee« enthalten ist, um anzudeuten, daß der symbolische Sinn niemals auszuschöpfen, rational zu erfassen und rational zu umgrenzen ist. Allegorien sind für Hoffmann überdies Konstrukte, die ganz in der Funktion aufgehen, bildhaft eine Bedeutung zu vermitteln. Symbole dagegen bedeuten nicht nur, sondern sind auch, was sie bedeuten – eine Symbolwelt ist insofern auch immer eine existierende Welt. Das ist gemeint, wenn der Maler Berklinger im »Artushof« den Begriff Allegorie für seine Gemälde ablehnt: *Allegorische Gemälde machen nur Schwächlinge und Stümper; mein Bild soll nicht* bedeuten *sondern* sein (156).

Symbole sind für Hoffmann aber nicht nur Mittel des Verschlüsselns, sondern auch Instrumente der Beschwörung. Der Begriff Magie, den wir vorhin ins Spiel brachten, ist hier durchaus am Platze. Wie bei gewissen kultischen Praktiken durch symbolische Gegenstände und Handlungen verborgene Kräfte und Mächte ins Dasein gerufen und in Aktion gesetzt werden sollen, so sucht Hoffmann durch die *Zauberkraft* der Poesie (s. o.), durch die *Lebendigkeit* seiner Bilder, Wunderbares zum Leben zu erwecken. Mit Worten versucht er dabei, was eine seiner Künstlergestalten, Heinrich von Ofterdingen im »Kampf der Sänger«, mit Tönen bewirkt. Wenn Ofterdingen seine Lieder vorträgt, so ist es, *als schlüge er mit seinen gewaltigen Tönen an die dunklen Pforten eines fremden verhängnisvollen Reichs und beschwöre die Geheimnisse der unbekannten dort hausenden Macht herauf* (292). Auch in den Magiergestalten spiegelt sich Hoffmanns Wunsch, die Hebel einer verborgenen Welt zu bewegen, ja selbst in den Magnetiseuren. Wie satanisch auch die Verführer unschuldiger Seelen agieren, ihre hypnotische Macht über das Unbewußte hat es dem Dichter offenbar besonders angetan.

Wie auf die Gegenstände der Darstellung richtet sich die Beschwörung auf den Leser. Der Einsiedler Serapion läßt in seinen Novellen alle Gestalten mit einer so *plastischen Ründung*, mit einem so *glühenden Leben* hervortreten, *daß man [das Publikum!] fortgerissen, bestrickt von magischer Gewalt wie im Traum daran glauben mußte, daß Serapion alles selbst wirklich von seinem Berge erschaut* (26f.). Und wie die Welt magisch beschworen wird, damit sie ihre tiefsten Geheimnisse preisgibt, so der Leser, damit er in seinem tiefsten Inneren erweckt wird. Schon die empfindsame Poesie ist Erweckungskunst, erweckt im Leser aber nur die Schicht der individuellen Gefühle, deren Erregung sich als »Rührung« äußert. Die romantische Dichtung greift tiefer, in die Gründe des Unbewußten, wo Urbilder, Urbedürfnisse, Urängste schlummern. Besonders die letzteren zu wecken, läßt Hoffmann sich nicht nehmen: *Warum sollte es dem Dichter nicht vergönnt sein, die Hebel der Furcht, des Grauens, des Entsetzens zu bewegen?* (927). Von der Musik Beethovens hatte er übrigens einige Jahre früher das gleiche gesagt: *Beethovens Musik bewegt die Hebel der Furcht, des Schauers, des Entsetzens, des Schmerzes* (Fantasie- und Nachtstücke, S. 43). Indes sieht sich der Dichter bei solchem Tun auch in weniger ehrenvoller Gesellschaft: des trivialen Schauerromans nämlich, der bereits in der zweiten Hälfte des 18. Jahrhunderts von England aus Europa zu erobern beginnt und aus dem Hoffmann selber eifrig geschöpft hat. Deshalb soll das Vorbild der hohen Dichtung ihn rechtfertigen: *Wir wissen ja alle, wie wunderbar die größten Dichter vermöge jener Hebel das menschliche Gemüt in seinem tiefsten Innern zu bewegen wußten. Man darf [braucht] ja nur an Shakespeare [zu] denken!* (928).

Im Dienst der suggestiven Einflußnahme stehen teilweise auch die häufigen Anreden an den Leser. Wie zu Beginn der »Königsbraut« wird nicht selten an den *geliebten Leser* appelliert, sich als unmittelbar Erlebenden direkt in das Geschehen zu versetzen: *Es ist möglich, daß du, geliebter Leser, auf irgendeiner Reise begriffen, einmal in den schönen Grund kamst, den der freundliche Main durchströmt. Laue Morgenwinde hauchen ihren duftigen Atem hin über die Flur, die in dem Goldglanz schimmert der emporgestiegenen Sonne. Du vermagst es nicht auszuharren in dem engen Wagen, du steigst aus und wandelst durch das Wäldchen, hinter dem du erst, als du hinabfuhrst in das Tal, ein kleines Dorf erblicktest. Plötzlich kommt dir aber in diesem Wäldchen ein langer hagerer Mann entgegen, dessen seltsamer Aufzug dich festbannt* (945). Etc. Auf solches Festbannen laufen die Leseranreden jedoch nicht immer hinaus. Hoffmann treibt ebenso gern mit dem Leser ein ironisches Spiel, auch ironisiert er sich mitunter selbst, etwa wenn er dem Leser anheimstellt, seinen Versuch einer *recht lebendigen* Darstellung als mißlungen und bloßes *Geschwätz* zu bewerten

(149). Daß dadurch die Zauberkraft der Poesie vernichtet werden soll, wird man ihm schwerlich unterstellen können. Man kann darin auch Koketterie oder ein Element der Mystifikation, der Täuschung und Verwirrung, sehen, das der Magie als schillernder Reiz zugeschlagen wird. Abgesehen von solchem Spiel und Scherz ist die Ironie bei Hoffmann mit Bitterkeit getränkt. In ihr macht sich das Ungenügen des an der alltäglichen Wirklichkeit leidenden und sich nach einer höheren Welt sehnenden Geistes geltend. Eine intellektuelle Kraft, die nur tiefen, ihrer *Entartung* sich bewußten Geistern eigen ist (114), geht sie *aus der klarsten Anschauung des Lebens* hervor (768), der Anschauung nämlich des Lebens in seiner Unzulänglichkeit. Und damit schlägt sich eine Brücke zur Fantasie, auch zur Magie, denn aus solcher Anschauung erwächst notwendig der Drang, die irdische Sphäre zu überschreiten und die Hebel einer anderen Welt zu bewegen.

Zu den Mitteln der Beschwörung sowohl des Lesers wie der Welt, die imaginiert werden soll, möchten wir auch die Formelhaftigkeit von Hoffmanns Sprache rechnen.[21] Er arbeitet mit einem begrenzten Schatz von stereotypen Wendungen, die ständig wiederkehren und von denen manche, da aus dem Arsenal konventionalisierter Dichtersprache geschöpft, abgegriffen wirken. Eine Beschreibung aus »Rat Krespel« wie: *Antoniens Äußeres machte auf den ersten Anblick keinen starken Eindruck, aber bald konnte man nicht loskommen von dem blauen Auge und den holden Rosenlippen der ungemein zarten lieblichen Gestalt. Sie war sehr blaß, aber wurde etwas Geistreiches und Heiteres gesagt, so flog in süßem Lächeln ein feuriges Inkarnat über die Wangen hin, das jedoch bald im rötlichen Schimmer erblaßte* (38f.), eine solche Beschreibung wird man nicht unbedingt in einem Text der hohen Dichtung erwarten, sie könnte auch in einem Trivialroman stehen. Und mit den *holden Rosenlippen*, dem *süßen Lächeln*, dem *feurigen Inkarnat* der Wangen kann der Leser immer wieder rechnen, wenn solche, zumeist ebenfalls stereotyp *Engel des Himmels* (34) oder ähnlich genannte Frauengestalten ins Spiel kommen. Da jedoch Hoffmann nicht einfach Realität reproduzieren will, will er auch nicht eigentlich »beschreiben«, d. h. eine der sinnlichen Wahrnehmung ähnliche Vorstellung vermitteln. Seine bloß für das innere Auge bestimmte, ins unbeschreibbar Fantastische entgrenzte Welt soll dem Leser nur im momentan bildhaften

Eindruck, *wie durch einen Zauberschlag geweckt* (59), lebendig werden. Für diese evokative Funktion ist die griffige Formel, mag sie auch abgegriffen sein, gerade das rechte Mittel, gewissermaßen der kurze und rasch wirkende Hebel zum Auslösen eines bestimmt-unbestimmten, das Gemüt tief ergreifenden Eindrucks. Wieder stellt sich die Assoziation an kultische Praktiken ein. Wenn Hoffmann beispielsweise so häufig und gleichförmig davon spricht, daß eine Ahnung, ein Traum, ein Spuk, eine fremde Macht »ins Leben tritt«, so evoziert er kurz und bündig nicht nur den damit bezeichneten Vorgang der Entgrenzung, des Schwellenübertritts, sondern auch den der ästhetisch-überästhetischen Fleischwerdung des Wortes. Die Formel »Leben« will hier mehr sein als ein Zeichen, das bezeichnet. Sie will das Bezeichnete, die Sache selbst sein.

An ausführlicheren, ins Detail gehenden Schilderungen ist Hoffmanns Dichtung gleichwohl nicht arm, doch wendet er solche Ausführlichkeit meist an die Darstellung seiner Figuren, an deren Physiognomie, Kleidung und Verhalten. Und Personenauftritte wirken häufig bei ihm wie inszeniert, als erzählte Bühnenauftritte eines verhinderten Theaterdichters.

Zur Formelhaftigkeit seiner Sprache steht wiederum die Typenhaftigkeit seiner Figuren in Parallele. Wir werden mit Variationen stereotyper Grundmuster bekannt gemacht: des holden, engelreinen Mädchens, des – manchmal wirklichen, manchmal bloß scheinbaren – Unholds, des unschuldigen Jünglings, des wohlwollenden oder übelwollenden Magiers usw. Sogar in der Figurenkonstellation und in ihrer ganzen Handlung sind Hoffmanns Geschichten Variationen einiger weniger sich wiederholender Schemata.[22] Ohne daß doch Hoffmanns Welt in der Wiederholung erstarrt. Im Gegenteil: bis auf den heutigen Tag hat sich seine Dichtung eine offenbar unverwüstliche Frische bewahrt. Auch soll der Hinweis auf ihre zauberische Dimension nicht den Eindruck verwischen, daß sie auf gesellige Weise auch unterhaltsam, amüsant, interessant ist. Sonst hätte sie in einer geselligen Runde wie der der Serapions-Brüder keinen Platz.

8. Zu Hoffmanns Persönlichkeit

Unser Verhältnis zu den Dichtern ist meist unpersönlich: wir lesen ihre Werke, wissen aber kaum etwas von ihrer Person. Wenn sie nicht gerade zu den häufig abgebildeten Klassikern gehören, tragen wir nicht einmal ein Bild ihres Äußeren in uns.

Nun ist Hoffmanns Gesicht aus zahlreichen Abbildungen, insbesondere seiner Selbstbildnisse, zur Genüge bekannt. Es reizt jedoch, ihn sich nach der Methode zu vergegenwärtigen, die er selbst bei der Darstellung von Figuren anwandte: durch eine verbale Schilderung der Physiognomie und Mimik, des Kostüms und des Verhaltens. Eine solche Schilderung erhalten wir von einem seiner engsten Freunde, Julius Eduard Hitzig*:

»Hoffmann war von sehr kleiner Statur, hatte eine gelbliche Gesichtsfarbe, dunkles, beinahe schwarzes Haar, das ihm tief bis in die Stirn gewachsen war, graue Augen, die nichts besonderes auszeichnete, wenn er ruhig vor sich hinblickte; die aber, wenn er, wie er oft zu thun pflegte, damit blinzelte, einen ungemein listigen Ausdruck annahmen. Die Nase war fein und gebogen, der Mund fest geschlossen.

Sein Körper schien, ungeachtet seiner Behendigkeit, dauerhaft, denn er hatte für seine Größe eine hohe Brust und breite Schultern.

Sein Anzug war in früheren Zeiten seines Lebens ziemlich elegant, ohne irgend in's Gesuchte zu verfallen. Nur auf den Bakkenbart hielt er große Stücke, und ließ ihn sorgfältig gegen die Mundwinkel hinziehen. (...)

In seiner ganzen äußern Erscheinung fiel am meisten eine außerordentliche Beweglichkeit auf, die auf das Höchste gesteigert wurde, wenn er erzählte. Seine Begrüßungen beim Empfang und Abschied, mit wiederholten ganz kurzen, schnellen Beugungen des Nakkens, ohne daß der Kopf sich dabei bewegte, hatten etwas Frazzenhaftes und konnten leicht als Ironie erscheinen, wenn der Eindruck, den die seltsame Geberde machte, nicht durch sein sehr freundliches Wesen bei solchen Veranlassungen gemildert worden wäre.

---

* Die Darstellungen Hitzigs, des ersten Biographen Hoffmanns, sind im allgemeinen mit Vorsicht aufzunehmen, besonders wenn er Hoffmanns Lebenswandel beurteilt. Man wird andererseits schwerlich von irgendeinem Zeitgenossen ein ganz ›objektives‹ Urteil erhalten.

Er sprach mit unglaublicher Schnelle und mit einer etwas heiseren Stimme, so daß er, vorzüglich in den letzten Jahren seines Lebens, wo er einige Vorderzähne verloren hatte, sehr schwer zu verstehen war.

Wenn er erzählte, war es immer in ganz kurzen Sätzen; nur, wenn die Rede auf Kunstsachen kam und er in Begeisterung gerieth, ein Zustand, vor dem er sich aber zu hüten schien, bildete er lange, schöne, gerundete Perioden.« (E. T. A. Hoffmann in Aufzeichnungen seiner Freunde und Bekannten, S. 703 f.)

Hitzig behauptet, es sei schwer gewesen, mit Hoffmann in Bekanntschaft zu kommen. »Er selbst blieb lange verschlossen, und hörte auch wenig auf Menschen, die er erst kennen lernte, wenn sie nicht ganz besonders interessant waren. Alte Bekannte gingen ihm über Alles; er fühlte sich bequem mit ihnen, und mehr verlangte er nicht.« (Aufzeichnungen, S. 704) Und in ihrem Zirkel sei er gesellig und liebenswürdig gewesen.

Auf die Tatsache, daß die Runde der Serapions-Brüder ein reiner Männerbund ist, wirft vielleicht folgende Bemerkung Hitzigs ein gewisses Licht:

»Den Umgang mit Frauen liebte er eben nicht. Konnte er (dies war die Regel, von der allerdings einige Ausnahmen Statt fanden) sie nicht mystifizieren, oder sie in die abentheuerlichen Kreise seiner Fantasien ziehen, oder entdeckte er in ihnen nicht etwa entschiedenen Sinn für das Komische, so zog er den Verkehr mit Männern, bei denen sich die letzte Eigenschaft viel häufiger entwickelt findet, bei weitem vor. Denn das Frazzenhafte, wie das Verborgenste in der menschlichen Natur zogen ihn am meisten an, und auch über diese Tiefen konnte er vorzugsweise nur mit Männern sprechen.« (Aufzeichnungen, S. 705)

Gleichwohl – und insofern ist Hitzigs Bemerkung etwas irreführend – drehen sich viele Erzählungen Hoffmanns um das Verhältnis des Mannes zur Frau, und zwar um zwei extreme Haltungen: um die Furcht, von der Frau in den Abgrund der sinnlichen Leidenschaft oder in die Seichtheit des Alltags gezogen zu werden, und um die Hoffnung, durch die Frau, die dann allerdings nur fernes Idol sein darf, zur Reinheit und zur Kunst erlöst zu werden. Offenbar sehr zwiespältige Erfahrungen mit dem weiblichen Geschlecht haben ihm diese Möglichkeiten bewußt gemacht. In seiner Kindheit lebte Hoffmann sozusagen in einem Frauenhaus, zwar unter der Zucht seines Onkels, aber auch unter der Obhut seiner psychisch gestörten Mutter, seiner Großmutter sowie einer Tante. Dem in seinen Werken so häufig behandelten Problem der Künstlerliebe liegt als biographischer Anstoß vor allem das »Julia-Erlebnis« zugrunde: die leidenschaftliche Zuneigung, die Hoffmann in der Bamberger Zeit zu seiner Gesangsschülerin Julia Mark, einem zu Beginn der Bekanntschaft erst dreizehnjährigen Mädchen, faßte.

Wohl nichts hat Hoffmann mehr gefürchtet als den Alltag mit seiner Enge und Langeweile. Er führt darüber in seinen Tagebüchern erstaunlich genau Buch. »Dito – miserables Einerley!« heißt es etwa unter dem 14. 10. 1803 aus der Zeit in Plock (Tagebücher, S. 59). »Wann werd' ich mehr als das ewige todte Einerley hier wiederholen dürfen«, unter dem 16. 10. 1803 (ebd.). »Die Geschäffte – das Alltagsleben ekelt mir mit jedem Tage mehr an!« unter dem 11. 1. 1804 (ebd. S. 68). Zahlreich sind die Eintragungen, die solche innere Verfassung in die lakonische Formel »Dies tristis« [trauriger Tag] oder »Dies ordinarius atque tristis« [gewöhnlicher und trauriger Tag] oder »Dies ordinarius atque miserabilis« [gewöhnlicher und elender Tag] kleiden. Hitzig berichtet:

»War einmal durch das Alltägliche der Dämon der Langeweile, – für ihn die furchtbarste der Plagen, – in ihm erwacht, so bemeisterte sich seiner, ohne alle Uebertreibung gesprochen, eine wahre Wuth, die characteristisch in seinen Gesichtsmuskeln spielte, und die er, wenn er nicht die Gelegenheit fand, ihr in der Gesellschaft noch Luft zu machen, entweder durch einige gallbittere Sarkasmen, oder durch Aeußerungen, die er wie Wahnwitz gestaltete um verlegene Gesichter um sich her zu sehen, auch selbst dann nicht verläugnen konnte, wenn er schon wieder heimgekehrt war, wo er in sein Tagebuch niederzuschreiben pflegte: »schändlich ennuyiert« u. dergl.; ja, die ihn oft nach mehreren Tagen noch erfaßte, wenn er seinen Freunden die ausgestandene Qual schilderte.« (Aufzeichnungen, S. 369)

Hier hat sich ein Leiden niedergeschlagen, das nicht nur auf den Alltag im engeren Sinne, sondern auf die Normalität im weiteren Sinne bezogen ist und das Hoffmann mit anderen Romantikern teilt.[23]

Wie hat der Dichter in der Zeit gelebt, in der seine »Serapions-Brüder« entstanden? Dazu wiederum Hitzig:

»Seine Lebensordnung in den letzten sechs Jahren, von 1816

bis 1822, war die. Am Montage und Donnerstage brachte er die Vormittage in den Sitzungen des Kammergerichts, an den andern Tagen zu Hause, arbeitend, die Nachmittage in der Regel schlafend, im Sommer auch spazierengehend, zu; die Abende und Nächte in dem Weinhause. War er, was häufig, in manchen Perioden täglich geschah, Mittags oder Abends, oder Mittags und Abends in Gesellschaft, (...) – oft Abends in zwei Cirkeln, von sieben bis neun, und von neun bis zwölf gewesen; so ging er, es mochte so spät seyn als es wollte, wenn alle andere sich nach Hause begeben, noch in das Weinhaus, um dort den Morgen zu erwarten; früher in seine Wohnung zurückzukehren, war ihm nicht gut möglich.

Man denke hiebei aber nicht etwa an einen gemeinen Trinker, der trinkt und trinkt, aus Wohlgeschmack, bis er lallt und schläft; gerade das Umgekehrte war Hoffmanns Fall. Er trank, um sich zu montiren; dazu gehörte Anfangs, wie er noch kräftig war, weniger; später, natürlich mehr; – aber war er einmal montirt; wie er es nannte, in exotischer Stimmung, die, oft bei einer halben Flasche Wein, auch nur *ein* gemüthlicher Zuhörer hervorrufen konnte, so gab es nichts Interessanteres, als das Feuerwerk von Witz und Glut der Fantasie, das er dann unaufhaltsam, oft fünf, sechs Stunden hintereinander, vor der entzückten Umgebung aufsteigen ließ. War aber auch seine Stimmung nicht exaltirt, so war er im Weinhause nie müßig, wie man so viele sitzen sieht, die nichts thun als nippen und gähnen; er schau'te vielmehr mit seinen Falkenaugen überall umher; was er an Lächerlichkeiten, Auffallenheiten, selbst an rührenden Eigenheiten bei den Weingästen bemerkte, wurde ihm zur Studie für seine Werke, oder er warf es mit fertiger Feder auf das Papier.« (Aufzeichnungen, S. 370f.)

Die Stelle ist – trotz Hitzigs verstecktem Tadel an diesem Lebenswandel – geeignet, einem Gerücht, den Boden zu entziehen, das sich hartnäckig an den Ruf Hoffmanns bis in unsere Zeit geheftet hat: daß er ein Alkoholiker gewesen sei. Schon die enorme Anzahl von Werken, die er in verhältnismäßig wenigen Jahren neben seiner Berufsarbeit und trotz häufiger Krankheit geschaffen hat, und die Überlegtheit, mit der seine Romane und Erzählungen komponiert sind, beweisen, daß seine Kunst, in welchen Exaltationen sie auch immer schwelgt, nicht unter ausschweifenden Alkoholgenuß entstanden sein kann. Hoffmann selbst ist dem Gerücht am Ende der »Serapions-Brüder« entgegengetreten: *Es gibt (...) wackre Leute, die so schwerfälliger Natur sind, daß sie den raschen Flug der erregten Einbildungskraft irgendeinem krankhaften Seelenzustande zuschreiben zu müssen glauben und daher kommt es, daß man von diesem, von jenem Dichter bald sagt, er schriebe nie anders, als berauschende Getränke genießend, bald seine fantastische Werke auf Rechnung überreizter Nerven und daher entstandenen Fiebers setzt. Wer weiß es denn aber nicht, daß jeder auf diese jene Weise erregte Seelenzustand zwar einen glücklichen genialen Gedanken, nie aber ein in sich gehaltenes geründetes Werk erzeugen kann, das eben die größte Besonnenheit erfordert* (994f.).

Ebenso war Hoffmann bestrebt, den philiströsen Verdacht abzuwehren, daß er, der so häufig abnorme, psychopathologische Gestalten und Zustände schildert, selber ein Psychopath sei. Dieser Absicht dient wahrscheinlich das kritische Urteil über die problematische Natur Zacharias Werners im Gespräch der Serapions-Brüder (850ff.), mit dem Hoffmann sich von einem Dichtertum distanziert, das nicht *frei von jedem Kränkeln* ist (849). Hoffmann litt zwar unter den sonderbarsten Befürchtungen. So hatte er Angst, wahnsinnig zu werden, ein häufiges Symptom bei Neurasthenikern,[24] und glaubte manchmal, sein leibhaftiges Spiegelbild, seinen Doppelgänger um sich herumspuken zu sehen. Wenn er dichtete und natürlich auch wenn er seinen Berufsgeschäften nachging, erfreute er sich jedoch offensichtlich der einem gesunden Gemüt entspringenden Besonnenheit, von der in der soeben zitierten Stelle die Rede war.

Nicht nur der ›nüchterne‹, auch der fleißige Hoffmann sollte sich unserer Vorstellung einprägen. An Fleiß und Arbeitsdisziplin, sowohl als Künstler wie als Jurist, dürfte Hoffmann manchen eifrigen Beförderer der sogenannten *ernsten* Geschäfte (vgl. 151) übertroffen haben, und solche Haltung gehört zum seriösen Künstlertum wahrscheinlich viel eher als die legendäre Verbummeltheit. Aber es macht dies auch gar nicht unbedingt den Unterschied des Künstlers zum Philister aus, daß er äußerlich ganz anders lebt, sich ganz anders verhält, sondern daß er, wie Egon Friedell es einmal ausgedrückt hat, nicht das »unbändige Behagen« kennt, das der Philister »über seine Tugenden empfindet: seine platte Selbstzufriedenheit, seine geistige Genügsamkeit und der verderbliche Wahn, daß materielle Arbeit ausreicht, um ein menschenwürdiges und gottgefälliges Leben zu führen.«[25]

Wenn Hoffmann 1814 in den preußischen Staatsdienst zurückkehrt, hier aber zunächst eine Subaltern-Sinekure anstrebt, so ist dies denn auch nicht unbedingt ein Bekenntnis zur Bürgerlichkeit. »Die Ursache, daß Hoffmann zunächst die Möglichkeit der sicheren Laufbahn als *Rath* ausschlägt, ist gewißlich darin zu suchen, daß er glaubte, in einer untergeordneten Stellung mit – ja zeitweise sogar ohne jede Vergütung – lockerer Bindung mehr Zeit und Muße für seine künstlerischen Tätigkeiten und gegebenenfalls den schnellen Absprung in die ersehnte Kapellmeister-Position zu finden. Diese Hoffnung wird zunichte, als der Intendant der Königlichen Bühnen, C. v. Brühl, im März 1816 noch vor der Uraufführung von Hoffmanns *Undine*, im August des gleichen Jahres, von der sich der Komponist entscheidende Wirkung auf seine Karriere als Musiker versprach, die freigewordenen Stellen anderweitig besetzt.«[26] Die kurz darauf, am 22. April 1816, erfolgte Ernennung zum Kammergerichtsrat, hat Hoffmann im Hinblick auf seine Künstlerlaufbahn nicht ohne Resignation quittiert, wie ein Brief an Hippel vom 30. August 1816 zeigt: »Bey dem Kammergericht fällt mir natürlich mein Geschäftsleben ein, das ich wie den Klotz des Baugefangenen hinter mit herschleppe und glaube, es sey nun einmahl die Strafe meiner vielen Sünden, daß ich in der freien Luft nicht ausdauern konnte und in den Kerker zurück mußte, so wie der verwöhnte Stubenvogel, dem das Futter so lange zugereicht wurde, daß er im Freien seine Atzung selbst zu suchen nicht mehr vermag.« (Briefe II, S. 99)

Kommentare zu den einzelnen Erzählungen

[Der Einsiedler Serapion]

Erstdruck als Probe aus den »Serapions-Brüdern« unter dem Titel »Bruchstück aus den Serapionsbrüdern. Der Einsiedler Serapion« in: Der Freimüthige für Deutschland. Zeitblatt der Belehrung und Aufheiterung. Hrsg. von K. Müchler und J. D. Symanski. Jg. I, 5., 8. und 11. Januar 1819, Nr. 4, 6 und 8. Anoym.

Zum Text

Der erste Teil der Geschichte (17–20) ist nach dem Grundmuster der meisten Erzählungen Hoffmanns angelegt: der Erzähler (als Figur, der Hoffmann die Funktion des erlebenden Mediums überträgt) begegnet einem Menschen, der etwas Fremdartiges, Seltsames an sich hat und ahnen läßt, daß hier etwas Rätselhaftes zugrunde liegt. Die Ahnung macht sich in diesem Fall als *Schauer*, ein Gefühl des Unheimlichen, geltend, das auch dadurch motiviert ist, daß mit dem Fremden lebendig geworden zu sein scheint, was der Erzähler sonst nur auf Bildern gesehen hat oder von Büchern kennt, daß also eine Fiktion »ins Leben getreten« ist, wie Hoffmanns Formel für diesen Vorgang lautet. Damit wird bereits signalisiert, daß die Grenze zwischen Fiktion und Wirklichkeit nicht unüberschreitbar ist. Jedoch ist die Reaktion des Erzählers eine doppelte und polare: wenn seine Fantasie ihn schauern läßt, so meldet sich doch auch der Verstand mit der nüchternen Erklärung, daß ein Mönch in dieser Gegend nichts Ungewöhnlisches sei. Das Fremdartige des Mannes scheint damit aufgelöst, der Zauber der Erscheinung verflogen. Dieses Wechselspiel zwischen Fantasie und Verstand kehrt in dem folgenden kurzen Dialog wieder: der Erzähler fragt nüchtern nach dem Weg, eine Alltagsfrage, der sonderbare Mann gibt eine Antwort, die völlig aus dem Rahmen des Alltäglichen fällt und dem Frager den Boden unter den Füßen wegzieht; es ist ihm, als läge er im Traum.

Auf das Rätsel folgt nun die Aufklärung, zunächst durch den Bauern, dann, in Form einer längeren Erklärung, durch den Doktor. Dessen Erzählung (sie wäre auch als Ich-Erzählung aus seinem Munde denkbar) ist eine Art Binnenstück, womit die Begegnung mit dem Einsiedler den Charakter eines Rahmenteils erhält und auch in dieser Hinsicht einem Grundmodell Hoffmannschen Erzählens entspricht. Einzig wenig typisch für Hoffmann ist, daß die Begegnung mit dem »Wunderlichen« nicht in der Stadt oder sonst einer besiedelten Umgebung, sondern, bedingt durch die Figur des Einsiedlers, in der Einsamkeit der Natur stattfindet. Diese Art von Situierung kommt bei Hoffmann jedoch schon früher vor, in dem Roman »Die Elixiere des Teufels«, wo Medardus auf seiner Wanderung ebenfalls ins wilde Gebirge gerät und am Rande eines *Abgrunds* (wie hier einer *Bergschlucht*) eine entscheidende Begegnung hat. Wir befinden uns damit zum einen außerhalb der Zivilisation, zum zweiten tut sich die Dimension der Tiefe auf, als Symbol für die ganz anders geartete, der oberflächlichen Alltagswelt entgegengesetzte Wirklichkeit, die der Einsiedler repräsentiert. Mit dem Motiv des Einsiedlertums greift Hoffmann übrigens ein in der Romantik allgemein beliebtes Motiv auf. Eine zivilisationskritische und nach Alternativen zur Zivilisation suchende Bewegung, zeigt die Romantik eine Vorliebe für Randgruppen und Außenseiter der Gesellschaft oder der Gesellschaft aus beruflichen Gründen Fernstehende: wandernde Komödianten, wandernde Studenten, Jäger, Zigeuner, Pilger, Einsiedler usw. Weiter verrät die Wahl des Motivs eine Faszination des Protestanten Hoffmann durch »katholische Welt«. Es ist für diese Faszination bezeichnend, mit welcher Sympathie er bereits in den »Elixieren des Teufels« das Klosterleben schildert. Die Heiligung des Alltags, die Luther begründet hatte, will dem romantisch gewordenen Protestantismus nicht mehr zusagen. Man sucht das Heilige wieder außerhalb des Alltags.

Der zweite, längere Teil der Erzählung (20–28) ist die Geschichte einer gescheiterten säkularisierten Bekehrung, säkularisiert, weil nicht weltlicher Zweifel zum Glauben an das Übersinnliche, sondern umgekehrt der Glaube an das Übersinnliche zu rationaler Verständigkeit und dem Fürwahrhalten des bloß sinnlich Wahrnehmbaren bekehrt werden soll. Der Erzähler kehrt, wiederum in zwiespältiger Einstellung, zum Anachoreten zurück: in seinem Unbewußten von Sehnsucht getrieben, von der Sehnsucht nach dem Unbegreiflichen, die aber überlagert wird von der rationalen Absicht auf der Ebene des Bewußtseins, den Wahnsinnigen von seinen fantastischen Halluzinationen zu heilen. In der folgenden Auseinandersetzung zwischen Vernunft und Wahnsinn offenbaren jedoch die Vernunftargumente eine überraschende Schwäche. Nicht nur ist Serapion weit entfernt, sich kurieren zu lassen, sondern er dreht den Spieß um und beweist dem Widersacher auf logische Weise, das heißt mit den *Waffen der Vernunft* (23), die Unzuverlässigkeit der vernünftigen Einsicht, seien doch Zeit und Raum, die Erfahrungsgrößen, auf die sich die Ratio stützt, durchaus etwas Relatives, und gebe es doch keine Handhabe, eindeutig zu entscheiden, was nun eigentlich Einbildung ist, die Welt, von der er, Serapion, behaupte, daß sie wahr sei, oder die Wirklichkeit genannte Welt, die sein Gegner für die allein wahre halte. Der Erzähler sieht sich hierauf gezwungen, von seinem hohen Roß herunterzusteigen. Er ist nicht so blasiert und beschränkt, die Logik Serapions einfach für absurd zu erklären, sondern zeigt sich betroffen, ein Zeichen dafür, daß er jenseits seiner rationalen Überzeugung ansprechbar ist. Deshalb steht er *verwirrt* und *beschämt* (24) da. Ein Stück romantischer Aufklärungskritik wird damit deutlich, Kritik an dem selbstsicheren Glauben der Vernunft, im alleinigen Besitz der Wahrheit zu sein, in der Tat ein bloßer Glaube, wie die Erzählung bedeuten will, kaum fundierter als die Einbildungen des Einsiedlers. Die Positionen werden zwar nicht aufgehoben: es bleibt unbestritten, daß der Anachoret wahnsinnig, sein Besucher dagegen psychisch gesund ist. Die aufklärerische Wahrheitsgewißheit erhält jedoch einen Stoß. Was ist wahr, und welche Kriterien gibt es für Wahrheit? Sollte Wahrheit etwa bloß eine Sache der subjektiven Überzeugung sein?

Bemerkenswert ist sodann, wie Serapions Wahnsinn bewertet wird: nicht primär als Krankheit und Übel, sondern als Quelle von Kreativität und Seelenfrieden. Er ist zum einen Sehergabe, die den Einsiedler zur dichterischen Schöpfung befähigt, zum anderen eine Existenzform, die ihm ein glückliches Dasein gewährt. Serapion erfreut sich vollkommener Ruhe und Heiterkeit, und er scheint, in Eintracht mit den Tieren des Waldes lebend, für sich geradezu das Paradies verwirklicht zu haben. Die an sich humanitäre Absicht, ihn durch Heilung vom Wahnsinn seiner Familie und der *Welt* (20) wiederzugeben, erweist sich daher als inhuman, und auch deshalb fühlt sich der Erzähler, Missionar und Heilsbringer eines offenbar fragwürdigen Heils, beschämt.

Für die dichterische Schau seiner fantastischen Erzählungen hat sich der Einsiedler eine Theorie zurechtgelegt, die ihn gewissermaßen als spirituellen Monisten ausweist: er nimmt an, daß das, was das innere Auge des Geistes sieht, mit dem, was die äußeren Sinne wahrnehmen, identisch ist, bzw. daß die Sinne wahrnehmen, wozu der innere Geist sie bestimmt. Die Leugnung der Duplizität von Innenschau und Außensicht, Innenwelt und Außenwelt, macht aber, wie es später im Gespräch der Serapions-Brüder heißt (54f.), seinen Wahnsinn aus und bedeutet auch, daß Hoffmann in dieser Figur nicht das Ganze des Bildes vom Dichter dargestellt hat. Typisch für den Dichter, für den Künstler überhaupt, ist nach Hoffmanns Vorstellung, daß ihm jene Duplizität gegenwärtig ist und daß er an ihr leidet. Er befindet sich nicht wie der wahnsinnige Anachoret schon im Stadium der (scheinbaren) Erlöstheit, sondern noch in dem der Unerlöstheit.

Die Forschung hat einen Zusammenhang gesehen zwischen einem zum großen Teil von Hoffmann stammenden Gerichtsgutachten über die Mordtat des Tabakspinnergesellen Daniel Schmolling, der am 25. September 1817 anscheinend aus unerklärlichem Antrieb seine Geliebte Henriette Lehne mit einem Messerstich tödlich verletzt hatte, und der Geschichte vom Einsiedler Serapion.[1] Hoffmanns Gutachten plädiert allerdings nicht auf Geisteszerrütung. Er macht vom juristischen Standpunkt im übrigen deutlich, daß, wenn auch die menschliche Natur »eine sehr dunkle geheimnißvolle Seite« besitze, »deren Beobachtung aber eben deshalb, weil sie dunkel und geheimnißvoll ist, und niemals in's klare gestellt werden kann, zwar dem speculirenden Psychologen, aber nicht dem Richter gebührt«.[2]

Neuerdings ist die Gestalt des Einsiedlers Gegenstand eines interdisziplinären, literaturwissenschaftlich-medizingeschichtlichen Interesses. Wulf Segebrecht hat auf die medizinischen Anregungen hingewiesen, die Hoffmann insbesondere durch die Bamberger Ärzte Friedrich Speyer, Landgerichtsphysikus, und Adalbert Friedrich Marcus, Direktor des gesamten Medizinalwesens in Franken, erhielt.[3] Wenn es in der Krankengeschichte des Einsiedlers heißt, man habe ihn nach B*** in die Irrenanstalt gebracht, wo es einem kenntnisreichen Arzt gelungen sei, den Unglücklichen aus der Tobsucht zu retten, und daß dieser Arzt, abweichend von der damals üblichen Praxis im Umgang mit Geisteskranken, den Patienten habe flüchten lassen, um ihm ein Glück *nach seiner Art* (20) zu gewähren, so werde diese Theorie von Hoffmann unverkennbar Marcus zugeschrieben, ob dies nun tatsächlich Marcus' Ansicht entsprochen habe oder nicht. Im Anschluß an Segebrecht baut Friedhelm Auhuber die medizingeschichtliche Interpretation der Erzählung weiter aus.[4] Hoffmanns Darstellung demonstriere das Scheitern der psychischen Kur von Geisteszerrüttungen, wie Reil, »Rhapsodieen«, sie vorschlägt, nämlich »die fixe Vorstellung zu tilgen« (Reil, S. 324), wenn der Erzähler, sich als eine Art Laienarzt betätigend, dem Einsiedler vergeblich die Vorstellung, Serapion zu sein, auszureden versucht. Und indem er den Erzähler scheitern läßt, bestätigte Hoffmann sein Einverständnis mit Marcus und dessen einfühlsamerer Methode. Unhaltbar und unbegründet jedoch ist Auhubers Behauptung, daß der Einsiedler »freiwillig ins Narrengewand geschlüpft« sei, um seine »Rolle gleichsam ungehindert spielen zu können«.[5]

[Rat Krespel]

Erstdruck: »Ein Brief von Hoffmann an Herrn Baron de la Motte Fouqué«. In: Frauentaschenbuch für das Jahr 1818 von de la Motte Fouqué. Nürnberg: Johann Leonhard Schrag, S. 220–263. Die Erzählung »Rath Krespel« ist in ein Postskriptum des Briefes eingefügt. Ellinger führt den Wortlaut des Briefes in Teil 15 seiner Ausgabe, S. 128–131, an. Hiernach unser Zitat:

»Ein Brief von Hoffmann
an Herrn Baron de la Motte Fouqué.

Da Sie, geliebtester Herr Baron! Le Sage's hinkenden Teufel gelesen haben, so werden Sie Sich gütigst erinnern, mit welcher tiefen Verwunderung der berühmte Student Don Cleofas Leandro Perez Zambullo jenen langen hagren Mann erblickte, der, als Nachtmantel, Negligée, Prunk Schlafrock, bloß ein kurzes

Hemde tragend, in seinem, durch eine schlechte Lampe matt erleuchteten, Stübchen mit starken Schritten auf- und abging. Bald richtete er den Blick starr in die Höhe, bald sah er zum Boden nieder, dann schlug er mit der flachen Hand sich an die Stirn, dann focht er mit geballten Fäusten in der Luft – dann stieß er einige unverständliche Laute aus, dann rannte er an den Schreibtisch und prallte wieder zurück. – Hatte Don Cleofas Leandro Perez Zambullo nur ein Quentlein mehr Menschenkenntniß, so bedurfte es keines Teufels, ihm zu erklären, daß jener Mann ein Dichter war, der einen merklichen Mangel an eigentlicher Schaffungskraft verspürend denn doch nun durchaus schreiben wollte oder sollte. Sahen Sie, Baron! gestern Abend Ihren gehorsamsten Freund und Diener jenem Manne gleich (obwohl bei weitem besser gekleidet) mit Ihrem sehr werthen Schreiben in der Hand sein Zimmer nach der Länge und Breite durchmessen; in der That, es wäre Ihnen klar geworden, daß in schriftstellerischer Hinsicht nun eben auch mit ihm nichts anzufangen ist. – Ich soll dieses Jahr etwas für das Frauentaschenbuch schreiben. – Der Aufforderung des gütigen Freundes ist nicht zu widersprechen, das sehe ich wohl ein, aber eben so gut auch, daß, bin ich nicht anmuthig, geistreich, fantastisch, romantisch, witzig, empfindsam, humoristisch, heiter, tief – ja bin ich nicht das alles, ich mich großer Gefahr aussetze. Mein Beitrag wird als schnöder Lückenbüßer nur unnützer Weise einige Blätter füllen, die jede, um den guten Geschmack (in Kunst und Litteratur nämlich) einigermaßen besorgte Frau mit feiner Nadel zusammenheftet, um nicht als ein umgekehrter Nestor (man sehe: Zerbino) wider Willen aus dem Garten der Poesie in die Wildniß seichter Prosa zu gerathen. – Gott, wie quält mich das! – Muß man denn nicht, um in zierlicher, geschmückter Gesellschaft zu erscheinen, ein hochzeitlich oder doch sonntäglich Kleid anziehen, und wie ist es dann, wenn man solches Kleid, eben im Begriff es anzulegen, mit allerlei Werkeltagsstaub beschmutzt oder entfärbt findet? – Mag es auch sein, daß schon ein einziger Knopf unter dem Kragen, den die, wer weiß weshalb sich plötzlich erweiternde Brust wegsprengte, wider das Dekorum anstößt, und auf dieses halten wir was, Baron! – Jener Dichter, der den Hymnus auf die Freiheit nirgends anders schreiben wollte, als in der Bastille, gestaltete sich in dem Augenblick, als er das äußerte, zum poetischen Fanfaron. (Fanfaronnek heißt es in Warschau, wo es viele gibt, aber nicht poetische.) Das Leben stellt seine vier Bastille-Mauern um uns her, und aus ihnen entwickelt sich ja wohl jener bösartige Stoff, der wie giftiger Mehlthau auf die Flügel einer Psyche fällt, und sie zerfrißt bis zum kraftlosen Einsinken. – Der dem Kerker entschlüpfte Vogel kehrt zurück, um Atzung zu finden, die er verwöhnt und hülflos geworden draußen nicht zu finden wußte; auch sprachen die Sänger des Hains zu ihm: Lieber Kleiner! obschon sie unsere Uniform, bunte Klappen und Feder-Epauletts, zu tragen belieben, so zeigt doch ihr miserabler Gesang, daß sie längst auf Pension gesetzt, nicht mehr zu uns gehören. Sie merken, theuerster Baron! daß alle diese rhapsodisch vorgetragenen Gedanken und Meinungen auf nichts anders als auf die kahle Entschuldigung hindeuten, daß, seit der Zeit, da ich wieder in dem Triebrad des Staats lustig zutrete, es mit meiner poetischen Gabe höchst miserabel aussieht, und ich wohl fühle, daß ich gar nicht im Stande bin, Ihnen dieses Mahl etwas Würdiges für Ihr den Frauen zunächst gewidmetes Taschenbuch zu liefern. – Mit den Lauretten und Teresinen ist es nicht allemahl gethan, und solcher Erfahrungen im Leben und solcher Zufälle, daß man eben diese Erfahrungen in heiteren Farben gemalt wieder findet, gibt es auch überhaupt wenig. –

Eben habe ich, wie Rameau's famoser Neffe, an die Stirne geklopft, und zwar in heller Verzweiflung, jedoch ganz leise bittend und sehr artig gefragt: Ist denn niemand, niemand zu Hause? – Aber keine Antwort! – Sie sind sämmtlich ausgegangen Herrn und Diener, ob jemahls einer von ihnen zurückkehrt oder ob sonst gute Leute einziehen, das weiß der Himmel! –

Entschuldigen Sie mich diesmahl, verehrtester Baron! mit meiner eignen Imbezillität, deren ich mich selbst anklage, andern Leuten entgegen, die niemahls etwas anders vermissen wollen, als höchstens das Gedächtniß. Vielleicht kommt mir künftiges Jahr nicht wieder ein Bild vor Augen, das ich in die Gesellschaft der Frauen hineintragen kann.

Ganz und gar

Ihr ergebenster
E. T. A. Hoffmann.

Postscriptum. Geschah es Ihnen, Baron! nicht auch schon recht oft, daß aus grauen düstern Wolkenschatten, die tief in Ihr Leben hineinhingen, plötzlich in farbigem Feuer allerlei freundliche Himmelsgestalten hervorblitzten, und daß nach solchem Leuchten nur schwärzere Nacht Sie umfing? – Aber dann ging in weiter weiter Ferne ein blasser Schimmer auf, und in Ihrer Brust sprach es, ach das ist ja das geliebte Bild, aber seine hochherrlichen himmlischen Züge erkennt nur der Schmerz! Als nun der Schimmer feuriger und feuriger strahlend sich zu gestalten begann, da gewahrten Sie wohl, daß das, was Ihnen als schimmerndes, strahlendes Bild erschien, nur der Reflex der heißen unaussprechlichen Sehnsucht war, die in Ihrem eigenen Innern aufgegangen! – Glauben Sie wohl, Baron! daß ich, nachdem ich mich heute vergebens recht abgequält, nachdem ich in der miserabelsten philistermäßigsten Stimmung Ihnen brieflich den gewünschten Beitrag abgesagt hatte, glauben Sie wohl, daß ich dann an Lauretta und Teresina denkend, Ihr Taschenbuch von 1816 zur Hand nahm, um die Fermate zu durchblättern? Es gelang mir nicht, auch nur ein Wort zu lesen, denn indem ich voll trüben Unmuths hineinstarrte, da blitzten, wie ich es oben beschrieben, allerlei Gestalten um mich her und verschwanden plötzlich, wenn ich sie zu erfassen gedachte. Es war tiefe Abenddämmerung geworden, und mochte es sein, daß der durch das Fenster hineinströmende Abendwind über den offen stehenden Flügel hineingestreift, oder daß ein flatternder Sommervogel die Saiten berührt hatte – genug, ein klarer Ton, wie aus weiblicher Brust hervorgehaucht, ging lang und leise verhallend durch das Zimmer. Ich hielt den Athem an, um das Verschweben des wunderbaren Lautes recht deutlich zu vernehmen, und da war es mir, als sei es die Stimme einer mir wohlbekannten Sängerin, die zu meinem Geist spräche, und doch wußt ich nicht, hatt' ich sie einst wirklich oder nur im Traum gehört. ›Ist das Lauretta oder Teresina – oder –‹ So hörte ich ganz vernehmliche Worte, und ich wußte wohl, daß ein gewisses neckendes, hohnlächelndes Teufelchen, das oft, dem sokratischen Genius sehr unähnlich, neben mir sitzt, sie gesprochen mir zum offenbaren Tort, ich ließ ihn daher nicht ausreden, sondern als er bei dem ›oder‹ ein ganz klein wenig stockte, seufzte ich aus tiefer Brust: Antonie! Das Teufelchen ging nun in sonderbarer Gestalt zur Stubenthüre heraus, nämlich als ein nicht zu großer, aber sehr hagrer Mann in einem grauen Kleide so zugeschnitten, wie ihn jetzt unsere Jünglinge tragen, und die Tracht deutsch nennen, jedoch mit vielen Schnüren besetzt. Dazu war der Mann nach der Militär-Mode der siebzehnhun dertsechziger siebziger Jahre frisirt, nämlich ein Coeur-Toupée (einer aufgeworfenen Schanze nicht unähnlich), Pistolenhalfterförmige Locken und ein langer imposanter Zopf mit angehefteter Kokarde. Sein Gesicht war sehr bleich, aber auf den spitzen hervorstehenden Backenknochen ein rother Fleck, unter überhängenden Augenbraunen blitzten ein Paar große graue Augen hervor, die Nase war gebogen – scharf gezeichnet, der Mund heraufgezogen zum ironischen Lächeln, das Kinn lang und hervorragend. – Wie sollte ich denn nicht gleich auf den ersten Blick den Rath Krespel erkannt haben? – [Hierauf beginnt mit den Worten »Dieser Rat Krespel« wie in den »Serapions-Brüdern« die Erzählung. Nach den Schlußworten »Sie war aber tot« folgt dann:] *Postscripti Postscriptum.* Glauben Sie, werthgeschätzter Baron! daß sich aus dem Inhalt vorstehenden etwas langen *Postscripti* eine Art Erzählung für das Frauentaschenbuch anfertigen ließe, oder meinen Sie vielleicht gar, es sei schon zu drucken möglich in der jetzigen Gestalt? Schreiben Sie mir dies gütigst.

Nochmahls Ihr

treu ergebenster
E. T. A. Hoffmann.«

Zur Entstehung

Die Erzählung wurde im September 1816 fertig. Der Name der Hauptfigur und die seltsame Art, in der Krespel sein Haus baut, gehen auf ein historisches Vorbild zurück. Es ist der Fürstlich Thurn und Taxissche Rat und Archivar Johann Bernhard Crespel (1747–1813), den Goethe im 6. Buch des zweiten Teiles von »Dichtung und Wahrheit« porträtiert, ohne ihn namentlich zu nennen. Wie Ellinger (Teil 6, S. 16 seiner Hoffmann-Ausgabe) mitteilt, schreibt Goethes Mutter in einem Brief 1796: »Crespel ist ein Bauer geworden, hat in Laubach Güter gekauft, das heißt etliche Baumstücke – baut auf dieselbe ein Hauß nach eigner Invenstion hat aber in dem kickelsort weder Maurer noch Zimmerleute, weder Schreiner – noch Glaßer – das ist er nun alles selbst – es wird ein Hauß werden – wie seine Hoßen, die er auch selbst Fabricirt –«.

Andere und wesentlichere Züge der Figur entlehnte Hoffmann jedoch einer anderen historischen Gestalt: dem Preußisch

Geheimen Postrat Carl Pistor (1778–1847). Nach Frank Haase sprechen dafür folgende Fakten: Pistor spielte mit Eifer Violine und zerlegte wertvolle Geigen, um ihren Vorzügen auf den Grund zu kommen. Er war neben seiner Beamtentätigkeit Feinmechaniker und drehte auf einer von Achim von Arnim geschenkten Drehbank astronomisch-physikalische Instrumente. Er führte mit einer Sängerin, Lotte Henseler, eine unglückliche Ehe.[6]

Im oben zitierten Brief an Fouqué spielt Hoffmann mit den Namen Laurette und Teresina auf seine Erzählung »Die Fermate« an. Zu diesem Briefrahmen siehe auch den folgenden Kommentar.

Zum Text

Wie der Einsiedler Serapion ist Krespel ein Einzelgänger, ein Sonderling, obwohl unter Menschen lebend, sogar mit anachoretischen Zügen. Jedoch ist er auch das Gegenteil des Einsiedlers. Närrisch, aber keineswegs wahnsinnig, allenfalls dem äußeren Anschein nach, ist er sich der Duplizität des Daseins bewußt, wie denn seine Narrheit nichts anderes ist als die Art und Weise, wie der in die alltägliche Wirklichkeit eingekerkerte, nach einer höheren Welt sich sehnende Geist sein Leiden am Irdischen abreagiert. Insofern entspricht er auch weit mehr als Serapion Hoffmanns Bild vom Künstler; wahrscheinlich spiegelt Hoffmann in der tragischen Skurrilität und bitteren Ironie des Rates einen Teil seiner selbst. Ganz im Gegensatz zum einheitlich wirkenden Serapion verkörpert Krespel den Zwiespalt der Welt auch mit seiner eigenen Person. Alles an ihm ist Kontrast: das Verhältnis einer rauhen Außenseite zu einem weichen Gemüt (er ist auch ein Kinderfreund!); das Ungelenke und Steife seiner Bewegungen bei der größten, Unfälle durchaus vermeidenden Geschicklichkeit; die Diskrepanz zwischen dem, was er sagt, und der Art, wie er es sagt, und anderes mehr. Ebenso springt er zwischen den Extremen hin und her: vom rauhen und heftigen Schreien zu einem leisen, singenden Ton, von Liebenswürdigkeit zur Grobheit, von tiefer Traurigkeit zu toller Lustigkeit.

Krespel ist – wie Hoffmann – Jurist und Musiker. Sein Hantieren mit den Geigen offenbart aber noch eine weitere Dimension: die des Forschers. Er zerlegt die Geigen, um ihre innere

Stuktur zu untersuchen und ein Geheimnis zu erschließen, dem er seit langem nachspürt. Das ist Symbol eines faustischen Dranges: zu wissen, was die Welt im Innersten zusammenhält, und eines prometheischen Anspruchs: mit solchem Wissen Gott gleich zu werden und Schicksal spielen zu können, wie er dem Erzähler gegenüber andeutet. Daß Krespel sich untergründig von solchem Macht- und Geltungsanspruch getrieben fühlt, zeigt auch der Umstand, daß er sich gegenüber seiner schönsten und geheimnisvollsten Violine in der Rolle des Magnetiseurs empfindet, der die Somnambule erregt, sind doch Magnetiseure bei Hoffmann immer Magier, die über das Innere eines Menschen zu herrschen und es zu manipulieren versuchen (vgl. den Kommentar zu »Der unheimliche Gast«). Allerdings ist Krespels Verhältnis zu seiner Tochter Antonie nicht durch Machtmißbrauch, sondern im Gegenteil durch Liebe und die Absicht, sie vor dem Untergang zu retten, geprägt.

Antonie verkörpert das Geheimnis, das über Krespels Person und Leben liegt und das den Erzähler so magisch anzieht. Man könnte auch sagen: sie hat eine mythenbildende Funktion. Die Bemerkung, daß ihr *Gesang (...) unter dem Publikum der Stadt zu einer Fantasie und Gemüt aufregenden Sage von einem herrlichen Wunder geworden* (37), entspricht genau dem Begriff des Mythos, der ja im ursprünglichen Sinn »Sage«, »Wort«, »Erzählung« vom Wirken tieferer, die Alltagswelt transzendierender, diese aber auch geheimnisvoll durchdringender Kräfte ist. Der Mythos begründet die Teilnahme an tieferen Lebenszusammenhängen, die hier symbolisiert werden durch rational nicht erklärbare, auch in den ›Aufklärungs‹-Partien der Geschichte nicht weiter erklärte Korrespondenzen: etwa zwischen der wunderbaren Geige, deren Töne wie in der menschlichen Brust erzeugt scheinen, und Antonie mit ihrem Gesang, oder zwischen Krespels Traum am Schluß der Geschichte und Antonies Tod. Der hellhörige und tieferblickende Sinn erlebt die Transformation des Alltäglichen zunächst immer mittels eines vagen Eindrucks, der sprachlich in die Formel des »als ob« gekleidet ist: *es war mir, da ich zum ersten Male darauf anspielte, als wär ich nur der Magnetiseur, der die Somnambule zu erregen vermag* (38). Oder: *Sosehr auch der Rat von Angelas Hinscheiden erschüttert wurde, war es ihm doch bald, als sei ein störendes unheimliches Prinzip aus seinem Leben gewichen* (47). Das heißt, dem Rat erscheinen die destruktiven Extravaganzen seiner Frau als Symbol eines metaphysischen Unheils. So wie ihm Antonie als metaphysische Heilsbringerin erscheint: *Es war ihm, als hinge zum ersten Male ein schöner Baum die wunderherrlichen Blüten in sein Leben hinein* (48). Diese Formel des »als ob«, die immer einen über die gewöhnliche sinnliche Wahrnehmung hinausgehenden und die Oberfläche des Gewöhnlichen durchdringenden Eindruck signalisiert, kommt bei Hoffmann hundertfach vor.

In der Gestalt Antonies spiegelt sich auch eine bestimmte, die ›Dekadenz‹ des späten 19. Jahrhunderts vorwegnehmende Auffassung von der Kunst: der Zusammenhang zwischen Kunst und Verfall, Schönheit und Krankheit, Kreativität und Todgeweihtheit. Wenn Antonie singt, muß sie sterben. Platen hat diese Beziehung in den Versen ausgedrückt: »Wer die Schönheit angeschaut mit Augen, / Ist dem Tode schon anheimgegeben«, Verse, die Thomas Mann später gern zitiert, da er selbst, etwa im »Tod in Venedig«, diese Beziehung gestaltet. Bezeichnend ist, daß Krespel Antonies Untergang im Traum als Apotheose ihres Gesanges erlebt. Der höchste Moment der Kunst ist zugleich der Augenblick des Todes. Deshalb paart sich beim Träumenden auch *entsetzliche Angst* mit *nie gefühlter Wonne* (50). Daß Krespel Antonie dem Leben erhalten will, indem er sie von der Kunst ausschließt, erweist sich als vergebliches Bemühen.

Der Erzähler spielt eine ähnlich klägliche Rolle wie in der Geschichte vom Einsiedler Serapion. Seine Mission ist diesmal moralischer, nicht therapeutischer Natur; er meint, Krespel eines Verbrechens überführen zu müssen. Auch in seinem Fall ist die Motivation aber nicht eindeutig. Es ist zunächst Neugier, seine Versessenheit *auf solche fantastische Dinge* (37), die ihn treibt, in das Geheimnis des Rates einzudringen, und erst später wird er zum fehlgeleiteten Moralisten, fehlgeleitet durch seinen Verstand: *Je mehr ich der Sache nachdachte, desto klarer wurde es mir, daß Krespel ein Bösewicht sein müsse* (43). Wie Serapion dreht Krespel den Spieß um. Er wirft dem Besucher vor, frevelhaft in die Geheimnisse eines ihm fremden Schicksals eindringen zu wollen, und bezieht ihn damit in die Schuld ein, von der er sich selbst belastet fühlt. Diese ist keine moralische, sondern metaphysische Schuld. Das schlechte Gewissen beim Forschen ist aber nur die eine Seite einer insgesamt ambivalenten Einstellung. Die Bejahung der Neugier und ihre Bewertung als Frevel halten sich bei Hoffmann insgesamt die Waage.

Der Erzähler täuscht sich, und wiederum endet sein Engagement damit, daß er beschämt wird. Wie er wäre aber auch jeder andere auf die Vorspiegelungen des Scheins hereingefallen. Von außen, ohne Kenntnis der inneren Verhältnisse, erscheint Krespel als Unhold, der ein junges Mädchen in seiner Gewalt hat und tyrannisiert. Dieses von Hoffmann immer wieder verwendete Motiv ist übrigens in der Tradition des Märchens, besonders des französischen Feenmärchens, und des Ritterepos mit seiner Zauberwelt weitverbreitet, wie ja Hoffmann selber auf den »Rasenden Roland« Ariosts anspielt. Der äußere Anschein ist jedoch trügerisch. Wie der Dichter etwa auch im »Fräulein von Scuderi« zeigt, ist das »Wahrscheinliche« nicht immer das »Wahre«, ja oft das Gegenteil des Wahren. Der Goldschmied Cardillac ist allerdings die Umkehrung Krespels, nicht nach außen scheinbar ein Verbrecher und innen rein, sondern nach außen scheinbar ein ehrlicher Bürger und innen verbrecherisch.

Das in der Erzählung vom Einsiedler Serapion angeschnittene Problem der Wahrheit wird also auch im »Rat Krespel« aufgegriffen. Und damit sich die Kluft zwischen Wahrheit und Wahrscheinlichkeit auftut, ist eine bestimmte Erzählweise nötig: ein Erzählen »von außen«. Die inneren Verhältnisse bleiben zunächst verborgen. Der Erzähler befindet sich anfangs und über längere Zeit in einer Position, die im Prinzip der gleicht, welche das Publikum des nächtlichen Konzertes vor Krespels Haus einnimmt (36). Hier, von außen, lassen sich gewisse Vorgänge im Innern des Hauses wahrnehmen, die aber nicht recht deutbar oder nur mißdeutbar sind, weil mit der Fassade, die das Innen vom Außen trennt, dem Außenstehenden die wahren Zusammenhänge der sich nur punktuell und fragmentarisch darbietenden Dinge vorenthalten werden. Erst der Schlußteil der Erzählung gibt diese Zusammenhänge preis.

Auch die Art, wie Krespel sein Haus bauen läßt, ist Hoffmanns Erzählweise analog. Der Eindruck der Planlosigkeit, den der Bau zunächst macht, weicht am Ende der Einsicht, *daß alles (...) sich besser zusammengeschickt als zu erwarten stand* (32).

In einem kürzlich erschienenen Aufsatz hat jüngst Gabriele Brandstetter die Erzählung gedeutet.[7] Im Mittelpunkt dieser Deutung steht der geheimnisvolle Bezug, der zwischen Antonie und der einen wunderbaren Geige waltet, die Krespel nicht zerlegt. Wenn es heißt, daß das Instrument wie eine menschliche

Stimme, Antonies Stimme wie ein Instrument klingt, so begründe dieser Zusammenhang die »Substitutionsstruktur der Erzählung«. War in der Ehe Krespels mit Antonies Mutter Angela die Harmonie von (Angelas) Stimme und Instrument (Krespels Cremoneser Geige) gestört, so werde diese Störung aufgehoben, indem das Instrument an die Stelle der Stimme tritt: Antonie verzichtet auf den Gesang. Krespels Begründung, daß Singen für Antonie eine tödliche Gefahr bedeute, sei nur vorgetäuscht. In Wahrheit gehe es ihm darum, die Tochter, an die ihn eine inzestuöse Liebe binde, ganz für sich zu besitzen. Antonie trete an die Stelle der Mutter, mit ihrem Verzicht auf die Kunst erstrebe Krespel einen Gewinn für das Leben, nämlich die Erfüllung, die ihm im Verhältnis zu Angela versagt war. Wenn Krespel jedoch mit diesem Vorhaben scheitert und Antonie stirbt, so erfolge nochmals eine Substituierung: An die Stelle ihrer Stimme und ihres Körpers trete ihre Funktion als Muse, die Krespel zum Erzählen seiner Autobiographie inspiriere.

Hierin sieht Gabriele Brandstetter das Grundmuster der Hoffmannschen Künstlerliebe: Die Geliebte werde als Frau und Künstlerin ausgeschaltet, um ihre eigene schöpferische Potenz gebracht (wie wenn der Magnetiseur dem Patienten die heilenden Kräfte entzieht, statt sie auf ihn zu übertragen), damit sie dem Mann (Krespel alias Hoffmann) als Quelle der Inspiration diene. Im Brief an Fouqué, der ursprünglich den Rahmen der Erzählung bildet, komme dies zum Ausdruck. Der Autor berichte von einer Inspirationskrise, um im Postskriptum die Gegensituation darzustellen: die aus der Fantasie entspringende Inspiration. Hoffmann beschreibe, wie die Lektüre seiner eigenen, ein Jahr früher erschienenen Erzählung »Die Fermate«, in der die beiden Schwestern Lauretta und Teresina (beide Figuration der Verbindung schöne Frau *und* Künstlerin) vorkamen, seine Fantasie beflügelt. Die Muse trete dann hervor und verwandle sich in die Gestalt Antonies, als Fiktion der weiblichen Stimme. Der als Teufelsgestalt geschilderte Künstler andererseits erscheine als Krespel, in einer Beschreibung, in der gemäß dem bekannten Porträt von Wilhelm Hensel Hoffmann selber zu erkennen sei.

Die Fermate

Erstdruck in: Frauentaschenbuch für das Jahr 1816 von de la Motte Fouqué. Nürnberg: Johann Leonhard Schrag, S. 347–379; Verfasserangabe: Erzählung von E. T. A. Hoffmann.

Zur Entstehung

Hoffmann schrieb die Erzählung im Januar 1815 und schloß sie am 3. Februar ab. »Eigene Jugenderinnerungen und -träume finden in dieser Erzählung ihre poetische Verwirklichung« (Segebrecht, S. 1043). Das von Hoffmann zu Beginn beschriebene Gemälde stammt von Johann Erdmann Hummel (1769–1852), der seit 1809 Professor an der Berliner Akademie der Künste war. Eine Anspielung auf das Bild sowie auf Hoffmanns Beschreibung findet sich im 8. Kapitel von Eichendorffs Erzählung »Aus dem Leben eines Taugenichts«.

Zum Text

Wie auch in einigen anderen Erzählungen entwickelt Hoffmann die Geschichte aus der Anschauung eines Gemäldes, die erstarrte Szene in lebendige Handlung verwandelnd. Auch daß die Betrachtung des Bildes zunächst zu einer Gesprächssituation führt (Rahmen) und aus dieser dann eine Erzählung erwächst (Binnenstück), ist charakteristisch für seine Dichtung, insbesondere natürlich für das Ganze der »Serapions-Brüder«, für die das Erzählen aus der Situation des Gesprächs heraus ja konstitutiv ist.

Der Ich-Erzähler Theodor gibt Jugenderinnerungen wieder, in die Hoffmann Erinnerungen an die eigene Jugend verwoben hat. Das Bild des *Onkels* ist angelehnt an die Gestalt seines Onkels Otto Doerffer, der, nachdem die Ehe der Eltern geschieden (Hoffmann war noch nicht drei Jahre alt) und Hoffmann im Doerfferschen Hause verblieben war, die Erziehung des Jungen übernahm. Ein bürgerlich gesinnter Mann, ohne viel Geist und Originalität, hielt er auf Zucht und Ordnung und litt bei dem Jungen »nicht die geringste Abweichung von dem gewohnten Gleise« (Hippels Erinnerungen, S. 6). Nur wenn der Onkel abwesend war, konnte sich Hoffmann den »Ausbrüchen seines Genius« überlassen (ebd.). Er verdankte diesem Erzieher aber den ersten Unterricht in der Musik und »die Gewöhnung an stetigen Fleiß und den Sinn für Schicklichkeit, der ihn selbst in den wildesten Sprüngen seiner Phantasie auszeichnete« (ebd. S. 7).

Die Figur des *Organisten* könnte sich auf Carl Gottlieb Richter (1728–1809) beziehen, der als einer der vorzüglichsten Bachspieler seiner Zeit galt. Neben Christian Wilhelm Podbielski (und später noch Johann Friedrich Reichardt) dürfte auch Richter den jungen Hoffmann unterrichtet haben.[8]

Aus Hoffmanns späterer Zeit ist als weiterer autobiographischer Anklang, wie in allen Erzählungen, in denen der Dichter das Problem der Künstlerliebe behandelt, das Julia-Erlebnis eingegangen.[9] Julia Mark, Tochter des damals bereits verstorbenen Konsuls Philipp Mark, wurde 1809, in diesem Jahr erst dreizehnjährig, Hoffmanns Gesangsschülerin. Er verliebte sich leidenschaftlich in sie, wie seine mit der Chiffre »Ktch« (Anspielung auf Kleists Käthchen von Heilbronn) verschlüsselten Tagebucheintragungen ab 1811 bezeugen, die Beziehung blieb jedoch zumindest der Mutter Julias nicht verborgen. Um ihre Tochter in gesicherte Verhältnisse zu bringen, beeilte sie sich, Julia mit dem Hamburger Kaufmannssohn Gerhard Graepel zu verloben, und verbot Hoffmann sogar das Haus, nachdem dieser sich gegen den Verlobten einen ungehörigen Ausfall erlaubt hatte. Wie Theodor in der »Fermate« die beiden Schwestern, insbesondere Teresina, in seiner Erinnerung zum von der Wirklichkeit abgeschiedenen Ideal erhebt, so hat Hoffmann in der Folge Julias Bild offenbar zum Idol verinnerlicht.[10] Romantische Dichtung ist überhaupt im weiteren Sinne erinnernde Dichtung, wobei die Erinnerung die Verklärung der Wirklichkeit und ihre Umwandlung in die reine *Idee* (73) leistet, im Sinne nicht eines Verblassens und Verschwimmens, sondern einer Reinigung von den Schlacken des Alltäglichen. Diese Haltung und dieser Akt prägen auch das romantische Verhältnis zur historischen Vergangenheit, etwa zum Mittelalter. Das romantische Erinnern ist aber kein auf das seelische Innere beschränkter Vorgang und darum kein bloß subjektiver Akt. Einen Hinweis auf seinen objektiven Charakter hat man darin zu sehen, daß Theodor das Bild der beiden Frauen, das eigentlich nur in ihm selbst leben dürfte, sonderbarer und geheimnisvoller Weise außerhalb seiner selbst, in Hummels Gemälde, antrifft, womit wiederum die Schwelle zwischen Innenwelt und Außenwelt überschritten ist. Das ins Gemälde Projizierte ist in dieser Gestalt freilich etwas Erstarrtes und wird erst lebendig, wenn es er-innert wird, wenn umgekehrt also wieder die Schwelle in Richtung Innenwelt überschritten wird.

Theodors Geschichte ist (wie später »Der Artushof«) eine Erzählung vom Werden des Künstlers. Der Ausdruck »Werden« trifft die Sache allerdings nicht, da es sich nicht um einen allmählichen Prozeß der Reifung, sondern um einen plötzlichen Vorgang der Erweckung handelt. Das ist von der traditionellen und konventionellen Vorstellung von Beruf und Berufung des Künstlers weit entfernt. Dieser letzteren Vorstellung entspricht es noch, wenn Theodor bei dem Organisten sozusagen in die »Schule« geht und die lehr- und lernbaren Kompositionsprinzipien des Kontrapunktes paukt. Aber ohne entscheidend in die Kunst einzudringen, die, von einem *toten Rechenmeister* (59) vermittelt, für ihn bloß rechenhaft, etwas rein Technisches bleibt. Erst die Begegnung mit den beiden Schwestern bringt den Durchbruch. Ein mystisch-magischer Akt, ein Initiationserlebnis findet statt, wenn Theodor von dem in ihrem Gesang lebenden Geist angehaucht wird wie vom *Schöpfungswort, welches urplötzlich den ihm verwandten im Innern ruhenden Geist weckte* (74). Bemerkenswert ist an diesem Vorgang auch, daß die Kunst nicht als etwas erscheint, was Theodor von außen vermittelt wird, sondern als eine Kraft, die schon immer in ihm geschlummert hat und nur ins Leben gerufen zu werden braucht: *da ward meine innere Musik, so lange tot und starr, entzündet* (62), auch dies, wie bei der Verwandlung des starren Gemäldes in lebendige Handlung, ein Akt der Er-innerung. Die Kunst wird damit metaphysisch vertieft, das Metaphysische erhält andererseits eine ästhetische Note; denn die *innere Musik* als im Innersten der Seele verborgene Macht ist bei Hoffmann identisch mit dem höheren Sein, das den Gegensatz zur Alltagswelt bildet (siehe auch den Kommentar zu »Der Dichter und der Komponist« und »Die Automate«).

Die beiden Schwestern vertreten jedoch mit ihrem Gesang ganz verschiedene Arten von Musik: Lauretta eine mehr blendende als rührende Beweglichkeit und Virtuosität, Teresina eine zu Herzen gehende Einfachheit und Getragenheit. In ihnen sind auch verschiedene Stufen der Musikgeschichte verkörpert: in Lauretta eine ältere, in Teresina eine jüngere. Teresinas Gesang ist die Seelenkunst, die im 18. Jahrhundert mit der Empfindsamkeit aufkommt und mit der neue Erwartungen begründet und neue Wertmaßstäbe gesetzt werden. Nicht mehr soll die Musik primär kunstvolle Komposition mit ornamentaler Ausstattung sein; *alle diese sonderbaren wirblichten Schnörkel, die ungemessenen Läufe, diese ewigen Triller* in Laurettas Gesang sind nur *blendende Kunststückchen, die so bewundert werden, wie die waghalsigen Sprünge des Seiltänzers* (68). Sondern es kommt auf die seelische Stimmung an, die aus den Tönen aufsteigt und die Seele ergreift. Zentrales Ausdruckselement ist damit nicht mehr die Struktur einer ganzen Komposition von Tönen, sondern die Klangfarbe des einzelnen Tons, des »Muttertons«, wie Herder in seiner Musikästhetik (in den »Kritischen Wäldern«) sagt, der einzelne Ton aber behält seine seelische Wertigkeit nur in der schlichten sangbaren Linearität der Melodie. Tatsächlich erkennt man an dem Wandel der Musik und Musikauffassung im 18. Jahrhundert, daß unter der Priorität des seelischen Bedürfnisses nach »Rührung« das melodische Prinzip zu dominieren beginnt und das vom strukturästhetischen Gesichtspunkt beherrschte Prinzip des Kontrapunkts und der Verzierung immer mehr in den Hintergrund tritt. Beförderer und Träger der neuen Strömung sind u. a. Carl Philipp Emanuel Bach und die Mannheimer Schule mit ihrem neuen Instrumentalstil.

Hoffmann war in seiner Jugend selber empfindsam, wie seine mit Hippel gewechselten Freundschaftsbriefe beweisen, und wenn »Die Fermate« Jugenderinnerungen festhält, dann ist sie wohl auch noch ein spätes Echo der jugendlichen Seelenlage. Was der Dichter Teresina aussprechen läßt, hat jedenfalls offensichtlich seine Zustimmung: das Lob der *natürlichen Stimme, die doch allein wahrhaft rührend bleibt*, und: *Ein in das Herz dringender Laut, ein wahrhaftes Portamento di voce geht mir über alles. Keine unnütze Verzierung, ein fest und stark gehaltener Ton – bestimmter Ausdruck, der Seele und Gemüt erfaßt, das ist der wahre Gesang und so singe ich* (68). Der Musiker Hoffmann darf mit dem Dichter Hoffmann jedoch nicht ohne weiteres in eins gesetzt werden. Als Schriftsteller hat Hoffmann zu der Zeit, als er »Die Fermate« schrieb, sich schon längst von der Empfindsamkeit seiner Jugendjahre losgesagt. Romantische Dichtung, wie er sie nunmehr schreibt, will nicht »rühren«, d. h. das »Herz« in sanfte, ihrer selbst bewußte Bewegung versetzen, sondern mit dem Zauberschlag magischer Gewalt die

Kräfte der Fantasie beschwören. Sie kultiviert nicht die individuellen Gefühle, sondern die überindividuellen Regungen und Bilder des Unbewußten.

Auch vom Musiker Hoffmann läßt sich schwerlich ein ganz einheitliches Bild formen. Theodors Kritik an seinen kontrapunktischen Übungen, nachdem er die Schwestern kennengelernt hat, ist mit Vorbehalt aufzunehmen. Den *alten Sebastian Bach*, den Meister des Kontrapunkts, hat Hoffmann sein Leben lang verehrt, wenn er ihn auch romantisiert: *mancher Satz* (J. S. Bachs), so Theodor, *glich beinahe einer geisterhaften graulichen Erzählung* (59). In den »Kreisleriana« sind ihm die *Spielereien des Kontrapunkts... schauerlich geheimnisvolle Kombinationen* (Fantasie- und Nachtstücke, S. 39). In seinen Instrumentalkompositionen hat Hoffmann die Lehren der alten Schule offenbar nicht aufgegeben: »Fast immer zeigt Hoffmann als Instrumentalkomponist einen ausgeprägten Hang zu gründlicher, kontrapunktisch gewappneter motivisch-thematischer Arbeit.«[10a] Gleichwohl ist Hoffmann ein Nachfahre späterer Entwicklungen in der Musik, allerdings, entgegen einer Legende, die er mit seiner Namensänderung (Wilhelm zu Amadeus) selbst geschaffen hat, nicht so sehr als Gefolgsmann Mozarts, sondern als »Enkelschüler« Carl Philipp Emanuel Bachs.[11]

Daß dem Erzähler die ihn erweckende Musik in Gestalt der Frau begegnet und er von Liebe ergriffen wird, zeigt den engen Zusammenhang von Kunst und Liebe in Hoffmanns Werk. Der sinnliche Eros sublimiert sich aber zum bloß ästhetischen Eros, indem sich, wie schon vorhin bemerkt, der Gesang von der leiblichen Person löst und zur Idee verklärt. Deshalb bedeutet die menschliche Enttäuschung, die selbst Teresina dem hingebungsvollen Theodor bereitet, nicht den Bruch mit der künstlerischen Erfahrung, die ihm durch sie zuteil wird. Sie beweist nur, daß die Geliebte als Stimme der Kunst und Quelle der künstlerischen Inspiration etwas anderes ist als in ihrer irdischen Gestalt und Beschränktheit als Mensch. Es wäre deshalb fatal, sie mit irdischen Armen umfangen, sie gar zur Ehefrau machen zu wollen (74). Künstlerliebe und Ehe sind unvereinbar, ein Gedanke, der sich durch Hoffmanns ganzes Werk zieht und uns auch im »Artushof« wieder begegnen wird.

Der Dichter und der Komponist

Erstdruck in: Allgemeine Musikalische Zeitung, Jg. 15, 8. und 15. Dezember 1813, Nr. 49 und 50, Spalte 793–806 und 809–817. Anonym.

Zur Entstehung

Den Angaben in seinem Tagebuch zufolge hat Hoffmann den »Aufsatz« am 19. September 1813 angefangen und am 9. Oktober beendet.

Zum Text

Hoffmann verfährt hier einmal anders als sonst: er entwickelt nicht aus einer Gesprächssituation die Erzählung eines Geschehens, sondern umgekehrt aus der Erzählung eines Geschehens ein Gespräch. Eine sonderbare Konstellation kommt dabei zustande. Der Dialog handelt von der Kunst, der Rahmen vom Krieg.

Die Einkleidung des Gesprächs ist ein Reflex der stürmischen Zeitereignisse. Am 21. April 1813 war Hoffmann mit seiner Frau von Bamberg nach Dresden gereist, wo er am 25. April anlangte und den Kampf um die Stadt zwischen den Napoleonischen Truppen und den Truppen der Alliierten erlebte. Wie Segebrecht bemerkt, gibt es über den Krieg von Hoffmann einander widersprechende Äußerungen.[12] Am 20. Juli 1813 schreibt er an Kunz: »Keine Zeit ist wohl der Kunst so nachtheilig, als gerade die jetzige« (Briefe I, S. 401); am 19. August jedoch, ebenfalls an Kunz: »In keiner als in dieser düstern verhängnißvollen Zeit, wo man seine Existenz von Tage zu Tage fristet und ihrer froh wird, hat mich das Schreiben so angesprochen – es ist, als schlösse ich mir ein wunderbares Reich auf, das aus mein[em] Innern hervorgehend und sich gestaltend mich dem Drange des Äußern entrückte« (ebd. S. 408). Die beiden Äußerungen sind aber nicht ganz ohne inneren Zusammenhang. Denn wenn der Krieg die Kunst behindert, so bietet sich die Kunst andererseits als Alternative zum Krieg an und animiert den Künstler mehr denn je dazu, und um so mehr, je stärker die äußeren Zeitereignisse drücken, sich in die Kunst zu flüchten und hier produktiv zu werden. Wenn die Kunst in dieser Weise die Rolle der Kompensation übernimmt, wird sie freilich nicht nur in einen Unterschied, sondern geradezu in einen Gegensatz zur Wirklichkeit gedrängt, und so mag das Erlebnis der Kriegsereignisse des Jahres 1813 – gerade als Hoffmanns poetische Produktion zu sprudeln beginnt! – einer der Gründe dafür sein, warum sich in seinen Werken ein so krasser Zwiespalt zwischen Außenwelt und Innenwelt auftut.

Dies ist indessen nicht die ganze Wahrheit zum Thema Krieg bei Hoffmann. Im Schlußteil der Erzählung wird auch eine Verbindung hergestellt zwischen Kampf, Kraft und dem Element des Göttlichen. Im Krieg sieht Hoffmann hier, weit entfernt davon, dieses Phänomen politisch, ökonomisch und gesellschaftlich zu deuten, das Walten des Schicksals und den Anbruch eines neuen Morgens, ja den Erwecker des *Glauben(s), dem sich das Geheimnis unsers Seins erschließt* (95). Unter diesem Aspekt verwundert es nicht, daß der Dichter Ferdinand eine Verwandlung zum Kriegshelden durchgemacht hat, haben dann doch Krieg und Dichtung dasselbe Ziel, weil auch die Poesie *das Geheimnis unsers Seins erschließt*. Daß Ferdinand auf der Seite des Feindes kämpft, wird nicht als anstößig empfunden, der patriotische Aspekt ist für Hoffmann offenbar minder wichtig.

Es kann im übrigen nicht übersehen werden, daß das Element des Kampfes eine Komponente des Hoffmannschen Weltbildes ist. Nicht nur daß es in seinen Erzählungen sehr bewegt zugeht und ständig dualistische Mächte miteinander ringen, der Dichter sagt auch wörtlich, daß *der ewige Kampf (...) den Lebensprozeß, den Organismus der ganzen Welt bedingt* (319). Auch in der Musik, genauer in der Instrumentalmusik, erblickt Hoffmann dieses Element. Er denkt wohl insbesondere an Beethoven, mit dem er sich zu dieser Zeit gerade beschäftigt, wenn er Ludwig von dieser Kunst sagen läßt: *Alle Leidenschaften kämpfen schimmernd und glanzvoll gerüstet miteinander, und gehen unter in einer unaussprechlichen Sehnsucht, die unsere Brust erfüllt. Dies ist die unnennbare Wirkung der Instrumentalmusik* (83). Man weiß nicht recht: Hat der Krieg Hoffmanns Weltbild und Kunstauffassung ›bestätigt‹, oder hat er sie erst geprägt?

Im Dialog zwischen Ferdinand und Ludwig, dem Dichter und dem Komponisten, geht es um das Zusammenwirken der Künste und die Idee des Gesamtkunstwerks. Nachdem die

Künste, im höfischen Fest noch vereinigt, kraft der Neubestimmung durch ein geschärftes ästhetisches Bewußtsein von der Eigenart jeder einzelnen Kunst (vgl. Lessings »Laokoon«) im 18. Jahrhundert eher auseinandergegangen waren, lebt der Gedanke ihrer Gemeinsamkeit in der Romantik wieder auf. Grundlage dafür ist u. a. die Auffassung, daß die Sinne auf einer höheren Ebene ineinander übergehen und es möglich ist, Farben zu hören, Klänge zu sehen, Düfte als Klänge zu empfinden. Solche Verschmelzungen verschiedenartiger Sinneswahrnehmungen (Synästhesien) kommen bei Hoffmann mehrfach vor (etwa im »Kampf der Sänger«, S. 292, 306), und theoretisch ist der Zusammenhang in »Johannes Kreislers Lehrbrief«, einem der zentralen Texte zu Hoffmanns Kunstverständnis, insbesondere Musikverständnis, formuliert: *Es ist kein leeres Bild, keine Allegorie, wenn der Musiker sagt, daß ihm Farben, Düfte, Strahlen, als Töne erscheinen, und er in ihrer Verschlingung ein wundervolles Konzert erblickt. So wie, nach dem Ausspruch eines geistreichen Physikers, Hören ein Sehen von innen ist, so wird dem Musiker das Sehen ein Hören von innen, nämlich zum innersten Bewußtsein der Musik, die mit seinem Geiste gleichmäßig vibrierend aus allem ertönt, was sein Auge erfaßt* (Fantasie- und Nachtstücke, S. 326). Eine weitere Grundlage ist die Auffassung, daß die Künste eine gemeinsame Quelle haben: das tiefste Innere des Menschen (auch das tiefste Innere der Welt). Wie in der »Fermate« wird im Dialog zwischen Ludwig und Ferdinand geltend gemacht, daß man, auch wenn man kein Musiker ist, das wahre Wesen der Musik *in sich tragen* könne und *in dieser Hinsicht ein viel besserer Musiker* ist als der, welcher eine musikalische *Schule* durchlaufen und sich an die *tote Regel* gehalten hat (82). Nicht anders verhält es sich mit der Poesie: auch sie ist eine innere Gabe, eingesenkt in die Tiefe des Gemüts, »der versteckte Poet in unserm Innern«, wie Hoffmann in Schuberts »Symbolik des Traumes« lesen konnte (S. 3, auch S. 56ff.). So daß Ludwig zu der Folgerung kommt: *das Geheimnis des Worts und des Tons ist ein und dasselbe* (83).

Es kann dann ein Gesamtkunstwerk, in diesem Fall die Oper, entstehen, in dem die verschiedenen Künste nicht ein bloßes Nebeneinander, sondern eine aus derselben Wurzel hervorgegangene Einheit bilden. Noch eine Gemeinsamkeit stärkt diese Einheit zwischen Tonkunst und Dichtkunst: auch die Musik ist Sprache, *die geheimnisvolle Sprache eines fernen Geisterreichs*

(83), die Töne also sind wie die Wörter Zeichen, die etwas bedeuten. Musik ist demnach, nimmt man die Bestimmungen aus den Erzählungen »Die Fermate« und »Die Automate« hinzu, zweierlei: als *innere Musik* (62), verborgen sowohl in der Innenwelt des Menschen wie in der Innenwelt der Natur, »ist« sie das höhere Reich, nach dem sich das romantische Gemüt sehnt; als zur Komposition geformte, mit Instrumenten oder der menschlichen Stimme ausgeübte Kunst stellt sie nur die Mittlerin zu jenem höheren Reich dar. Als ausgeübte Kunst, als Kunstpraxis verstanden, verlangt Kunst auch handwerkliches Können und Übung, *jenen mechanischen Handgriff, der in jeder Kunst zum Gelingen des Werks nötig, und den man nur durch steten Fleiß und anhaltende Übung erlangt* (80).

Da die Sprache der Musik freilich etwas Unbestimmtes ist, bedarf sie der näheren Bestimmungen durch die Sprache der Dichtung, wie in der Oper. Kunst soll ja, nach Hoffmanns Vorstellung, dunkles gestaltloses Ahnen in den Stand lichter Erkenntnis heben. Dichtkunst und Tonkunst stammen also nicht nur aus einer gemeinsamen Wurzel, sie ergänzen auch einander, und zwar wechselseitig. Versieht einerseits der Text den musikalischen Ausdruck mit größerer Bestimmtheit (83), stellt andererseits die Musik das vom Text Entworfene *so in richtiges Licht und gehörige Perspektive (...), daß alles lebendig hervortritt, und sich einzelne, willkürlich scheinende Pinselstriche zu kühn herausschreitenden Gestalten vereinen* (92). Dem Komponisten diese ›Ausfüllung‹ überlassend, soll der Textdichter auf die poetische Ausschmückung seines Textes, etwa durch Vergleiche und Metaphern, verzichten. Statt Wortprunk ziemt ihm die deutliche Entwicklung der Handlung und die deutliche Zeichnung der Situationen. *Einfachheit der Worte* ist die Bedingung eines guten Opernlibrettos (94).

Da Hoffmann von der Musik wie von der Poesie wie vor allem von der Vereinigung beider die Beschwörung des Wunderbaren erwartet, wird der *romantischen Oper mit ihren Feen, Geistern, Wundern und Verwandlungen* das Zeugnis ausgestellt, die *einzig wahrhafte* Oper zu sein (83f.). Jedoch kommt es nicht darauf an, einfach Wunderbares darzustellen, sondern, wie Gozzi dies tut, es *so poetisch wahr* darzustellen, *daß man willig daran glaubt* (87).

Auch die Texte der Opera buffa, der ein Teil des Dialogs gewidmet ist, kommen der Erwartung Hoffmanns entgegen, da

Alltagswelt in ihnen so verfremdet wird, als gehe ein toller Spuk durchs Leben. Hoffmann gebraucht hier (90f.) Formulierungen, mit denen man geradesogut seine eigene Dichtung kennzeichnen könnte, so etwa die vom *Hineinschreiten des Abenteuerlichen in das gewöhnliche Leben*. Bemerkenswert ist seine Äußerung, daß in der Opera buffa das *Fantastische* an die Stelle des *Romantischen* tritt (90). Den Begriff »romantisch« assoziiert er in diesem Kontext, wie das obige Zitat zeigt, mit Feen, Geistern, Wundern und Verwandlungen, also Erscheinungen speziell des Märchens. Den Begriff »fantastisch« faßt er dagegen weiter. Er assoziiert mit ihm nicht nur, was im engeren Sinne Inhalt des Fantastischen, sondern auch sein Ausdruck und äußeres Kennzeichen ist, etwa das *bizarre Spiel des Zufalls*, die *tollen Einbildungen* der Gestalten und ihre Bewegungen *in allerlei seltsamen Sprüngen und abenteuerlichen Grimassen* (90).

Unser heutiges historisches Verständnis des Romantischen wird diese Unterscheidung freilich nicht nachvollziehen. Hoffmann verwendete den Begriff romantisch gemäß dem damaligen Sprachgebrauch oder so, wie er ihn sich selber zurechtlegte. Wir verwenden ihn dagegen als Begriff einer bestimmten, in sich zum Teil heterogenen, zum Teil auch schwer abgrenzbaren historischen Bewegung und subsumieren ihm alles, was diese Bewegung als charakteristisch auszeichnet.

Ein Fragment aus dem Leben dreier Freunde

Erstdruck in: Der Wintergarten. Hrsg. von St. Schütze, zweiter Band. Frankfurt/M.: Gebr. Wilmans 1818, S. 55–156. Verfasserangabe: von E. T. A. Hoffmann, Verfasser der Phantasiestücke.

Zur Entstehung

Die Erzählung entstand im Herbst 1816. Hans von Müller (»Zwölf Berlinische Geschichten aus den Jahren 1551–1816. Erzählt von E. T. A. Hoffmann. Nach der Folge der Handlung zusammengestellt und erläutert von Hans von Müller«, München 1921, S. 349ff.) datiert die hier berichtete Begebenheit auf den 18. September 1816. Sie sei, wie er nachzuweisen versucht, an diesem Tag von Hoffmann und Contessa selbst beobachtet worden.

Zum Text

Das Gespräch der drei Freunde im ersten Teil der Erzählung ist ein Spiegel der Unterhaltung im Kreis der Serapions-Brüder: auch hier tauscht man Erlebnisse aus und diskutiert über übernatürliche Erscheinungen; auch hier bestehen zwischen den Freunden Unterschiede. Alexander ist der nüchternste der drei, Severin ein *Visionär* (115), Marzell nimmt etwa die Mitte zwischen den beiden anderen ein, ist aber wie Severin ein *Gläubiger* (ebd.).

Alexanders Erzählung von der spukhaften Tante beherrscht zunächst das Gespräch, eine Spannung zwischen der Person des Erlebenden und der Art des Erlebnisses kennzeichnet die Erzählung. Alexander erlebt etwas Außerordentliches, obwohl ihm bisher in seinem Leben nicht das mindeste Außerordentliche begegnet ist; er macht die Erfahrung eines Spuks, obwohl er aufgeklärt ist und sich bisher gegen allen Gespensterglauben gesträubt hat; er lernt die Gespensterfurcht kennen, obwohl ihm bisher jegliche Angst dieser Art fremd gewesen ist. In Kleists Novelle »Das Bettelweib von Locarno«, an die sich Hoffmann offenbar anlehnt, erscheint der Spuk als Vergeltung für eine hartherzige Handlung, d. h. seine Funktion ist moralisch. Bei Hoffmann wird ein Aufgeklärter daran erinnert, daß es außer der empirischen Wirklichkeit noch eine andere Welt gibt, d. h. die Funktion des Spuks ist hier metaphysisch oder, wenn man will, missionarisch. Gewiß wird der Ernst des Ereignisses durch die humoristische Behandlung relativiert, gegen Schluß der Erzählung schickt Hoffmann dem Spuk aber noch eine nachdenklich stimmende Bemerkung nach: *In alter Zeit hatten wir einen frommen schlichten Glauben, wir erkannten das Jenseits, aber auch die Blödigkeit unserer Sinne, dann kam die Aufklärung, die alles so klar machte, daß man vor lauter Klarheit nichts sah, und sich am nächsten Baume im Walde die Nase stieß* (143).

Zurückdrehen läßt sich die Zeit nicht. Und im Konservieren eines Zustandes der Vergangenheit liegt, wie Alexander in der Wohnung der Tante spürt, etwas Grauenhaftes. Die Eliminierung des Wunderbaren durch den Rationalismus hinterläßt aber bei einem romantischen Gemüt wie Severin Mißbehagen. Die Geschichte Marzells, die der Erzählung Alexanders folgt, macht dies deutlich. Erklärt sich die Gespenstererscheinung, von der auch Marzell zu berichten weiß, am Schluß *natürlich*: als Auswuchs eines bloß psychopathologischen Zustandes, des Wahnsinns, so verbreitet sich wie bei den nüchternen Auflösungen in *Wagners Gespensterbuch* Langeweile (118).

Noch ehe Severin seinerseits dazu kommt, zwar keine Gespenstergeschichte zum besten zu geben, aber *einer seltsamen Ahnung zu erwähnen, die geheimnisvollerweise, als Blumenduft gestaltet, mir ins Leben trat* (118), wird das Gespräch durch das Ereignis unterbrochen, das die Freunde verzaubert und sie aus der Gesprächssituation in eine Situation – man ist versucht zu sagen: – existentieller Betroffenheit versetzt. Am stärksten betroffen ist wohl Severin, da er in dem Mädchen am anderen Tisch das Wesen zu erkennen glaubt, das ihm kürzlich in einem aus Rosenduft gewebten Traumgesicht vage vorgeschwebt hatte, in jener *Blumenduft*-Vision nämlich, von der den Freunden zu berichten er gerade im Begriffe gewesen ist. Somit scheint für ihn die Ahnung »ins Leben getreten«, und diesmal weit konkreter als in der gehabten Vision.

Der Vorfall wirkt andererseits gerade deshalb auf Severin wie auch auf Marzell und Alexander so faszinierend, weil er in einer bestimmten Hinsicht der Konkretheit ermangelt. Unbekannt mit den Personen der Szene und darum auch nicht eingeweiht in ihre Verhältnisse, nehmen die Freunde das, was geschieht, nur von außen wahr, ohne über die inneren Zusammenhänge Bescheid zu wissen. Dieser Mangel an Wissen macht das Erlebnis aber gerade reizvoll, denn er erhebt es in den Stand des Rätsels. Damit kommt, versteht man den Vorgang nicht nur punktuell, sondern prinzipiell und symbolisch, eine Weltsicht ins Spiel, wie Hoffmanns romantischer Sinn sie immer wieder gegenüber der aufgeklärten Weltsicht geltend macht. Bietet die Aufklärung ein »geschlossenes« Weltbild, nämlich eines, in dem alles bereits erklärt und gedeutet ist, so die Romantik ein »offenes«, d. h. eines, das der Deutung noch harrt, wenn es ihrer vielleicht auch gar nicht fähig ist, zumindest nicht bis ins letzte. Die beobachtete Szene setzt bei den Freunden denn auch allerlei Mutmaßungen in Gang darüber, was es mit dem Zettel, dem Überbringer, der Reaktion des Mädchens usw. auf sich hat, und nicht nur das; alle drei verlieben sich schlagartig in die holde Schöne, der Zauber der ganzen Szene kristallisiert sich in der Person des Mädchens, als Liebeszauber.

Der Liebeszauber im besonderen beruht auf derselben Voraussetzung, auf der der Zauber der ganzen Szene beruht: auf Distanz und Unbekanntheit. Entbrennt die Liebe aber gerade deshalb, weil die Geliebte fern und unbekannt ist, darf man an dem Schleier, der über ihrer Person liegt, nicht rühren. Nähe entzaubert, Bekanntheit trivialisiert, eine Erfahrung, von der die romantische Dichtung, nicht nur Hoffmanns, voll ist und der auch Marzell und Severin zum Opfer fallen. Die Desillusionierung ist für sie um so schmerzlicher, als sie sich in exaltierte Vorstellungen hineingesteigert hatten, aber mit einem Unterschied. Marzell reagiert auf das Erlebnis mit der Exaltation des Gefühls, Severin mit der Exaltation der Fantasie. Marzell steigert sich in die Vorstellung hinein, daß er unglücklich liebt, weil die Angebetete vermeintlich bereits vergeben ist. Er sucht aber im Leiden an der Liebe den Genuß am Leiden, und insofern wird die Liebe für ihn uninteressant, sobald sich durch das Geständnis Paulines (134) die Aussicht bietet, in ihren Besitz zu gelangen. Wie Goethes Werther ist es ihm um die prinzipiell unglückliche Liebe zu tun, aber er kann ein zweiter Werther nur sein, wenn es auch einen Albert gibt. So ändert sich sein Sinn, *als ich erfuhr, daß ich keinen Nebenbuhler hatte* (136). Daß die Szene im Weberschen Zelt eine banale Aufklärung erhält, verschärft seine Enttäuschung, ist aber nicht das Entscheidende für ihn.

Das ist es eher für den Fantasten Severin, doch ist diesem noch ein wirksameres ›Heilmittel‹ vorbehalten: das Lächerliche. Unbarmherzig geht Hoffmann in der Gestalt Severins mit der eigenen Romantik ins Gericht, indem er sie dem Spott preisgibt. Severin zieht die Strafe aber auch durch einen voreiligen Akt selber auf sich: Warum versucht er denn, wenn er schon sein Traumbild mit einer leibhaftigen Person identifiziert, mit dieser in nähere Verbindung zu treten? Im Unterschied zu Marzell, der seiner empfindsamen Veranlagung ungeachtet inzwischen sein Glück in der Liebe gefunden hat, bleibt er jedoch seiner ursprünglichen romantischen Abneigung gegen das bürgerliche Geschlechterverhältnis treu: *Nein, was mich betrifft, so umfängt mich der Gedanke an den Ehestand mit unheimlichem Grauen* (136).

Der dritte im Bunde, Alexander, reagiert auf das Erlebnis am nüchternsten. Obwohl auch er fasziniert ist, bleiben seine Mutmaßungen von vornherein im Rahmen der Normalität, wie er denn auch ›normal‹ bürgerlich um das Mädchen wirbt. Von der bürgerlichen Sphäre Alexanders wird allerdings eine Verbindung zur Geistersphäre gewoben. Die Heirat des Neffen bringt der spukenden Tante offenbar eine Ersatzerfüllung für das entgangene Eheglück und damit die Ruhe im Grabe.

Erzählt wird das alles wiederum aus der Retrospektive. Hoffmann (bzw. der Serapions-Bruder Ottmar) erzählt nicht unmittelbar, was die Freunde, indem sie der Geliebten nachstellen, erleben, sondern er läßt es sie selber erzählen, nachdem sie sich an derselben Stelle, von der sie ausgegangen waren, wieder getroffen haben und die Gesprächssituation wiederhergestellt ist. Damit werden die Erlebnisse auf die Ebene der bereits verarbeiteten Erfahrung gehoben und, jedenfalls bei Marzell und Severin, aus der Distanz des abgeklärten Sich-lustig-Machens über die eigene Torheit wiedergegeben. Aus dieser Distanz sind sie auch ›Poesie‹ geworden: *ein kleiner Roman in einem Bande, eine Posse in einem Akt* (126), und die Helden dieses Romans, dieser Posse treten nunmehr als deren überlegene Autoren auf.

Was Marzell und Severin auf diese Weise ferngerückt ist, ist für Alexander freilich Wirklichkeit geworden. Er, der Nüchterne, der sich nicht zu Exaltationen hat hinreißen lassen, ist auf dem Boden der Alltagsprosa gelandet. Das paßt zu seiner Wesensart, die Sache hat aber eine Kehrseite. Als einziger in das Geschehen, das für die beiden anderen zur bloßen Geschichte geworden ist, wirklich verstrickt, wenn auch glücklich, zeigt er sich auch am wenigsten souverän. Wenn er Zeichen der heftigsten Eifersucht blicken läßt, während die beiden anderen ihre Abenteuer mit Pauline erzählen, so befindet er sich immer noch im Zustande ›existentieller Betroffenheit‹. Die ihm eigene Vernünftigkeit, das ist die Ironie der Geschichte, hat ihn tief in die irdische Existenz hinabgezogen, während der überspannteste und verrückteste der drei, Severin, aus der Affäre als freier Mensch hervorgegangen ist.

Jedoch verteilt Hoffmann seine Gunst auf die Figuren einigermaßen gleichmäßig. Für keinen der drei Freunde läßt er eine besondere Vorliebe oder Abneigung erkennen. Denn er spiegelt sich gleichermaßen in allen dreien. Alle drei, der aufgeklärte, der empfindsame und der romantische Typus, sind Figurationen seines Ich und insofern, trotz aller Verschiedenheit, ›freundschaftlich‹ miteinander verbunden. Sie repräsentieren, wenn man so will, »drei Seelen« in seiner Brust.

Eine Bemerkung noch zu Severins *Blumenduft*-Vision. Wenn er seine Verfassung hierbei *dem wunderbaren Delirieren, das dem Einschlafen vorherzugehen pflegt* (136), vergleicht, so handelt es sich um einen Zustand der surrealen Inspiration, den Hoffmann mehrfach in seinen Werken beschreibt und als eigene wichtige Erfahrung ausgibt. Er lehnt sich dabei an Schuberts »Symbolik des Traumes« an, wo es heißt: »Im Traume, und schon in jenem Zustande des Deliriums, der meist vor dem Einschlafen vorhergeht, scheint die Seele eine ganz andre Sprache zu sprechen als gewöhnlich. Gewiße Naturgegenstände oder Eigenschaften der Dinge, bedeuten jetzt auf einmal Personen und umgekehrt stellen sich uns gewisse Eigenschaften oder Handlungen, unter dem Bilde von Personen dar. So lange die Seele diese Sprache redet, folgen ihre Ideen einem andern Gesetz der Association als gewöhnlich, und es ist nicht zu läugnen, daß jene neue Ideenverbindung einen viel rapideren, geisterhafteren und kürzeren Gang oder Flug nimmt, als die des wachen Zustandes, wo wir mehr mit unsern Worten denken. Wir drücken in jener Sprache durch einige wenige hieroglyphische, seltsam aneinander gefügte Bilder, die wir uns entweder schnell nacheinander oder auch nebeneinander und auf einmal vorstellen, in wenig Momenten mehr aus, als wir mit Worten in ganzen Stunden auseinander zu setzen vermöchten« (S. 1).

Hoffmann seinerseits schreibt im Kreislerianum Nr. 5 »Höchst zerstreute Gedanken«: »Nicht sowohl im Traume, als im Zustande des Delirierens, der dem Einschlafen vorhergeht, vorzüglich wenn ich viel Musik gehört habe, finde ich eine Übereinkunft der Farben, Töne und Düfte. Es kömmt mir vor, als wenn alle auf die gleiche geheimnisvolle Weise durch den Lichtstrahl erzeugt würden, und dann sich zu einem wundervollen Konzerte vereinigen müßten. – Der Duft der dunkelroten Nelken wirkt mit sonderbarer magischer Gewalt auf mich; unwillkürlich versinke ich in einen träumerischen Zustand und höre dann, wie aus weiter Ferne, die anschwellenden und wieder verfließenden tiefen Töne des Bassetthorns.« (Fantasie- und Nachtstücke, S. 50) Diese Stelle, die Charles Baudelaire im »Salon de 1846« zitiert, hat, wie Werner Vordtriede als wahrscheinlich annimmt, dem französischen Dichter die Anregung zu seinem berühmten Gedicht »Correspondances« in den »Fleurs du mal«, 1857, gegeben.[13]

Der Artushof

Erstdruck in: Urania. Taschenbuch für Damen auf das Jahr 1817. Leipzig und Altenberg: F. A. Brockhaus, S. 179–226. Verfasserangabe: Von C. T. A. Hoffmann, Verf. der Phantasiestücke in Callot's Manier.

Zur Entstehung

Dem Verleger Brockhaus hatte Hoffmann ursprünglich die Erzählung »Die Fermate« für das Taschenbuch »Urania« versprochen. Nachdem er sich von Fouqué hatte offenbar umstimmen lassen, diese Erzählung in dessen Frauentaschenbuch zu publizieren, sah er sich genötigt, für Brockhaus mit dem »Artushof« Ersatz zu schaffen. Er schrieb die Erzählung zwischen dem 17. Februar und 3. März 1815. »Ähnlich wie in der *Fermate* wirken hier Jugenderinnerungen Hoffmanns nach« (Segebrecht, S. 1050).

Zum Text

Je weiter man in den »Serapions-Brüdern« mit der Lektüre fortschreitet, desto besser erkennt man, wie sehr Hoffmanns Erzählungen Variationen einiger weniger Grundmuster sind; in der Wiederkehr von Themen, Motiven, Figuren, Figurenkonstellationen manifestiert sich das im weitesten Sinne Formelhafte seiner Dichtung. Für den Leser handelt es sich gewissermaßen um Déjà-vu-Erlebnisse, ähnlich wie auch Hoffmanns Figuren immer wieder auf schon Bekanntes oder doch in Ahnungen bereits früher vage Erfahrenes stoßen, das in der Wiederbegegnung konkretere Züge annimmt.

Aus der Geschichte vom Einsiedler Serapion kehrt das Motiv des wahnsinnigen Künstlers wieder. Jedoch kann der Einsiedler trotz seines Wahnsinns dichten, während der Wahn den Maler Berklinger hindert zu malen. Berklinger vermag das, was sich in seiner Fantasie gestaltet, nicht ins Bild umzusetzen, und sitzt, unfruchtbar geworden, vor der leeren, eintönig grauen Leinwand. Was er sich einbildet, dennoch als Bild gemalt zu haben, erweist sich damit im wahrsten Sinne als leerer Wahn. Seinem verworrenen Gestammel ist zu entnehmen, daß er seine Kunst als Schlüssel zum Geheimnis der Welt zu gebrauchen versucht hatte (157). Das erinnert wiederum an den forschenden Geist Krespels, wie aus der Geschichte vom Rat Krespel auch das Märchenmotiv vom Unhold, der ein junges Mädchen bewacht, wiederkehrt. Und wie Krespel im Fall Antonies, so versucht auch Berklinger durch seine Tyrannei über Felizitas ein Verhängnis abzuwenden. Aus der »Fermate« kehrt das Motiv der Künstlerliebe wieder, auch erfährt Traugott, wie Theodor, die Berufung zum Künstler. Sodann werden im »Artushof« wie in der »Fermate« die Gestalten eines Gemäldes lebendig, dessen Betrachtung die Geschichte in beiden Fällen einleitet.

Neu im Rahmen der »Serapions-Brüder« ist im »Artushof« der Auftritt des Philisters, des Gegenspielers des Künstlers, nachdem einzelne Züge dieses Typus allerdings schon früher sichtbar geworden sind (etwa an dem auf die Regel versessenen Organisten in der »Fermate« oder an dem nüchternen und vernünftigen Alexander im »Fragment aus dem Leben dreier Freunde«).

Der Philister ist der Mensch, der sich, wenn wir ihn bündig mit einer Hoffmannschen Formel charakterisieren wollen, »im Innersten nicht entzünden« läßt. Mögen aus dem brennenden Nachbarhaus Flammen in Christines Zimmer schlagen, so wird sie doch zunächst noch die gewohnten Tätigkeiten verrichten und dann auch erst, getreu der Hausordnung, den Hausherrn benachrichtigen, statt spontan selbst zu reagieren. Auch von den Flammen der Liebe bleibt sie innerlich unberührt: sie heiratet nicht, weil sie liebt, sondern entsprechend der Konvention, und liebt den, den sie heiratet, nur deshalb, weil sie ihn heiratet. In ihrem Sinnen und Trachten auf den Haushalt beschränkt, ist sie die treueste Befolgerin aller häuslichen Regeln, perfekt und niemals im Irrtum etwa in der Anwendung von Küchenrezepten. Sie ist dabei vollkommen mit ihrem Leben zufrieden, über den Alltag hinauszustreben liegt ihr fern. Da sie, wie ihr Vater und alle ihresgleichen, über den Horizont der häuslichen und geschäftlichen Welt nicht hinausschaut, stellt sich ihr die Frage nach einem höheren Lebenssinn überhaupt nicht. Die *ernsten Geschäfte des Lebens* werden in ihren Kreisen als etwas Selbstverständliches genommen, als etwas, was seinen Sinn in sich selbst hat, und der Philister kann nur verdutzt und hilflos reagieren, wenn sein Wichtigtun, wie im Gespräch Traugotts mit dem Neffen, »hinterfragt« wird. Er rettet sich dann in eine Tautologie (*im Leben leben,* S. 151), und es zeigt sich bei näherer Erklärung, daß sich seine Geschäftigkeit im wesentlichen auf materielle Lebenswerte, auf das Besitzen im weitesten Sinne, nämlich auch den Besitz einer schönen Frau und artiger (gehorsamer) Kinder, richtet.

Der Philister im romantischen Sinne rekrutiert sich übrigens nicht nur aus dem Bürgertum, wie es hier scheinen könnte, da es gerade eine Kaufmannsfamilie ist, die Hoffmann als Beispiel wählt. Er kann soziologisch auch jeder anderen Schicht der konventionellen Gesellschaft entstammen, sofern er nur die Konvention und die mit ihr verbundenen Beschränktheiten repräsentiert. Geht das Leben des Fürsten Irenäus im »Kater Murr« ganz im höfischen Alltag auf und richtet sich sein Sinnen und Trachten einzig auf die Erhaltung der Etikette, so ist er nicht weniger philiströs als die Bürger im »Artushof«.

Zu erkennen ist der Philister auch an seiner Einstellung zur Kunst. Er setzt ihr einen (doppelten) Zweck und leitet diesen aus den Bedürfnissen des bürgerlichen Lebens ab: zum einen nach der Verschönerung des Alltags, zum anderen nach Erholung von der Arbeit. Die Kunst wird damit auf eine dekorative und eine rekreative Funktion festgelegt, nicht dagegen ist sie als eigentlich kreative Tätigkeit gefragt. Es ist denn auch mehr das Aufführen und Vorführen von Kunst: das Vorlesen, Vorsingen, Vorspielen (wie auf den von Hoffmann mehrfach geschilderten »Ästhetischen Tees«), das im philiströsen Kunstbetrieb honoriert wird, nicht so sehr das Schaffen von Kunst.

Um dieses, um den Prozeß der schöpferischen Hervorbringung als solchen, geht es dem romantischen Künstler, wie er uns hier in Traugott begegnet. Und für Traugott ist die Kunst nicht eine bloße Feierabend- und Sonntagsangelegenheit, sondern schlechthin die *Hauptsache* des Lebens, die *höchste Lebenstendenz*, die *kein anderes Geschäft* neben sich duldet (151). Traugott muß dieses Umstandes aber erst, wie Theodor in der »Fermate«, durch ein Erweckungserlebnis inne werden, das ihm zugleich zweierlei bewußt macht: seine Berufung zum Künstler und die Fragwürdigkeit des Lebens, das er bisher als

Kaufmann geführt hat. Nun erst stellt er sich die sonst vom Bürger nicht gestellte Sinnfrage: *Und was für Arbeit? – Wozu alles Sinnen, alles Schreiben? Damit sich nur die Goldstücke im Kasten mehren, damit nur des Fafners unheilbringender Hort immer mehr funkle und gleiße!* (152)

Auch hier (wie in der »Fermate«) ist das Werden des Künstlers kein allmählicher Lernvorgang, sondern eine plötzliche Erleuchtung, die den Betroffenen im Innersten ergreift. Und auch hier entpuppt sich die Kunst als Fähigkeit, die schon längst als Geheimnis tief in seiner Brust verborgen war. Künstlerisch schaffen heißt denn auch nichts anderes als *die innere Welt voll herrlicher Bilder entzünden, so daß sie aufgeht im regen lustigen Leben* (152). Die Bilder sind, solange sie in der Verborgenheit des Unbewußten schlummern, ungreifbar, der Vorgang des *Aufgehens im Leben* ist der Vorgang des Gestaltannehmens. So daß man auch sagen könnte: Kunst ist die Verdichtung zur deutlichen Gestalt dessen, *was sonst nur Ahnung und Traum gewesen* (150). Sie erwächst also nicht aus der Nachahmung der Wirklichkeit, und sich in Objektstudien zu vertiefen entbindet sowenig ihren wahren Geist wie die bloße Technik, das Handwerk. Gleichwohl spielt die Außenwelt, wie man nicht vergessen darf, in Hoffmanns Kunstauffassung eine Rolle: als *Hebel*, der die innere Kraft *in Bewegung setzt* (54). Und was die handwerkliche Ausbildung angeht, so macht sie den Künstler zwar nicht, er kommt ohne sie aber auch nicht aus. Wenn Berklinger Traugotts *Lehrer* wird und Traugott *tagtäglich* zu ihm geht und dann *in der Kunst gar große Fortschritte* macht (159), so erhält die schöpferische Fähigkeit offenbar das Fundament der soliden Fertigkeit.

Vor allem bedarf Traugott, um Künstler zu sein, der Liebe. Aber nicht der erfüllten Liebe, die der Besitz der Geliebten gewährt, sondern der unerfüllten, die das Nichthaben, die Ferne der Geliebten voraussetzt. Besitz macht schlaff, unfruchtbar, Sehnsucht spornt an – das ist, simpel psychologisch erklärt, der Grund dafür, daß Traugott von der zum Ideal verklärten Felizitas sagt: *du selbst bis ja die schaffende Kunst, die in mir lebt* (169). Felizitas mutet von vornherein nicht als Wesen der alltäglichen Wirklichkeit an: sie scheint aus der Fiktion der künstlerischen Darstellung ins Leben und aus einer ganz anderen, längst vergangenen Zeit in die Gegenwart zu treten. Ja sie scheint sogar ein Produkt der magischen, weil belebenden Anschauungskraft Traugotts zu sein, denn sie ist plötzlich da, nachdem er das Gemälde, das sie und ihren Vater darstellt, traumverloren mit den Augen der Fantasie intensiv betrachtet hat. So findet hier ein wechselseitiger Vorgang statt: die innere Kraft Traugotts erweckt die Geliebte, die Geliebte ihrerseits erweckt die innere Kraft Traugotts und sein Künstlertum. Das widerspricht dem Gesetz der Kausalität, da Ursache und Wirkung hier identisch sind, soll sich aber auch dem rationalen Begreifen entziehen.

Die Unbegreiflichkeit des Vorgangs vertieft sich noch durch Traugotts Erkenntnis, daß Felizitas die Geliebte ist, die er schon immer in seinem Inneren getragen hat: *Ach sie ist es ja, die Geliebte meiner Seele, die ich so lange im Herzen trug, die ich nur in Ahnungen erkannte!* (158) Die Begegnung mit ihr ist deshalb ein Déjà-vu-Erlebnis, wenn das Ahnen auch noch kein konkretes Sehen gewesen war.

Merkwürdig ist, daß Traugott die Weiblichkeit der Geliebten zunächst gar nicht gegenwärtig wird, insofern sie verhüllt ist. Motiviert ist die Verkleidung durch Berklingers Furcht vor dem drohenden Verhängnis. Man ist aber versucht, die Verhüllung auch anders zu deuten. Die deutsche Romantik stößt psychologisch in Bereiche vor, die wissenschaftlich erst im 20. Jahrhundert von der Tiefenpsychologie beleuchtet worden sind. Die moderne Theorie hilft dann wiederum, gewisse Sachverhalte der romantischen Poesie besser zu verstehen. So läßt sich aus der Sicht der Tiefenpsychologie C. G. Jungs Felizitas als Traugotts »Anima« deuten. Die Anima ist eines der archetypischen Bilder, die im Grunde der Seele, in der Schicht des kollektiven Unbewußten, beheimatet sind, und symbolisiert den Anteil des Weiblichen, der im Manne steckt und den der Mann sowohl verdrängt wie heimlich sucht und umwirbt, um sich mit ihm zu ›komplettieren‹.

Die Verhüllung des Mädchens als Jüngling mag aber nicht nur eine Verdrängung, sondern auch einen Doppelsinn ausdrücken, den Hoffmann vielen seiner Figuren, vielen seiner Gegenstände und überhaupt der ganzen Welt zu geben liebt. Doppeltes, zu Mißverständnissen Anlaß gebend, spielt auch sonst in dieser Erzählung eine Rolle: Sorrent bei Danzig – Sorrent in Italien, dann etwa auch die Ähnlichkeit zwischen Felizitas und Dorina. Traugott kann von Glück sagen, daß es trotz der Täuschungen mit ihm ein gutes Ende nimmt. Vor allem aber daß ihm die Enttäuschung erspart bleibt, die in der »Jesuiterkirche in G.«, einem der »Nachtstücke«, dem Maler Berthold zuteil wird. Ähnlich wie Traugott von der plötzlich erkannten Geliebten zum Künstler geweiht, ›versündigt‹ sich Berthold an seinem Ideal, indem er es heiratet. Da ist es mit seiner Kunst vorbei: *seine Kraft war gebrochen, all sein Bemühen, so wie damals, nur die ohnmächtige Anstrengung des unverständigen Kindes. Starr und leblos blieb was er malte, und selbst Angiola – Angiola, sein Ideal, wurde, wenn sie ihm saß und er sie malen wollte, auf der Leinwand zum toten Wachsbilde, das ihn mit gläsernen Augen anstierte* (Fantasie- und Nachtstücke, S. 436).

Berthold zieht sein Ideal in *die klägliche Existenz des irdischen Augenblicks* (169) herab, er verrät, wenn man so will, die Innenwelt an die Außenwelt. Traugott löst sein Ideal dagegen von der irdischen Hülle, die Felizitas angenommen hat, ab und konserviert es im Himmel der Kunst.

Die Bergwerke zu Falun

Erstdruck in den »Serapions-Brüdern«.

Zur Entstehung

Hoffmann arbeitete an der Erzählung während des Dezembers 1818. Um die Jahreswende dürfte er sie abgeschlossen haben. Wenn der Erzähler Theodor eingangs bemerkt, *ein sehr bekanntes und schon bearbeitetes Thema* (170) auszuführen, so bezieht er sich vor allem auf die Vermittlung des Stoffes durch Schubert, der das Ereignis im Bergwerk zu Falun in seinen »Ansichten« (S. 215–216) erzählt, freilich nur sehr kurz, sodann auf Achim von Arnim und Johann Peter Hebel, die sich von Schubert zu eigenen Dichtungen anregen ließen (dazu weiter unten). Die ältesten Nachrichten über den Vorfall im schwedischen Falun finden sich 1720 in Kopenhagen in »Nye Tidender om Laerde Sager« als Korrespondenz aus Schweden und 1722 als wissenschaftlicher Bericht von Adam Leyel in den »Acta litteraria Sveciae Uppsaliae publicata«. Danach verunglückte 1670 ein junger Bergmann, Mats Israelson, in den Kupfergruben von Falun. 1719 wurde seine Leiche in einem wiedergeöffneten Stollen gefunden, durchtränkt von Kupfervitriol und so wenig verändert, daß ihn nach Leyel mehrere Personen, nach der Kopenhagener Zeitschrift nur seine inzwischen uralte ehemalige Braut erkannte. Die medizinische Fakultät kaufte der Braut den Leichnam für wissenschaftliche Zwecke ab.[14] Er ließ sich jedoch nicht konservieren, sondern zerfiel bald darauf »in eine Art von Asche« (Schubert, S. 215). – Schubert wie auch Hebel in seiner Erzählung »Unverhofftes Wiedersehen«, erschienen 1811 im »Schatzkästlein des rheinischen Hausfreundes«, konzentrieren sich auf die ›Wiedersehens‹-Szene zwischen dem toten Bergmann und der alten Braut. Achim von Arnim dagegen widmet den größten Teil seines Gedichtes »Des ersten Bergmanns ewige Jugend« (eingelegt in den 1810 erschienenen Roman »Armut, Reichtum, Schuld und Buße der Gräfin Dolores«, 4. Abteilung, 15. Kapitel), bestehend aus 17 Strophen zu je 12 Versen, dem phantasievollen Ausspinnen einer (auch bei Hebel vorhandenen, aber nur kurzen) Vorgeschichte. Hierin folgt ihm Hoffmann. Bei Arnim konnte dieser auch einige der für ihn wichtigen Motive finden, so die Sehnsucht nach dem Unterreich und die (erotische) Verlockung durch die unterirdische Königin. Allerdings ist der Bergmann in Arnims Gedicht anfänglich ein Knabe, die erste Verbindung mit der Tiefe erfolgt durch einen Brunnen, in dem er zunächst sein Spiegelbild, dann die Königin erschaut. In der Motivstruktur lehnt Hoffmann sich überdies stark an Tiecks Erzählung »Der Runenberg« (1804) an, zu seiner Darstellung der Bergwerkswelt wurde er durch das 5. Kapitel des Romans »Heinrich von Ofterdingen« (1802) von Novalis und durch Schuberts »Ansichten« inspiriert. Als Quellen für Namen, Fachausdrücke, Lokalkolorit benutzte er Ernst Moritz Arndt: »Reise durch Schweden im Jahre 1804«, 2 Bände, Berlin 1806; Johann Friedrich Ludwig Hausmann: »Reise durch Skandinavien in den Jahren 1806 und 1807«, 5 Bände, Göttingen 1811–18. – Von den zahlreichen Bearbeitungen des Stoffes nach Hoffmann ist besonders das Drama »Das Bergwerk zu Falun« von Hugo von Hofmannsthal (als Ganzes erst postum 1932 veröffentlicht) zu erwähnen.

Bezeichnend für die analytische Tendenz von Hoffmanns Erzählen ist, daß er sich bei der Verarbeitung des von Schubert überlieferten Stoffes nicht so sehr für die Wiedersehensszene interessiert, sondern die tief in der Vergangenheit gründende Vorgeschichte dazu ersinnt. Gleichwohl ist seine Erzählung nicht analytisch strukturiert. Er erzählt die Ereignisse chronologisch, setzt also die Wiedersehensszene zwischen der bejahrten Braut und dem jugendlich konservierten toten Bräutigam nicht an den Anfang, sondern ans Ende der Erzählung.

Erzählt wird die Geschichte einer dämonischen Verführung, die von einer geheimnisvollen Macht ausgeht. Sie findet in Elis Fröbom ihr Opfer, weil Elis durch den Tod der Mutter den entscheidenden Halt in seinem Leben verloren hat und verführbar geworden ist. Die Mutter hatte seinem Leben Sinn und Geborgenheit gegeben, da er für sie sorgen konnte und er für die Heimkehr aus der Weite und Fremde, der er sich als Seemann aussetzen mußte, einen Hort wußte. Ja, er verliert mit ihrem Tod den Status der Kindschaft und die Bindung zu seinem Ursprung, und wenn man an den symbolischen Sinn denkt, den die Gestalt der Mutter bei Hoffmann zumeist hat (vgl. »Doge und Dogaresse«), so ist sein durch Trübsinn und Einsamkeit gekennzeichneter Zustand nichts Geringeres als ein Gleichnis für den Verlust des Goldenen Zeitalters. Hoffmanns eigene Kindheitserfahrungen mögen auf eine komplizierte Weise Stoff zu diesem Motiv geliefert haben. Als Kind geschiedener Eltern entbehrte er die Nestwärme einer intakten Familie, und sein Verhältnis zur Mutter muß durch die Komplikation einer gleichzeitigen Fixierung und Distanz geprägt gewesen sein; denn einerseits war er unter ihrer Obhut verblieben, andererseits hatten an dieser Obhut noch ein Onkel, eine Tante und die Großmutter teil, und er konnte von der Mutter um so weniger Liebe und Fürsorge erhalten, als sie, »ein Bild der Schwäche und des Gemüthskummers«, nur in krankhaftem Zustande »vegetirte« (Hippels Erinnerungen, S. 5).

Wie die äußeren Verhältnisse sich für Elis entscheidend geändert haben, so wandelt sich auch seine Gemütsart. Einst freudejauchzend wie die anderen, ein extravertierter Typus, versinkt er nunmehr trübsinnig in sich selbst, ein Introvertierter. Verschlossen für die Außenwelt, wird er damit jedoch aufgeschlossen für ein neues unbekanntes Reich: für die Innenwelt der Außenwelt, das Innere der Erde. Das ist der Augenblick, in dem der Bote dieser Welt, der alte Torbern, an ihn herantritt und die Verlockung einsetzt.

Sein neuer Zustand und die neue Welt sind aber nicht ohne Beziehungen zu seinem früheren Zustand und seinem früheren Metier als Seemann. Die Anlage zur Introversion trägt er in sich, denn er ist ein *Neriker von Geburt, und die sind alle trübe und traurig* (172). Wenn Torbern ihm durch seine Erzählungen ein neues Reich erschließt, so ist es ihm, als sei ihm diese Welt *schon zur frühsten Knabenzeit in seltsamen geheimnisvollen Ahnungen aufgegangen* (177). Also ein Déjà-vu-Erlebnis. Dazu kommt, daß die Tiefe des Bergwerks und die Tiefe des Meeres sich gleichen: auf dem Grunde hier wie dort wälzen sich scheußliche Untiere. In Elis' Traum (177f.) fließen die beiden Welten sogar ganz zusammen. Es ist ihm, als segle er mit einem Schiff übers Meer, das aber aus Kristall besteht und den Boden eines unterirdischen Gewölbes ausmacht. Im Taum erfährt Elis aber auch eine grauenhafte Veränderung der Welt, die er als Seemann erlebt hatte. Die Weite schrumpft auf die Dimension eines engen Innenraums, eben jenes Gewölbes. Die lockeren und beweglichen Elemente Wasser und Wolken verdichten sich und versteinern. Der Himmel, den er zuletzt noch durch eine Spalte hatte sehen können, verschwindet ganz. Mit einem Wort: wie Elis sich nach innen kehrt und in seinem Trübsinn erstarrt, so stülpt sich die äußere Welt nach innen und wird starr.

Im umgekehrten Verhältnis zu diesem grausigen Wandel steht der Zauber, der mit ihm aufgeht. Wie der Bergmann in »Heinrich von Ofterdingen« schildert der alte Torbern das Innere des Bergwerks als Wunderreich. In einer Vision vollzieht Elis später diese Erzählung nach: *Er blickte in die paradiesischen Gefilde der herrlichsten Metallbäume und Pflanzen, an denen wie Früchte, Blüten und Blumen feuerstrahlende Steine hingen* (190f.). Was die Romantiker am Reich der Steine und Metalle, das nicht nur im Bergwerk, sondern auch im Hochgebirge zu finden ist (vgl. Tiecks »Runenberg«), fasziniert, ist mehrerlei.[15] Dieses Reich, tief, bizarr, unwirtlich, ja unmenschlich, ist eine krasse Alternative zur Alltagswelt, überhaupt zur Welt der Pflanzen, Tiere und Menschen an der Oberfläche. Sein Reiz liegt sodann darin, daß es durch sein erdgeschichtliches Alter die Urzeit darstellt und die tiefsten Geheimnisse der Welt birgt.

In ihm walten noch Beziehungen eines Urzustandes, die auf der Erdoberfläche aufgehoben sind. Wenn die Metalle und Steine sich als Pflanzenstiele, Blumen und Blätter formen, dann scheint noch eine Einheit zwischen dem Organischen und Anorganischen zu bestehen. Spekulationen der romantischen Naturphilosophie, wie Hoffmann sie etwa in den »Ansichten« Schuberts finden konnte, gehen dahin, daß der ursprüngliche Aggregatzustand der Welt flüssig gewesen war und daß die Welt sich ihrem Urzustand entfremdete, indem sie erstarrte (daher die reichhaltige romantische Erstarrungssymbolik). Kristallisierende, durchsichtige bzw. glänzende Mineralien wie Quarz und Glimmer wurden unter diesem Aspekt als erstarrtes Wasser gedeutet, eine Vorstellung, die Hoffmann verwendet, wenn es Elis im Traum *bedünken (wollte), als wenn die silbernen Wellen erstarrten zum funkelnden Glimmer* (179). Insofern Elis dem flüssigen Element angehört hatte, als seine Mutter noch lebte, die Goldene Zeit der Verbundenheit mit ihr noch bestand, sind die Abtrennung von der Mutter und die Erstarrung des Wassers zusammengehörige, korrespondierende Vorgänge. Die Faszination des Unterreichs wirkt noch lange nach der Romantik in der Literatur, nicht nur in der deutschen, fort, etwa bei Baudelaire, beim frühen Stefan George, bei Hofmannsthal. Es ist, als ob mit ihm eine goldhaltige literarische Ader angeschlagen worden wäre.[16]

Analog zum Abstieg in die Tiefe des Bergwerks vollzieht sich auch ein Abstieg in Elis' Seele. Und wie in seinem Traum die Tiefe des Meeres und die Tiefe des Bergwerks zusammenfließen, so fließen auch die Tiefe der Erde und die Tiefe der Seele zusammen – die Metall- und Steinpflanzen wurzeln in den Herzen jungfräulicher Gestalten (178) bzw. in dem Herz der Königin (194). Die romantische Innerlichkeit und Subjektivität bleibt, anders als die empfindsame Innerlichkeit, nicht beim »Ich« stehen, sondern vertieft sich über dieses hinaus in die Gründe des »Es«, des Unbewußten. Sprachlich bringt Hoffmann dies meist zum Ausdruck, indem er den Begriff des Inneren im Superlativ verwendet und vom *Innersten* spricht. Daß bei Elis' Introversion eine Entgrenzung des Ich gemeint ist, zeigt sich etwa, wenn er, in das *starre Antlitz der mächtigen Frau* schauend, fühlt, daß *sein Ich zerfloß in dem glänzenden Gestein* (179). Aber während Hoffmanns Helden die Entzündung im Innersten sonst vielfach als erlösende Erweckung, sogar zum Künstlertum, erfahren, gestaltet sie sich hier als Bedrohung. Der Zauber nimmt dämonische Züge an, und Erlösung kann allein die Oberwelt gewähren. Hoffmann hat früher davon gesprochen, daß der Mensch in die *Außenwelt eingeschachtet* und die *Innenwelt* die befreiende Alternative sei (54). Hier dagegen sind die Verhältnisse umgekehrt: es ist die Innenwelt, die für Elis zum Kerker wird, wenn andererseits die Außenwelt auch nicht gerade zum höheren Reich avanciert. Die Sphäre der Bergleute ist allerdings auch keine Philistersphäre. Ihr Leben ist auf die Oberfläche nicht beschränkt, da sie in der Tiefe arbeiten, und sie gehen mit frommem Sinn ihrem Berufe nach. Vollends Ulla Dahlsjö ist eine ganz andere Person als Christina Roos im »Artushof«.

Elis gerät in einen Konflikt zwischen zwei entgegengesetzten Polen, zwischen Ulla, dem *schönen frommen Himmelskinde* (183), in dem seine Mutter in verjüngter Form aufersteht (vgl. 178), und einem Kollektiv unterirdischer Weiblichkeit, bestehend aus zahlreichen *Jungfrauen* und der *mächtigen Königin* (191). Von der Königin geht offenbar ein erotisch-sinnlicher Reiz aus, und zur Geltung kommt damit in Elis ein Trieb, den die reine Liebe zur frommen Ulla schweigen heißt. Die Königin zieht ihn hinab und drückt ihn an ihre Brust, später wird er gefunden, wie er noch gebannt ist von der Umarmung, *das Gesicht gedrückt in das kalte Gestein* (191). Wie man hier aber sieht, ist Erstarrung, nicht Belebung das Ergebnis der Verfallenheit. Das erotische Motiv kündigt sich frühzeitig an im Auftreten der Dirne am Anfang der Geschichte.

Elis sucht in der Tiefe auch den wunderbaren *Almandin*, den Schlüssel zum Sinn des Lebens (dem durch den Tod der Mutter verlorenen Sinn!), ja zum Geheimnis der Welt, ein Akt des Vorwitzes und der Hybris, der ihn Heil und Leben kostet. Wo die anderen Bergleute nichts sehen als *taubes Gestein*, sieht er *die geheimen Zeichen, die bedeutungsvolle Schrift, die die Hand der Königin selbst hineingrabe in das Steingeklüft* (193), wie er behauptet. Es bleibt offen, ob dies wahr oder nur ein Wahn ist. Die doppelte Optik hält die Entscheidung, wie so häufig bei Hoffmann, in der Schwebe.

In der Forschung waren die »Bergwerke zu Falun« mehrfach Gegenstand einer psychoanalytischen Deutung, zuerst und am gründlichsten bei Emil Lorenz.[17] Die neueste Studie über diese Erzählung, die Darstellung von Brigitte Feldges,[18] greift diese

Deutung wieder auf. Ihr zufolge ist Elis Fröbom durch eine libidinöse Bindung an die Mutter geprägt. Nach deren Tod bricht bei Elis eine Neurose aus, da die auf infantiler Stufe verbliebenen erotischen Bedürfnisse nunmehr für immer unbefriedigt bleiben müssen. Elis' Träume und Wahnvorstellungen sind dann neurotische Ersatzbildungen für den versagten Inzestwunsch, zugleich auch Ausdruck von Angst vor dem Inzest; seine Sehnsucht nach dem Bergwerk entspricht sowohl dem Inzestwunsch wie einer Uterusphantasie des Helden.

Seltsam ist, daß diese Deutung am wenigsten ausgerechnet mit der erotischsten Figur der ganzen Geschichte, der Bergkönigin, anzufangen weiß. In B. Feldes' Interpretation verblaßt sie zu einem Sinnbild der »Forderungen durch den Bergmannsberuf«.[19] In dem Leistungsdruck, dem Elis ausgesetzt wird, will diese Interpretation überdies im Anschluß an Wolfgang Uber eine Kritik Hoffmanns an frühkapitalistischer Repression erkennen.[20]

Nußknacker und Mausekönig

Erstdruck in: Kinder-Mährchen. Von E. W. Contessa, Friedrich Baron de la Motte Fouqué und E. T. A. Hoffmann. Erstes Bändchen. Berlin: Realschulbuchhandlung 1816, S. 115–271. Von Contessa ist »Das Gastmahl«, von Fouqué »Die kleinen Leute«. Für diese Erstpublikation in den »Kinder-Mährchen« fertigte Hoffmann sechs Zeichnungen an und schickte sie zusammen mit dem Märchen am 16. November 1816 an den Verleger Reimer.

Zur Entstehung

Hoffmann schrieb das Märchen im Herbst 1816. Es entstand aus dem Umgang mit den Kindern seines Freundes Julius Eduard Hitzig. Hitzigs jüngste Kinder hießen, wie die Kinder im Märchen und wie die vom Erzähler angeredeten Zuhörer, Fritz und Marie. Hitzigs ältestes Kind, Eugenie, tritt als »Luise« nur am Rande auf, ihr Name wird aber im Rahmengespräch S. 253 genannt. Hoffmann kam mit Hitzigs Kindern oft zusammen, bastelte ihnen Spielzeug und erzählte ihnen Märchen. U. a. baute er für sie ein Modell der Burg Ringstetten aus »Undine«.

Die Popularität des Märchens, in Kreisen des lesenden Publikums zur Zeit der Romantik bereits offenkundig, von Romantikern wie Hoffmann aber auch kräftig gefördert, ist ein Phänomen der neueren Zeit und ein Produkt der Zivilisation. Lange ein schriftloses Dasein in den Niederungen der bloß mündlich tradierten Volksliteratur fristend, eine geistige Nahrung bloß für Kinder, verabfolgt von Ammen, gewinnt das Märchen Ende des 17. Jahrhunderts zuerst in Frankreich, im Laufe des 18. Jahrhunderts auch in Deutschland, das Interesse der Gebildeten. Dieses Interesse ist, mit Schiller zu sprechen, »sentimentalischer« Natur, d. h. ein Verlangen nach dem, was man selber nicht (mehr) ist oder hat: nach dem Kindlichen, weil man selber nicht kindlich ist, nach dem Wunderbaren, an das man den Glauben verloren hat, weil die Vernunft allein das empirisch Erfahrbare und kausal Erklärbare anerkennt. Im französischen Feenmärchen und bei seinem ersten deutschen Erben, Wieland, ist der Umgang mit den märchenhaften Wundern ausschließlich Spiel und Scherz, man gibt zu erkennen, daß man selbstverständlich mit dem Glauben an das Wunderbare nur kokettiert und das Wunderbare nicht eigentlich ernst nimmt.

Spiel und Scherz finden sich auch in der Märchendichtung der Romantiker, zum Teil als Erbe des französischen Feenmärchens, aber aus der einstigen Belustigung ohne weitere Hintergedanken wird jetzt ein Seelenvergnügen mit metaphysischem Hintersinn. Erzählt wird nicht mehr bloß aus der Perspektive des vernünftigen Erwachsenen, sondern aus der Perspektive des gläubigen Kindes oder zumindest aus einer doppelten Optik, welche die Erwachsenenperspektive relativiert. Das Märchen von Nußknacker und Mausekönig ist dafür ein exemplarischer Beleg. Der kleinen Marie widerfahren kraft ihrer Fantasie und ihrer Fähigkeit, traumhaft mit dem inneren Auge zu schauen, Wunderdinge, die ihre Eltern, wenn sie von ihnen erzählen hören, als Produkt eines Wundfiebers, als *tolles Zeug* (234), *Einbildungen und Possen* (250) abtun. Deutlich ist dabei, daß der Erzähler dem Standpunkt des Kindes einen größeren Wert beimißt. In ihrem Kinderglauben ist Marie glücklich, ja eine Prinzessin: *Ei, dir liebe Marie ist ja mehr gegeben, als mir und uns allen*, sagt Pate Droßelmeier zu ihr, *du bist, wie Pirlipat, eine geborne Prinzessin, denn du regierst in einem schönen blanken*

Reich (234). Das Werturteil ist aber nicht unbedingt auch ein Wahrheitsbefund. Relativiert die Traumperspektive die Vernunftperspektive, so stellt umgekehrt die Vernunftperspektive bis zu einem gewissen Grade auch die Traumperspektive in Frage. Die doppelte Optik, so nach beiden Seiten wirkend, bezeichnet einen Zwiespalt im Autor selber: Hoffmann erzählt als einer, der kindlich glauben möchte und doch nicht glauben kann, der die Zweifel schmäht und verdrängt und den sie doch immer wieder einholen. Das Nußknacker-Märchen, als *Kindermärchen* geschrieben und angekündigt (198), auch in direkten Anreden an ein kindliches Publikum gerichtet, das sich mit den Kindern im Märchen identifizieren kann, enthält insofern auch ein ›Identifikationsangebot‹ für Erwachsene.

Kann überhaupt Kindermärchen ein Text genannt werden, der in Struktur und Sinn so weit vom traditionellen Volksmärchen entfernt ist wie dieser? Aus dem einfachen Märchen des Volkes hat Hoffmann zwar mehrere Motive übernommen: Verzauberung und Entzauberung, Fluch und Erlösung, Kampf zwischen guten und bösen Mächten und anderes mehr. Aber der in die Gattung Kunstmärchen gehörende, d. h. literarisch individuell geformte und durch eine fortgeschrittene Bewußtseinsstufe geprägte Text unterscheidet sich prinzipiell von dem mündlicher Überlieferung entstammenden und eine ›naive‹ Bewußtseinsstufe konservierenden Pendant. Dabei liegt der augenfälligste Unterschied in der Behandlung des Wunderbaren. Das Volksmärchen stellt das Wunderbare dar, es hat davon aber keinen Begriff. Einen Begriff von ihm zu haben, setzt den Gegensatz zur Wirklichkeit voraus. Im Volksmärchen wird aber Wunderbares wie Wirkliches mit der gleichen Selbstverständlichkeit dargestellt (d. h. beispielsweise ohne daß die Helden sich wundern), so daß beide ein und derselben Welt anzugehören scheinen. Im romantischen Kunstmärchen, jedenfalls in der hier vorliegenden Form, ist das Wunderbare dagegen das ganz Andere, der Wirklichkeit Entgegengesetzte, und das Kunstmärchen stellt das Wunderbare also nicht nur dar, sondern vermittelt davon auch ein Bewußtsein. Ausdrücklich *Wunderdinge* überschreibt Hoffmann einen der Abschnitte. Zu der Verschiedenheit zweier Welten, der die Verschiedenheit auch zweier Perspektiven und Haltungen entspricht (s. o.), gesellt sich bei Hoffmann noch die Verschiedenheit der zeitlichen Ebenen: einer Gegenwartsebene und einer Vergangenheitsebene *(Das Märchen von der harten Nuß)*, darüber hinaus auch einer Vorvergangenheitsebene, da Pate Droßelmeier von der Darstellung der Geburt Pirlipats sogleich zurückgeht in die Geschichte vor der Geburt. Ungewöhnlich für das Volksmärchen und spezifisch nur für das Kunstmärchen ist sodann die ausführliche, detaillierte Schilderung des Wunderbaren, wie sie hier vom *Puppenreich* gegeben wird. Diese Schilderung verrät eben einen ausgesprochenen, bewußten Geschmack für das Wunderbare.

Man muß an ihr wie am ganzen Märchen den Reichtum, ja auch den Witz von Hoffmanns Fantasie bewundern, und man kann gerade an dieser Erzählung studieren, wie seine Fantasie arbeitet. Ein Detail der alltäglichen Wirklichkeit gibt den Anstoß: ein Gegenstand wie der Nußknacker, eine Redensart wie der Satz »Das war eine harte Nuß!«. Sie werden als Dinge genommen, die eine Geschichte im Sinne einer Vor- und Entstehungsgeschichte haben, so daß die Fantasie nun eine Ergründungsreise in die Vergangenheit dieser Dinge unternimmt: Wie ist es zu der Redensart gekommen? Wie hat der Nußknacker seine Gestalt, seine Häßlichkeit erlangt?

Das fantastische Ausspinnen der Antworten auf diese Fragen und ihre Kombination ergibt eine Ergötzlichkeit, die man als solche genießen und auf sich beruhen lassen kann. Sie verliert aber auch nichts, wenn man sie auf ihre tiefere Bedeutung hin befragt. Die Erzählung könnte überschrieben sein: Auf der Suche nach der verlorenen Schönheit (A la recherche de la beauté perdue), denn das ist ihr Thema. Von ihm aus erklärt sich das Motiv der Häßlichkeit. Schilderungen des Häßlichen kommen bei Hoffmann häufig vor, sie sind im Zusammenhang zu sehen mit seinen Darstellungen des Abnormen, Deformierten, Fratzenhaften, Grausigen, Dämonischen, Verbrecherischen und was solcher Elemente mehr sind. Ihnen allen gewinnt der Dichter offensichtlich einen gewissen ›Reiz‹ ab, er befrachtet sie gewöhnlich aber auch mit einem symbolischen Sinn oder verleiht ihnen eine bestimmte Ausdrucksfunktion. Beim Mausekönig ist die Häßlichkeit Ausdruck des Bösen, beim Nußknacker wie bei Pirlipat dagegen ist sie Symbol der verlorenen Schönheit, also eigentlich Verhüllung der ursprünglichen Natur durch deren Negation. Soll die Schönheit wiedererlangt werden, so ist ein Rätsel zu lösen: es ist die Nuß Krakatuk zu knacken, die allerdings erst gesucht werden muß ebenso wie der, der sie zu knakken versteht. Bezeichnenderweise wird beides nicht in der Ferne, sondern in nächster Nähe gefunden. Man muß nicht ausschweifen, nach »Asien« wandern, wenn man den Geheimnissen der Welt auf die Spur kommen will, wie Hoffmann immer wieder zu verstehen gibt.

Der zur Lösung Berufene ist einer, *der noch nie rasiert worden und der niemals Stiefeln getragen* (225), d.h. er muß jung und unschuldig und bar aller martialischen Männlichkeit sein, obwohl er den Kampf gegen den Mausekönig bestehen muß. Aber es ist deutlich: der junge Droßelmeier gehört zur Kategorie der Sanftmütigen, von denen es heißt, daß sie das Land erben werden (Mt 5, 5). Er hat auch schon als *Hampelmann* (229) agiert, als einer, den die anderen verlachen, ein Hansnarr und Außenseiter. Gerade solchen ist bei Hoffmann immer das Heil vorbehalten.

Er ist jedoch nicht gefeit gegen die Einwirkung des Bösen, auch er wird ein Opfer der Erbschuld. Er stolpert bei der Erlösungszeremonie, er tappt blind ins Unheil und verliert seinerseits die Schönheit, ja er erlebt eine doppelte Verzauberung, denn er erstarrt zur Holzpuppe. Erlösen kann ihn nur jemand, der die Kraft aufbringt, auch das Häßliche zu lieben, eine ethische Leistung, die undankbarerweise nicht Pirlipat erbringt (in ihrem Namen schon, assonierend angelehnt an Firlefanz, liegt ihre ganze Flachheit und Dürftigkeit), sondern die kleine Marie. Auch Marie ist sanftmütig, im Unterschied zu ihrem rauhen und zur Gewalttätigkeit neigenden Bruder Fritz, und die Liebe paart sich bei ihr mit grenzenloser Opferbereitschaft und Glauben. Die erlösende Formel aus ihrem Munde lautet: *Ach, lieber Herr Droßelmeier, wenn Sie doch nur wirklich lebten, ich würd's nicht so machen wie Prinzessin Pirlipat, und Sie verschmähen, weil Sie, um meinetwillen, aufgehört haben, ein hübscher junger Mann zu sein!* (251) Im selben Moment, mit einem Schlag, ist auch der Erlöste »ins Leben getreten«, soeben aus Nürnberg angekommen.

In Sanftmut, Liebe, Glauben liegt überhaupt die Lösung des Welträtsels. Wie der Nußknacker könnte so auch die ganze Welt von ihrer Häßlichkeit erlöst werden. Zum Schluß vereinigen sich in einer symbolischen Hochzeit die beiden entgegengesetzten, vom Zwiespalt entstellten Sphären. Marie, aus der Sphäre der Wirklichkeit, aber im Glauben offen für die andere Seite, vermählt sich mit dem aus der anderen Sphäre stammenden, um sie werbenden Nußknacker. Damit wird die Welt wieder heil und eine Einheit.

Wie schon im Gesamtkommentar angedeutet, wird das ganze Märchen durch eine leitmotivische Struktur zusammengehalten. Eines der zentralen Motive ist das der Puppe. Es gehört einesteils einem Motivkomplex an, in dem es mit allem verwandt ist, was starr, leblos ist, andererseits einem Komplex von Motiven, in dem es verwandt ist mit allem, was Bewegung und Leben vortäuscht und den Doppelsinn von Lebendig- und Totsein symbolisiert. Dazu gehören auch die Marionette und »das Automat«, wie Hoffmann zu sagen pflegt. Puppen, Marionetten dienen der ganzen Romantik als Versinnbildlichung ihrer Ansicht von der konventionellen Gesellschaft. Das mechanische Puppenschloß des Paten Droßelmeier (202f.) ist ein solches Sinnbild. Die Puppen agieren alle nur, wie sie durch die Mechanik vorprogrammiert sind. Sie bewegen sich *immerfort auf dieselbe Weise* (202), sie tun *immer dasselbe* (203), sie sind unfrei, etwas anderes zu tun. Die Puppe ist andererseits natürlich auch ein Gegenstand, der der Erwachsenenwelt fern steht. Sie gehört zur Welt des Kindes, ist Spielzeug und der Belebung durch die kindliche Fantasie fähig.

Ein anderes zentrales Motiv ist das der Uhr, Sinnbild der Zeit. Seit jeher, schon in älteren abergläubischen Vorstellungen, ist die Erscheinung des Übernatürlichen an bestimmte Zeiten gebunden, man denke an die »Geisterstunde«. Die Uhr macht sich daher bemerkbar, wenn Mausekönig mit seinem Gefolge erscheint (209). Sie ist jedoch offenbar in ihrer Funktion gestört, da sie schnurrt, aber zunächst nicht schlagen kann, weil sie von den Flügeln des als häßliche Eule auf ihr hockenden Droßelmeier verdeckt wird. Häßlichkeit ist auch hier ein verhüllendes Element, so als sollte auch die Zeit erlöst oder richtiggestellt werden. Am Ende tut der Pate gegenüber Marie und dem jungen Droßelmeier den vielsagenden Ausspruch: *Spielt nur hübsch miteinander, ihr Kinder, ich habe nun, da alle meine Uhren richtig gehen, nichts dagegen* (252).

Der Pate gehört zur Sippe der Hoffmannschen Magier und zeichnet sich durch eine Doppelnatur aus. Er gehört der bürgerlichen Welt und der Welt des Wunderbaren an. In ihm, dem Arkanisten und Uhrmacher, gehen das Mythische und Mechanische eine seltsame Verbindung ein. Daß er über geheimes Wissen verfügt, macht seine Stärke aus, daß er nur Mechanisches zuwege bringt, seine Schwäche. Er kann seinen Neffen selbst nicht erlösen, er kann nur eine Mittlerfunktion ausüben oder als Katalysator wirken, die erlösende Kraft geht von der liebenden Marie aus. Er kann freilich ›tote‹ Uhren lebendig machen, daß sie wieder zu *singen* anfangen (199), d. h. die stillstehende Zeit wieder in Gang bringen, damit die Stunde schlägt, das Schicksal seinen Lauf nimmt und schließlich die Zeit erfüllt wird.

Der Kampf der Sänger

Erstdruck in: Urania. Taschenbuch auf das Jahr 1819. Neue Folge, Jg. 1. Leipzig: F. A. Brockhaus, S. 81–159. Verfasserangabe: Einer alten Chronik nacherzählt von C. T. A. Hoffmann.

Zur Entstehung

Hoffmann schrieb die Erzählung 1817. Die in der Einleitung zur Erzählung erwähnte Nürnberger Chronik von Johann Christoph Wagenseil (1633–1705): »De sacri Romani imperii libera civitate Noribergensi commentatio« (Bericht über Nürnberg, Freie Stadt des Heiligen Römischen Reiches), 1697, enthält in ihrem Anhang »De Germaniae Phonascorum Von der Meister-Singer Origine, Praestantia, Utilitate« auf den Seiten 509 ff. zwei Fragmente, ein deutsches und ein lateinisches, die Hoffmann als Quellen dienten. Außerdem benutzte Hoffmann noch eine Beschreibung der Wartburg, wahrscheinlich J. C. S. Thon: »Schloß Wartburg. Ein Beytrag zur Kunde der Vorzeit«, 3. Aufl. 1815, und wohl auch einen Artikel von C. Schreiber in der Zeitschrift »Der Freimüthige«, Nr. 84, 85, 1804: »Über die Minnesänger und ihren Krieg auf der Wartburg«.[21] Dagegen hat er, wie Maassen in seinen ausführlichen Erläuterungen über das Verhältnis der Hoffmannschen Erzählung zu ihren Quellen darlegt (in seiner Hoffmann-Ausgabe, Bd. 6, S. XV ff.), das um 1260 entstandene mittelhochdeutsche Gedicht über den Wartburgkrieg, das er in einer zumindest fragmentarischen Ausgabe hätte kennen können, offensichtlich nicht herangezogen. Von Details abgesehen hat auch Novalis' Roman »Heinrich von Ofterdingen« nicht als Quelle gedient.

Um einen Eindruck von der in mancher Hinsicht engen Anlehnung Hoffmanns an die maßgebliche Quelle zu vermitteln, zitieren wir im folgenden die bei Maassen, Bd. 6, S. 335 ff., abgedruckten Fragmente, die Wagenseil seinerseits nach eigenem Zeugnis aus anderen Quellen bezogen hat:

»Was für fürnehme Meister-Sänger nach Kayser Ottens des Ersten Zeiten bis auf Kayser Otten den IV. berühmt gewesen / habe ich nicht eigentlich / nach derer Nahmen mit ihren Jahrzahlen / wenn sie gelebet / gefunden. Ohne dass aus den Historien so viel zu vernehmen / dass es umb das Jahr 1200. vor und hernach viel Meister-Sänger gegeben / und diese / Kunst in grosser Ubung gewesen / und wird insonderheit um die Zeit eines gedacht / der wird genant *Meister Klingsohr* / welcher in der Jugend zu Cracau / Paris / und zu Rom studiret / auch die Morgenländer / sonderlich Arabien wohl durchwandert / und zu Baldach oder Babel in Heydnischen Künsten / sonderlich in der Mathematica, Astrologia, Artzney / auch in der schwartzen Kunst sich sehr geübet / darbey er ein solcher kunstreicher Meister-Singer gewesen / dass sich alle Menschen über seiner Kunst verwundern müssen / hat auch alle die sich mit ihm um die Wette zu singen eingelassen / hinweg gesungen / also dass er wohl 52. die besten Meister-Singer der Zeit überwunden / und ihnen mit Gesang obgelegen / die sich nicht auswundern können / woher ihm solche Geschickligkeit kähme / dann sie anfänglich nicht gewust / dass er ein Schwartzkünstler gewesen / derowegen er auch nicht von Christo / noch von dem Werck der Erlösung / sondern nur von der Erschöpfung / von Creaturen / von Gestirn / und allerley Historien und Geschichten / so sich sonsten in der Welt zugetragen / gesungen; wie es ihm aber zu Eisenach ergangen / wollen wir kurtz hernach anzeigen. Umb diese Zeit hatte *Landgraf Hermann in Thüringen* (welcher ein Liebhaber aller Gelehrten und guten Künste / sonderlich der Music gewesen) an seinem Hoffe etliche stattliche Singer gehabt / unter welchen sonderlich 6. die fürnehmsten gewesen / *Wolframb von Eschenbach* / *Walther von Vogelweid* / (von dem sagt Herr Spangenberg in dem Buch / daraus wir dieses genommen / dass er von ihm nichts gefunden habe / als dass er sonsten Walther von der Haiden und ein Landherr genennet worden. Aber Goldast in Repl. pro imperio, c. 8 gedencket / dass er mit dem Kayser Philippo sehr wohl wäre dran und / sein Rath gewesen) *Reinhard von Zwekhstein* / *Heinrich Schreiber* / *Johann Bitterolff* / alle

Ritterlichen Ordens / und *Heinrich von Affterdingen* / Bürger zu Eisenach. *Wolfframb von Eschenbach* / war aus dem Schweitzerlande / und von Jugend auff ein Liebhaber der Singekunst / deren er auch durch viel Lande nachgezogen / und hat sonderlich einen Meister gehabt / der *Friedebrand* geheissen / der ihn in dieser Kunst treulich unterwiesen / und auch viel Meister-Gedichte in Schrifften mitgetheilet / und zu Siegebrunnen in Schottlande etliche Bücher geliehen / und eine Zeitlang folgen lassen / daraus er hernach viel Teutsche Lieder gemacht / sonderlich von Gamurret / und dessen Sohn Parcifall / item / von Marggraf Wilhelm von Narben / und dem starken Rennewart / welches Gedicht hernach ein ander Meister-Singer *Ulrich von Türckheimd* / auf fürnehmer Leute Bitte / in gemeine Teutsche Reime gebracht / und ein gross Buch davon gemacht. Als dieser Wolfframb vieler Fürsten und grosser Herren Höfe in Teutschland besuchet / und allenthalben stattliche Verehrungen seiner Meisterschafft halben bekommen / und von dem Hocherleuchteten Landgraffen Hermann zu Thüringen gross Lob an allen Enden hören sagen / wie derselbe sonderliche Lust zu Meistersingern / und deren er auch etliche allbereit an seinen Hof hatte / hat er sich auch dahin gen Eisenach auff Wartenburg begeben / dem gedachten Landgrafen zum Dienste. Als nun Anno 1208. Meister *Klingsohr* auf Landgraf Hermanns Begehren aus Siebenbürgen gen Eisenach kommen / und bey einem Bürger / der Helgrefe genandt / nicht weit von dem St. Georgen-Thor eingezogen / und Herr Wolframb solches erfahren / ist er höchlich erfreuet worden / dass er diesen so weit berühmten Meister auch solte bekommen zu sehen: und nachdem er vernommen / dass er allda in einer Badstuben gewesen / hat er sich auch alsbald in dieselbe zu ihn gefunden / und mit einem Verss im Schwartzen Thon freundlich empfangen / und anfänglich hoch gelobet / auch darneben begehret / ihm in selben Thon zu antworten / und also seine Kunst hören zu lassen. Dieses hat den Klingsohr ein wenig verschmähet / und derowegen Herrn Wolfframb etwas schimpflich als einen ungelehrten Läyen geantwortet. Derowegen ihn Herr Wolfframb fürgeworffen / und dass er mit der schwartzen Kunst umbgehe / und darauf frey unter Augen gangen / und getrost heraus gesagt / dass er sich desshalben gar nicht für ihm entsetze / sonder GOTT zu Hülffe nehme / und mit ihm um die Meisterschaft singen wolte: Doch von anders nichts / denn von Gott / und Christo Gottes Sohne / und solcher nur nach Ausweisung Heiliger Schrifft. Klingsohr wurff hinwieder Herrn Wolfframb für die Undanckbarkeit / dass er von seinem Meister Friedebrandt etliche Bücher geborget / die er demselben noch nicht wieder gegeben / welches ihm Herr Wolfframb wiedersprochen / und sich dieses Aufdrucks entschuldiget / und von Klingsohr ungemeistert seyn wollen. Hierüber seynd sie aus dem Bade in ein Wein-Hauss oder auf den Raths-Keller gegangen / da sie sich abermahl gegeneinander geübet. Als aber Klingsohr Herrn Wolframb nichts abgewinnen können / hat er bekant / dass er ein Schwartzkünstler sey / und ihm getrohet / künfftige Nacht seinen Boten zu ihm zu senden / mit dem er möchte disputiren und versuchen / was er könte; Herrn Wolfframb sagte / was er nicht lassen könte / das möchte er thun / er wolte sehen / wie er vor seinem Geiste / mit Gottes Hülffe / sicher seyn / und ihn begegnen möchte. Dieser dess Herrn Wolfframbs freudiger Muth verdross den Klingsohr treflich übel / nandte ihn einen groben Schweitzer / ungelehrten Bauer / und der Schrifft unerfahrnen Läyen: Rühmete dargegen / wie er selbst auff allen Singschulen das beste gethan / und wider alle / so sich mit ihm eingeleget / den Preiss behalten / wollte darauff von Herrn Wolfframb wissen / von wem er seine Kunst hätte? Er antworte ihn / dass er sie hätte zuförderst von Gott der Heiligen Dreyfaltigkeit / und aus Bericht der Heiligen Schrifft / darumb er auch gesonnen / ihm nicht ein Haar breit zu weichen. Kamen darauff von der Geburt und Menschwerdung des HERRN JEsu Christi zu singen / darumb Herr Wolfframb dem Klingsohr weit überlegen / dass derselbige darüber zornig ward / und nochmahls ihm drauete: Er wolte die folgende Nacht den Teuffel Nasian zu ihn schicken / derselbige solte weiter hiervon mit ihm studiren. Herr Wolfframb sagte / er wolte ihn gewärtig seyn / GOttes Krafft würde ihn wohl bewahren / doch mocht er gern von ihm wissen / und er Klingsohr selbst wohl zu sehen / wohin er mit seiner Kunst / und mit seinen Gesellen / denen er sich ergeben / zuletzt hinfahren würde: also sind sie voneinander geschieden. Als nun Herr Wolfframb den Klingsohr obgelegen / und seinem Wirth Gotschalck / bey dem er seine Herberge in der Stadt zu Eisenach gegen den Brodt-Hause über gehabt / solches angezeiget / was ihm nemlich Klingsohr gedrauet / hat derselbige die Nacht seinem Knecht befohlen / bey ihm in der Kammer zu liegen. Als nun die Nacht der Satan kommen mit viel Büchern und hellem Feuers-Glantz / hat ihn Herr Wolfframb freudig angeredet / er solte ihm anzeigen / was er dess Orths zu thun oder zu suchen hätte. Darauff der Satan viel Gespeyes vorgegeben von den Himmlischen Sphaeren, und allerley Fragen vorgebracht von den sieben Planeten; aber Herr Wolfframb hat ihn mit GOttes Wort abgewiesen: dann da der Satan viel vom HErrn Christo sagen wollen / und ihm / (Wolfframb) auch in desselbigen Namen geboten sich zu packen / ward er grimmig und böse / sprach letztlich / als er ihm nicht schaden kunte: Schnib schnab / was bist du mehr / denn ein grober Lay / darumb gib nur Klingsohren die Meisterschaft / schrieb auch diese Worte an die Mauer der Kammer / und fuhr davon. Am folgenden Morgen wolte Klingsohr wissen / was Herr Wolfframb nun zu dieser Sache sagte / aber er antwortete ihm getrost / und sprach: Er gebe nichts überall auff ihn und seine Kunst / und auff alle seine Geister und Teuffel / wisse auch gar wohl / dass er mit seinen Geistern ewig werde müssen verlohren und verdambt seyn / wo er nicht von seiner schwartzen Kunst abstehen würde / und musste also Klingsohr mit allen Schanden abziehen.«

In einem Nachtrag fügt Wagenseil eine Ergänzung an:

»*Heinrich von Effterdingen* / sonst / (aber doch unrecht) von Affterdingen genandt / war in seiner Jugend an *Herzog Leopolds* zu Oesterreich Hoff / welcher der VII. dieses Nahmens / und Leopold der Ehrenhaffte / Honorabilis & gloriosus, genant worden / und richtete alle seine Lieder zu Lob und Ruhm desselben Fürsten / vergliech ihn der Sonnen / und preisete ihn für allen andern Fürsten im gantzen Reich. Das verdross die andern Sänger / und lobeten dargegen ihren *Landgraff Hermann* / welchen sie dem Tag vergliechen. Darüber kamen sie in solchen Streit / dass ihm die andern todt feind und so gram worden / dass sie auf allerley Wege dachten / wie sie ihn in Landgraff Hermanns Ungnade (da er sich zuletzt aufhielte /) und gar von Hofe bringen möchten / liessen sich doch solches gegen ihn nicht offentlich mercken / sungen aber stark wieder ihn. Und diese Lieder hiess man *den Krieg von Wartenburg*. Einsmahls / als Anno 1206. überredeten sie ihn bey den Trunck / und brachten ihn mit guten Worten dahin / dass er mit ihnen spielen muste. Da gewonnen sie ihm erstlich mit Würffeln all sein Geld ab / darnach die Meisterschaft / drungen ihn darauf weiter mit ihnen zu spielen / also wer alsdann verlähre / den solt man hencken. Als er nun da auch verlohren / und sie nach ihm grieffen / flohe er zur Landgräffin Frauen Sophien in Saal / und ward also geschützet / und der Krieg zwischen ihnen etlicher massen dissmal gerichtet. Doch stach hernach immer einer auf den andern / und wolte keiner dem andern gewunnen geben / biss letzlich / mit Bewilligung Landgraff Hermanns / die Sache in Jahresfrist zu vergleichen / auf Meister Klingsohr (welchen man damals für den besten Meister-Singer in der Welt hielte) gestellet ward / auf welchen sie auch Heinrich von Effterdingen beruffen hatte. Und er selbsten zog auf des Landgraffen Begehren / zum Herzog in Oesterreich / welcher ihm eine Vorschrifft gab an Meister Klingsohren in Siebenbürgen / denselben vermochte er, dass er mit ihm in Thüringen zog / und allda diesen Streit zwischen den Meister-Singern richtete / und also entscheidete / dass er Heinrichen wider die andern recht gab / aber doch nicht ohne Verdacht / er hätte solches Herrn Wolframben zum Verdruss / und aus Hass gethan.«

Danach bringt Wagenseil das lateinische Fragment, das wir in Maassens Übersetzung zitieren:

»Zu jener Zeit waren am Hofe und unter der Gefolgschaft des Landgrafen Hermann sechs edle Herrn von nicht geringer Geburt, hervorragenden Geistes und ausgezeichnet durch tugendliche Sitten, treffliche Sangesmeister, die ihre Gesänge im Wettstreit vortrugen. Ihre Namen sind: Heinrich, der kundige Schreiber, Walther von der Vogelweide, Reinhard von Zweter, Wolfram von Eschinbach, Biterolf, Heinrich von Ofterdingen. Dieser allein stritt wider alle andern, indem er den Herzog von Oesterreich pries und ihm den Vorrang gab. Die übrigen aber sangen den Ruhm des obgenannten Fürsten Hermann über die Massen. Beide Parteien kämpften wechselseitig den Entscheidungskampf, bis endlich beschlossen wurde, daß der besiegte Teil dem schon herbeigerufenen, gegenwärtigen Henker, so den Strick in der Hand hielt, zum Aufknüpfen übergeben werden sollte. Die Art der Lobeserhebungen war nämlich die, daß der erwähnte Heinrich Ofterdingen den Herzog von Oesterreich mit der Sonne verglich, die übrigen aber den Landgrafen dem Tage gleichstellten; so stritten sie gegeneinander. Indem also der Streitstoff sich häufte, wuchs zugleich unter ihnen der betrügliche Neid. Denn nachdem die Obgenannten schließlich mit besagtem Heinrich ein Spiel mit falschen Würfeln oder Losstäbchen begonnen hatten, besiegten sie ihn mit List. Da ihm infolgedessen der Tod drohte, flüchtete er sich unter den Mantel der Gattin des erwähnten Landgrafen in der Hoffnung auf Schutz. Nach Zusage des Schutzes appellierte er zur Entscheidung vorliegenden Streitfalles an einen Meister Namens Klingsohr und versicherte ausserdem, es solle bei dem Spruch des herbeizurufenden Meisters sein Bewenden haben, dass der besiegte Teil aufgeknüpft werden solle. Nachdem er also einen Aufschub von einem Jahr zur Einholung der Entscheidung bewilligt erhalten hatte, reiste der mehrerwähnte Heinrich Ofterdingen nach Oesterreich, wurde dort vom Herzog von Oesterreich, dessen Ruhm er verkündet, glänzend aufgenommen, mit reichen Gastgeschenken bedacht und obendrein mit einem Empfehlungsschreiben an Meister Klingsohr, um das er den Herzog inständig gebeten, versehen und suchte nun den Meister Klingsohr auf, indem er ihm den Brief übergab und den Grund seines Kommens auseinandersetzte. Nachdem er von ihm keinen geringen Trost zugesprochen erhalten hatte, zog Meister Klingsohr die Zeit, mit ihm nach der Wartburg zu reisen, ungebührlich lange hinaus, bis er in der Nacht, deren Morgen der für die Entscheidung des Streites vorbestimmte Tag erhellte, sich und den angstvoll zweifelnden obgenannten Heinrich im Hause eines Bürgers Namens Hellegreve vermittelst magischer Künste niedersetzte. Dieser Klingsohr wohnte damals im Ungarischen, in einem Lande, welches Siebenbürgen heißt, er war von edler Abstammung und reich, mit einem Einkommen von dreitausend Mark jährlich, ein Philosoph, sehr bewandert in den weltlichen Wissenschaften und Studien, obendrein unterrichtet in der schwarzen Kunst und Astrologie. Dieser Meister, der wie gesagt zur Beurteilung der Gesänge genannter Männer nach Wunsch und Willen des Fürstenpaares nach Thüringen gekommen war, sass, bevor er sich beim Landgrafen einfand, zu Eisenach am Hofe der Herberge des genannten Bürgers und schaute mit grosser Aufmerksamkeit nach den Sternen. Von den Anwesenden gebeten, falls er Geheimnisse aus den Sternen gelesen, es zu sagen, antwortete er: Ihr werdet hören, dass in dieser Nacht dem König von Ungarn eine Tochter geboren wird, die man Elisabeth heissen und eine Heilige sein wird, sie wird dem Sohne dieses Fürsten zur Gattin gegeben werden, vom Ruhme ihrer Heiligkeit wird die ganze Erde vollsein und lobsingen. Siehe, derselbe, der durch den Wahrsager Bileam das Geheimnis seiner Menschwerdung vorausgesagt hat, der hat durch diesen Namen und Geburt der vorauserwählten Magd Elisabeth vorhergesagt. – Kehren wir aber zurück zu unserm Thema, das heisst zu jenen sechs Sängern und zuerst zur Geburt der heiligen Elisabeth. Und nicht lange nach der Geburt der schon erwähnten heiligen Elisabeth, wurde besagte auserwählte Elisabeth, die damals noch an den mütterlichen Brüsten sog, nach dem Willen Gottes dem erstgebornen Sohne Ludwig des genannten Fürsten Hermann, einem Knaben von trefflichen Anlagen, verlobt. Zur selben Zeit übte sich im Rittersaal der Wartburg der obgenannte Meister Klingsohr mit Wolfram von Eschinbach eifrig im Wettgesang. Da er diesen nicht überwinden konnte, verschwor er sich, einen andern Meister mitzubringen, durch dessen Überlegenheit er sicherlich besiegt werden würde. Durch den genannten Meister also beschworen, klopfte der Teufel, in die Gestalt eines Menschen verwandelt, an die Thür. Eingelassen hub er auf des Landgrafen Befehl, als erster gegen den erwähnten Wolfram von Eschinbach aufzutreten, an, sehr scharfsinnig vom Anbeginn der Welt an zu singen, und spann dann den Stoff, alle Einzelheiten fein behandelnd, in rascher Folge aus. Wolfram von Eschinbach hingegen wählte das Geheimnis der Fleischwerdung des ewigen Wortes als Stoff, vertiefte sich genauer in die Sakramente der Messe, um ihre einzelnen Feierlichkeiten, nämlich das Läuten, das Umkleiden der Priester, die heiligen Geräte, die Gesänge, die Wechselgespräche u.s.w. durch entsprechende Allegorien zu erklären. Als er aber zu den Worten gekommen war, mit welchen die durch die Kraft des Schöpfers eingegebene und durch die Weisheit des Vaters unter den Gestalten des Brotes und Weines zu Fleisch gewordene Verwandlung in die Tiefen dieser Welt herabgerufen wird, damit die hochheilige Mutter Kirche das unbefleckte Opfer, das er selbst einmal auf dem Altar des Kreuzes für die Welt darbrachte und durch diese ehrfürchtige Demut Erhörung erlangte, nun täglich für die Sünden der Einzelnen einzeln und für die Sünden aller gemeinsam darbringe, verschwand der Teufel, weil seine verstockte Bosheit es ihm nicht erlaubte, bei solch hochherrlichen Gesprächen anwesend zu sein. Da infolgedessen seine Machinationen zerstört waren, ging der genannte Meister schamübergossen davon. Und wiederum rief er den Teufel herbei, mit seiner Zauberkunst zu erforschen, ob Wolfram die genannte Wissenschaft gelernt habe. Hierdurch bewogen, ging der Teufel eines Nachts zur Zeit der tiefsten Stille Wolfram an, da er im Hause seines

Wirtes, des Eisenacher Bürgers Gottschalk im Schlafe lag, und forschte ihn listig aus über die Natur der himmlischen Sphaere, der Planeten, über ihre Bewegungen und ihre Kreise. Da er auf diese Fragen keine Antwort gab, rief er laut lachend, er sei ein Laie und schrieb es mit Buchstaben an die Wand seines Gemaches. Nach diesen Vorgängen bat der obgenannte Landgraf den Meister Klingsohr aufs inständigste, bei ihm zu bleiben, indem er ihm die größten Geschenke zu geben versprach, der aber schlug es ihm ab, weil er selbst, der fast in allen Künsten hervorragend unterrichtet, von einem der Wissenschaften unkundigen Laien besiegt worden sei, und kehrte im Jahre des Herrn 1208 nach Hause zurück.«

Zum Text

Wie Hoffmanns herbe Selbstkritik, die er den Serapions-Brüdern im anschließenden Rahmengespräch in den Mund legt, andeutet, hat er für die Verarbeitung des Stoffes, den er Wagenseil entnahm, kein rechtes Konzept finden können. Man meint zunächst, daß alles Geschehen sich um die Figur Heinrichs von Ofterdingen drehen werde, von dem der Leser denn auch erwartet, daß er nach seiner Abreise zu Klingsohr in der Erzählung bald wieder auftaucht, damit die Verwicklungen um seine Person ihren Fortgang nehmen können, mit dem Ziel einer glücklichen oder tragischen Lösung. Statt dessen läßt Hoffmann diesen Faden so gut wie gänzlich fallen und verlagert das Interesse gemäß seiner Quelle auf die Auseinandersetzung zwischen Klingsohr und Wolfframb von Eschinbach. Im Sängerkrieg auf der Wartburg vertritt offenbar der Teufel in der Maske Heinrichs dessen Stelle, und einzig mit einem Brief am Schluß der Erzählung gibt Heinrich von sich noch einmal ein Lebenszeichen, indem er die glückliche Befreiung von seinen Qualen meldet. Auch in der Behandlung Klingsohrs und Mathildes bringt Hoffmann es nicht zu einer überzeugenden Darstellung. Der hochmütige, eitle Magier, der im Wettkampf mit Wolfframb mit fragwürdigen Kenntnissen prahlt, allerdings den kürzeren zieht, wandelt sich auf der Wartburg plötzlich zum ehrwürdigen und Bewunderung einflößenden Weisen, während Mathildes Holdseligkeit von ihr abfällt, als hätte sie sie nie besessen, um doch am Schluß ebenso unerwartet wiederhergestellt zu werden. Schwer einzusehen ist auch, warum Klingsohr die Wartburg vorzeitig verläßt, ohne seines Schiedsrichteramtes gewaltet zu haben, zu dem er doch eigens herbestellt war.

Hätte Hoffmann an der Figur Heinrichs festgehalten, wäre die Erzählung vielleicht auf die Darstellung eines Faust-Schicksals, ins Künstlerische gewendet, hinausgelaufen. Gegenüber der Quelle verändert er ja diese Figur insofern, als er sie mit dem Bereich der Magie, der bei Wagenseil allein Klingsohr zugeordnet ist, in Verbindung bringt. Auch wird Heinrich vom Teufel versucht, eine neue Welt wird ihm aufgeschlossen, und die Hilfe des Teufels scheint den Besitz Mathildes zu versprechen. Es kommt aber nicht zum Pakt. Nasias (in der Quelle »Nasian«) bezeigt keine große Lust, sich mit einem Stümper wie diesem Minnesänger abzugeben, und verweist ihn an Klingsohr, der ihn freilich auch nicht als Schüler anerkennt, weil Ofterdingen unfähig sei, tiefer ins Geheimnis einzudringen. So läßt Hoffmann seinen Helden seltsamerweise im Format schrumpfen, obwohl er in der Anlage in manchen Zügen an die Gestalt des Don Juan in den »Fantasiestücken« heranreicht. Er ist wie dieser ein Zerrissener, qualvoll zwischen der Sehnsucht nach dem Reinen, Himmlischen einerseits und irdischen Gelüsten andererseits hin und her schwankend. Er gewinnt zeitweise auch wie Don Juan die hochmütige Souveränität, mit der er voller Hohn auf die Sängerkollegen herabschaut, und die suggestive, aus finsteren Gründen entlehnte Gewalt, mit der sein Gesang in einem der insgesamt vier Sängerkämpfe alle anderen niederschlägt und Mathilde in seinen Bann zieht. Die romantische Umdeutung Heinrichs erreicht Hoffmann an einer Stelle sogar, ohne die Quelle zu verändern. *Das Lied lobte und pries den fremden König, der mächtiger sei als alle andere Fürsten und dem alle Meister demütiglich huldigen müßten, wollten sie nicht in Schande und Schmach geraten* (278). Hier denkt jeder Leser an eine fremde, geheimnisvolle Macht, die nicht der irdischen Sphäre angehört. Das Motiv ist indessen Wagenseil entnommen, wo sich Heinrichs Lob nur auf eine konkrete historische Figur, den Herzog Leopold von Österreich, bezieht.

Aus der Quelle konnte Hoffmann auch den Gegensatz schöpfen zwischen einer Kunst, die sich dämonischer Magie verschreibt, und einer Kunst, die frommem Sinn entspringt und fromme Gegenstände behandelt. Er romantisiert diesen Gegensatz aber wiederum, indem er Segen und Unheil als dualistische Möglichkeit ins Innere des künstlerischen Werkes selbst legt.

Dem Mittelalter und der Zeit Wagenseils wäre es noch nicht eingefallen, die Kunst auf diese Weise an die Stelle von Sakrament und Verdammnis zu setzen. Wenn aber Mathilde und Heinrich am Schluß gestehen, daß es Wolfframbs Lied gewesen sei, das sie vom Bösen gerettet habe, so wird der Kunst die Erlösungsfunktion zugesprochen, die einst ausschließlich die Religion innehatte. Und pocht der Künstler andererseits mit seinem Gesang an die Pforten der Hölle, so blühen in und mit seinem Werk die »Blumen des Bösen« auf, die die Beschäftigung mit dem Schönen zu Teufelswerk werden lassen. Die Spannweite, die die Kunst damit in ihren Möglichkeiten einnimmt, zeigt überhaupt die Spannweite des romantischen Geistes an. »Die Romantik«, so hat Charles Baudelaire einmal bemerkt, »ist ein himmlischer oder teuflischer Segen, dem wir ewige Wundmale verdanken.«[22]

Abweichend von der Quelle setzt Hoffmann die Kunst auch mit der Liebe in ein enges Verhältnis. Er erfindet um dieser Beziehung willen die Figur der Mathilde. Und wie in anderen seiner Erzählungen, wo die Künstlerliebe eine Rolle spielt, tut sich auch hier eine Spannung auf zwischen der sehnsuchtsvollen, aber geschlechtslosen Himmelsseligkeit (307), der Wolfframb huldigt, und der sinnlichen Liebeserfüllung. Wie die unfromme Kunst, so findet auch der Gegenpol der frommen Liebe in dieser Erzählung keinen geringeren Sachwalter als den Teufel persönlich. Nasias singt *von der schönen Helena und den überschwenglichen Freuden des Venusberges* (306), und sein Gesang ist nicht nur Sprache und Ton, sondern ein zur Liebeslust animierender Duft, ein Aphrodisiakum.

Heinrich ist sich seiner Liebe zu Mathilde zunächst nicht bewußt, sein trostloser Zustand ist ihm selbst ein Geheimnis. Aber bereits unbewußt scheint er sich in dem unentschiedenen Schwanken zwischen einer zum Himmel strebenden Sehnsucht (die nicht erfüllt sein will) und einer zur Erde oder gar in den Orkus herabziehenden Leidenschaft zu verzehren. Dieses Schwanken macht ihn nicht nur zum Zerrissenen, sondern auch zum Melancholiker. Wie Elis Fröbom in den »Bergwerken zu Falun« kehrt er sich nach innen, mit der Folge auch, daß er wie der dem Trübsinn verfallene Seemann sich von der Gemeinschaft der übrigen absondert. Und wie Elis wird er in dieser Verfassung verführbar. Wenn er die Einsamkeit der Nacht und des Waldes sucht, da gerade taucht Nasias auf, um ihn auf einen gefährlichen Pfad zu verlocken. Eine Parallele zu den »Bergwerken« liegt auch darin, daß der Teufel ihn, wie Torbern es mit Elis tut, auf eine entfernte, verheißungsvolle Quelle neuer Erfahrungen verweist (Klingsohr in Siebenbürgen). Der Funktion Torberns hätte in dieser Geschichte freilich eher Klingsohr entsprochen, ja Hoffmann selbst scheint an die Ähnlichkeit gedacht zu haben, da er dem Magier eine Bergwerkskunde andichtet, *die ihm schon manchen an den edelsten Metallen reichen Schacht aufgetan* (310).

Mit dem Kreis der Sänger am Hof des Landgrafen schildert Hoffmann im Unterschied zur Runde der Serapions-Brüder eine Gemeinschaft, in der auch das weibliche Element vertreten ist. Und Mathilde ist der Stern des Bundes, der *über alle hinstrahlte und die anmutige Harmonie schuf, in der sich alles bewegte* (289). Es zeugt aber vielleicht von Hoffmanns geringem Vertrauen in solche Art Schirmherrschaft, wenn er gerade Mathilde einen tiefen Sturz tun läßt, einen Sturz, der allem idealischen Glanz, mit dem er sie vorher umkleidet hatte, Hohn spricht. Bestimmt die Veränderung Mathildes den Landgrafen zudem, allen Damen bei Strafe der Verbannung das Dichten zu verbieten, so erinnert man sich daran, wie wenig Hoffmann gelehrte oder dichtende Frauen ausstehen konnte (Maassen, Bd. 6, S. XXXII).

Die Lichtgestalt der Erzählung ist Wolfframb. Ein Künstler frommen, kindlichen Sinns, ein mit reinem Gemüt Liebender, ein treuer Freund, vereinigt er in sich alle denkbaren Tugenden und ist gefeit gegen jede Versuchung, ja berufen, das Böse zu besiegen. So ist er aber kein echter Sproß aus dem Geschlecht der Hoffmannschen Künstler. Weder leidet er an der Duplizität des Seins, noch bedroht ihn der Wahnsinn oder der Trübsinn. Selbst Mathildes krasse Veränderung läßt ihn nicht irre werden an seiner Liebe, aus der er seine Stärke bezieht. Er bringt es fertig, das Böse kraft der innigen Neigung zu einer Frau zu bezwingen, die selbst unter dem Bann des Bösen steht, und erlöst sie mit einem Lied, zu dem ihn das Bild der zu Erlösenden selber inspiriert, freilich das Bild, das er von ihr aus der Zeit vor dem Sündenfall im Sinn trägt. Hoffmann hat hier die Macht des Himmels zur Macht der Liebe säkularisiert, genauso wie er die Kunst sakralisiert und dämonisiert hat. Aber er mutet dem Leser dann auch zu, es hinzunehmen, daß die Geliebte Quelle und Objekt der Erlösung zugleich wird.

Wenn übrigens Nasias von den *überschwenglichen Freuden des Venusberges* singt (s. o.), so handelt es sich um eine Anspielung auf die Tannhäusersage. Der Tannhäuser war ein mittelhochdeutscher Dichter (nach 1200 bis nach 1266), dessen Minnedichtung ihrer betonten Sinnlichkeit wegen (im Unterschied zur idealen »hohen Minne«) Ausgangspunkt einer Sagenbildung im 14. Jahrhundert wurde: Der Ritter Tannhäuser wird von Frau Venus in ihren Zauberberg gelockt; von seinem Gewissen geplagt, pilgert er nach Rom, wo ihm der Papst (Urban IV.) jedoch keine Vergebung gewährt; ein später auftretendes Zeichen göttlicher Verzeihung rettet ihn nicht mehr, da er voller Verzweiflung bereits wieder in den Venusberg zurückgekehrt ist. Ludwig Tieck verarbeitete die Sage in seiner Erzählung »Der getreue Eckart und der Tannhäuser« (1799), »Phantasus«, Band 1. An sie könnte Hoffmann hier gedacht haben. Gestalten und Motive der Sage finden sich auch in Eichendorffs Erzählung »Das Marmorbild«, Erstdruck 1818 in Fouqués »Frauentaschenbuch für das Jahr 1819«. Richard Wagner verschmolz in seiner Oper »Tannhäuser und der Sängerkrieg auf Wartburg« (1845) die Gestalt Tannhäusers mit der Heinrichs von Ofterdingen, zu der ihn Hoffmanns Erzählung inspiriert hatte.

[Eine Spukgeschichte]

Erstdruck unter dem Titel »Bruchstück aus dem Zweiten Bande der Serapions-Brüder« in: Der Freimüthige oder Unterhaltungsblatt für gebildete, unbefangene Leser. Hrsg. von Dr. August Kuhn. Jg. 16, 3. und 5. April 1819, Nr. 67 und 68, S. 265 bis 271. Der Erstdruck beginnt mit dem Absatz »Die Freunde kamen im Gespräch ...« (siehe Winkler-Ausgabe S. 318) und schließt mit dem Satz: »Doch jetzt kein Wort mehr von allem gespenstischen Unwesen.« (S. 327)

Zur Entstehung

Hoffmann wird die Erzählung kurz vor ihrem Erscheinen im »Freimüthigen« geschrieben haben. Maassen vermutet, daß sie auf mündlicher Überlieferung beruht. Gleichwohl schöpft Hoffmann zumindest Einzelheiten wie stets aus schriftlichen

Quellen. Vor allem dürften Reils »Rhapsodieen« als Anregung gedient haben, sowohl was Adelgundes *fixe Idee* (324) wie die Methode des frommen Betrugs angeht.[23] Die Erscheinung eines Geistes, den nur eine Person, die anderen dagegen nicht sehen, erinnert übrigens an Shakespeares »Macbeth«, III, 4.

Die Figur der *weißen Frau* (323) ist eine der bekanntesten Gestalten des Aberglaubens. Der Aufklärer Johann August Eberhard schreibt in seinem Artikel »Ueber den Ursprung der Fabel von der weißen Frau«:[24]

»Das Mährchen von der weißen Frau ist zu bekannt, als daß ich nöthig hätte es weitläuftig zu erzählen. Man giebt vor, daß an einigen Höfen zu gewissen Zeiten sich eine lange weibliche Gestalt sehen lasse, die man der langen weißen Kleider und Schleier wegen, mit denen sie umhüllet ist, die weiße Frau zu nennen pflegt. Der Aberglauben setzt hinzu, ihre Erscheinung sei allemal ein untrügliches Zeichen, daß irgend ein hohes Haupt an dem Hofe, wo sie sich sehen läßt, mit Tode abgehen werde. Der Ausgang hat diese Vorbedeutung unendlich oft widerlegt. Es sind Fürsten mit Tode abgegangen, ohne daß die prophetische Frau vorher erschienen; sie ist erschienen, ohne daß ein Todesfall erfolgt wäre, und man hat immer fortgefahren, an ihre weißagende Erscheinung zu glauben.

Man hat sogar die Fürstlichen Höfe genannt, an denen sie so freundschaftlich erscheinen soll; und das waren London, Koppenhagen, Stokholm, Berlin und einige andere; ja man hat endlich selbst den Weg, den sie auf ihrer Reise nimmt, so genau anzugeben gewußt, als wenn es die ausgemachteste Sache von der Welt wäre. Doch auch das ist noch nicht genug. Der Aberglauben, der mit seiner Leichtgläubigkeit selten auf halbem Wege stehen zu bleiben pflegt, hat sich einen so vollständigen Roman über diese prophetische Erscheinung aufheften lassen, daß man die Zeit, wenn sie gelebt, ihr Geschlecht, ihren Namen, und ihre ganze Geschichte anzugeben und zu erzählen weiß. Dieser Roman lautet also:

Die weiße Frau, – erzählt die Legende, – hieß bei ihrem Leben Perchta, und war eine gebohrne Gräfin von Rosenberg aus Böhmen. Sie ward ungefähr ums Jahr 1420 gebohren. Im Jahr 1449 ward sie am Sonntage vor Martini mit Johann von Lichtenstein vermählt. Sie hatte ihre Hand einem Unwürdigen gegeben; denn sie durchlebte mit diesem Joh. von Lichtenstein eine höchst jammervolle Ehe, die sich endlich mit dem Tode ihres grausamen Gemahls endigte. Er starb, und nach seinem Tode begab sie sich zu ihrem Bruder; allein auch dieser starb bald, und ihr blieb nach seinem Absterben die Pflicht, seine Kinder zu erziehen. Dieser Pflicht unterzog sie sich mit aller möglichen Sorgfalt, und so brachte sie ihr übriges Leben bis an ihren Tod in frommer Abgeschiedenheit zu. So wie sie ihr Leben in Erduldung vieler Leiden, und in Erfüllung schwerer Pflichten zugebracht hatte, so widmete sie sich noch nach ihrem Tode der traurigen Pflicht, ihrer Familie, ja auch den Fürstlichen Höfen, mit denen sie weitläuftig verwandt war, den Dienst zu erweisen, und die daselbst sich ereignenden, – wohl bemerkt – männlichen Todesfälle – es läßt sich schwerlich sagen *cui bono?* – durch ihre Erscheinung voraus anzudeuten.«

Zum Text

Spukgeschichten, Berichte von sonderbaren Erscheinungen wie der weißen Frau, waren seit alters Gegenstand des Aberglaubens. Die Aufklärung verwirft sie als schädliches Produkt der bloßen Einbildung und rückt ihnen zu Leibe, indem sie, wie etwa Johann August Eberhard in seinem Aufsatz »Ueber den Ursprung der Fabel von der weißen Frau«, ihre Entstehung erforscht und dabei die natürlichen Umstände zutage fördert, die einer Täuschung durch die Einbildungskraft Vorschub leisten konnten. »Unter allen Mitteln gegen den Aberglauben scheint mir keines sicherer als die Erforschung des Ursprunges der Legenden und Fabeln; wenigstens ist unleugbar, daß es am allgemeinsten kann angewendet werden. Viele Menschen, die man nicht ganz von der Thorheit aller Wundergeschichten, Hexenmärchen und Geistererscheinungen überzeugen kann, weil es ihnen an philosophischem Geiste, oder an kritischem Scharfsinne, oder an historischen Kenntnissen fehlt, kann man doch wenigstens dahin bringen, daß sie einzelne Geschichtchen verwerfen müssen, so bald man ihnen zeigt, was zu der ersten Sage davon Gelegenheit gegeben, und ihre Ausbreitung befördert hat.« (S. 3) Dieser Aufgabe unterzieht sich Eberhard dann ausführlich, vor dem Hintergrund dieses aufklärerischen Bemühens aber ist Hoffmanns Erzählung zu verstehen.

Adelgunde könnte Eberhard gelesen haben, jedenfalls hat sie eine aufgeklärte Erziehung genossen. Erst vierzehnjährig, hat sie doch keine Angst, im Dunkeln im Boskett des Schloßgartens zu spielen, ja sie fürchtet sich nicht davor, den Spuk der weißen Frau zum Gegenstand des Spiels zu machen, wo doch der alte verstorbene Gärtner, als Mann des einfachen Volkes abergläubischen Gemüts, ihr den Spuk gewiß nicht als bloßes Hirngespinst dargestellt hatte. Soll man nun den Eindruck erhalten, daß sich der Spuk für den Leichtsinn des Kindes ›rächt‹, indem er schreckliche Folgen zeitigt? Dieses Motiv mag eine Rolle spielen, wie denn auch sonst in Hoffmanns Erzählungen die übernatürliche Welt nicht mit sich spaßen läßt. Vor allem aber kam es dem Dichter darauf an, bei Adelgunde eine Betroffenheit zu erzeugen, um wiederum bei den übrigen älteren Familienmitgliedern gewisse Reaktionen zu motivieren. Auf diese Reaktionen kam es Hoffmann zunächst an, und er zitiert mit ihnen gewissermaßen die aufklärerische Haltung gegenüber Spukerscheinungen. Er bietet daher auch keinen großen Schauerapparat auf, um den Spuk in Szene zu setzen. Er erzählt *einfach*, wie es im anschließenden Rahmengespräch heißt (327), denn eben auf die Geistererscheinung als solche kommt es ihm nicht an, sondern auf das, was sie auslöst. Da wird Adelgundes Vision der Täuschung der Dämmerung zugeschrieben. Da wird sie schließlich, als ihre Betroffenheit sich zu einem regelmäßig wiederkehrenden Erlebnis auswächst, für wahnsinnig gehalten und ein Arzt zu Rate gezogen, den der Vorfall zum Lachen reizt und der nichts leichter findet, als den Wahnsinn des Kindes zu heilen, *der bloß in der überreizten Einbildungskraft seinen Grund finde* (324).

Die Einstellung der Familie, die sich des Zustandes der Tochter sogar schämt, erscheint jedoch als *Verkehrtheit* (324), die Sicherheit des Arztes als Dünkel, und der weitere Verlauf der Geschichte ist darauf angelegt, beiden Haltungen eine Lektion zu erteilen. Es bedarf dazu eines handgreiflichen Beweises. Menschen gegenüber, die nur das empirisch Erfahrbare für wahr halten, bedürfen der sinnlichen Evidenz des Übernatürlichen, damit sich dessen Existenz ihnen aufdrängt. Daher die Geschichte mit dem Teller, über die Hoffmann freilich, wie der Kommentar der Serapions-Brüder zeigt, nicht sehr glücklich gewesen zu sein scheint. Die Erscheinung des Tellers erweist sich aber als probates Mittel, rationalistisch fundierte Sicherheit zu erschüttern. Denn da er, als sichtbarer Gegenstand, einerseits nicht zu übersehen ist, andererseits aber wie von unsichtbarer Hand getragen in der Luft schwebt, macht er sich als Wirkung ohne Ursache geltend, als Negation des Kausalgesetzes, oder so, als sei eine sonst immer und überall wirkende Ursache, die Gravitation, außer Kraft gesetzt.

Diese antiaufklärerische Geschichte kann man auch als Aufklärung im höheren Sinne verstehen: daß die Vernunft nicht voreilig über Dinge richten soll, die sie nicht versteht, und das Urteil »krank« und »wahnsinnig« oft zu schnell gesprochen wird. Eine Ironie dieser Lektion liegt darin, daß mit dem ins Leben getretenen Spuk Adelgunde gesundet, während ihre Angehörigen ein Ende in Tod und Wahnsinn finden.

Die Automate

Erstdruck: Ein Auszug der Erzählung, etwa ein Drittel, erschien in: Allgemeine Musikalische Zeitung, Jg. 16, 9. Februar 1814, Nr. 6, Spalte 93–102, ohne Verfasserangabe; der erste vollständige Abdruck in: Zeitung für die elegante Welt, Jg. 14, Nr. 68 bis 75, 7.–16. April 1814, Spalte 537–540, 548–51, 556–560, 565–568, 572–575, 581–584, 588–591, 597–599. Verfasserangabe: Hff.

Zur Entstehung

Die Erzählung entstand in der ersten Januarhälfte 1814. Im Brief vom 16. Januar, in dem er sie dem Herausgeber der »Allgemeinen Musikalischen Zeitung«, Johann Friedrich Rochlitz, anbietet, nennt Hoffmann sie »Aufsatz« (Briefe I, S. 436). Wie schon die Namensgleichheit der beiden Freundespaare (Ferdinand und Ludwig) zeigt, steht der Text dem nur wenige Monate vorher entstandenen dialogischen Aufsatz »Der Dichter und der Komponist« nahe. – Am 10. Oktober 1813 sah Hoffmann in Dresden die Automaten von J. G. Kaufmann (1752–1818) und seinem Sohn Friedrich Kaufmann (1785–1866), darunter einen Trompeter und eine klavierspielende Figur. Über die Kaufmannschen Automaten hatte bereits Carl Maria von Weber in der »Allgemeinen Musikalischen Zeitung«, Jg. 14, 1812, Nr. 41, Spalte 663 ff. berichtet. Bei der Schilderung des redenden Türken wurde Hoffmann, wie Maassen vermutet, von dem automatischen Schachspieler angeregt, mit dem der Mechaniker Wolfgang von Kempelen (1734–1804) das öffentliche Interesse erregte. Dieser schachspielende Türke wird, zusammen mit ähnlichen Figuren, beschrieben bei Johann Christian Wiegleb: »Die natürliche Magie«, Bd. 2, Berlin und Stettin 1786, S. 231 ff. Bereits unter dem 2. Oktober 1803 schreibt Hoffmann in sein Tagebuch: »den ganzen Abend läppischer Weise in Wieglebs ›Magie‹ gelesen und mir vorgenommen einmahl wenn die gute Zeit da seyn wird zu Nutz und Frommen aller Verständigen die ich bey mir sehe ein Automat anzufertigen!« (Tagebücher, S. 53) – Die Erzählung ist ferner durch autobiographische Bezüge geprägt. In dem oben erwähnten Brief an Rochlitz schreibt Hoffmann in einem Postskriptum: »Die Erscheinung am Kurischen Hafe so wie manches andere in dem Aufsatze ist Reminiscens aus meine[m] früher[n] Leben in Ostpreuß[en]«. (Briefe I, S. 436) Der Titel der Erzählung ist eine Pluralform. Als Singular gebraucht Hoffmann »das Automat«.

Zum Text

Wie in »Nußknacker und Mausekönig«, wie auch im Nachtstück »Der Sandmann« und im Kreisler-Teil des Romans »Lebens-Ansichten des Katers Murr« zeigt sich Hoffmann hier vom Motiv der Kunstfigur, vor allem in der Variante des mechanisch bewegten, menschliche Tätigkeiten ausführenden Automaten fasziniert.

Die Faszination beruht auf mehrerlei: auf dem grausigen Doppelsinn *eines lebendigen Todes oder eines toten Lebens* (330), der an solchen Figuren offenbar wird; auf ihrer skurrilen Wirkung, die sich aber mit dem Grauen, das von ihnen ausgeht, die Waage hält; und wohl auch auf einem in ihnen manifest werdenden Menschheitstraum, der gerade das moderne Bewußtsein bewegt, nämlich den künstlichen Menschen zu schaffen, einem Traum, mit dessen Verwirklichung das Geheimnis des Lebens gelöst wäre. Das Motiv ist außer bei Hoffmann auch bei anderen deutschen Romantikern und der Romantik nahestehenden Autoren sowie in der englischen Romantik weit verbreitet.[25] Eines der berühmtesten Beispiele findet sich in dem Roman »Frankenstein, or the Modern Prometheus« von Mary Wollstonecraft Shelley (1818).

Wenn sich der Mensch abweichend vom üblichen Weg der Schöpfung nach Laborprinzipien herstellen läßt, dann rückt sein Macher in die Rolle des gottähnlichen Schöpfers, des »modernen Prometheus«, auf. Soweit es sich beim Schaffen um einen mechanischen Vorgang handelt und das Produkt einem mechanischen Apparat gleicht, ist die Idee von der Gottähnlichkeit bereits im Weltbild der deistischen Aufklärung angelegt.[26] Hier wird die Welt als riesiges Uhrwerk, Gott als Mechaniker verstanden. Der Schluß scheint dann erlaubt, daß der Mechaniker, der Kreatürliches nachahmt, Gott ähnlich wird. Hoffmann geht zwar so weit nicht, aber seine geschickten Mechaniker (Professor X. in dieser Erzählung, Pate Droßelmeier in »Nußknacker und Mausekönig«, Meister Abraham im »Kater Murr«) sind immerhin Magier, sie verfügen über Kräfte, die normal Sterblichen nicht zu Gebote stehen. Hoffmann nennt den redenden Türken auch *Kunstwerk*, seinen Schöpfer *Künstler* (328). Es liegt nahe, dies als Beleg dafür zu nehmen, wie sehr bei Hoffmann Kunst und Magie verschwistert sind. Es ist aber auch möglich, daß »Kunst« hier noch in der traditionellen, bis weit ins 18. Jahrhundert üblichen Bedeutung von »Kunsthandwerk«, »Künstler« entsprechend in der Bedeutung von »Kunsthandwerker« verwendet wird.

Der Versuch, den künstlichen Menschen zu schaffen, erweist sich in Hoffmanns ambivalenter Behandlung des Motivs auch als teuflische Versuchung und letztlich ohnmächtiges Beginnen. Im »Sandmann« versuchen zwei Ruchlose, die Puppe Olimpia ins Leben zu rufen, aber sie müssen, da sie nicht über das Wesentliche, die Seele, verfügen, eine Anleihe bei Gottes Schöpfung machen und berauben den Studenten Nathanael seiner Augen. In den toten Augen des Automaten spiegelt sich seine Seelenlosigkeit. Wenn entsprechend aus den lebendigen Augen eines Menschen seine Seele spricht, so scheint der Besitz dieses Schöpfungsdetails Garant für das Gelingen der Nachahmung. Das Resultat ist allerdings nur eine verderbliche Täuschung. Um die klare Erkenntnis betrogen, verfällt Nathanael dem Trug und dem Wahnsinn, die Puppe ihrerseits enthüllt sich in ihrer ganzen armseligen Künstlichkeit.

Anders der redende Türke. Er täuscht nicht, sondern sagt Wahres, und er scheint beseelt, wenn Hoffmann es auch nahelegt zu glauben, daß seine Seele die eines Menschen ist, der hinter der Mechanik verborgen ist. Aber wie, bleibt ein Rätsel. Den Umständen nach ist das Vorhandensein eines verborgenen Sprechers ebenso unwahrscheinlich, wie es wahrscheinlich ist, daß es nicht der Automat selber ist, der die Antworten gibt. Insofern bleibt die Frage nach der eigentlichen Natur des Orakels in der Schwebe. Einmal mehr muß sich aufgeklärte Skepsis (Ludwig) belehren lassen, daß es unauflösbare Geheimnisse gibt.

Ein Rätsel liegt insbesondere in den Orakelsprüchen selbst, wobei aber soviel offenbar wird, daß das Orakel seine Weisheit nicht aus sich selbst, auch nicht aus einer dritten Quelle, sondern aus dem Inneren des Fragers selber schöpft. Es tritt mit diesem in einen *psychischen Rapport* (344), wie der Magnetiseur mit der Somnambule, und macht ihm nur bewußt, was bisher unbewußt in seinem Innern lebte. Zwar wird dabei das im Fragenden ruhende Geheimnis nicht völlig deutlich; vielmehr herrscht in den Antworten, wie es ihrem Charakter als Orakelspruch angemessen ist, sowohl Unklarheit wie Klarheit. Immerhin wird aber das im Dunkeln der Seele Schlummernde ans Licht gehoben. Das Orakel ist damit eine Art geistiger Geburtshelfer. Es beschenkt den Fragenden nicht mit fremdem Gut, sondern mit dessen ureigenem Besitz. Es ist letztlich die Stimme, die *nur aus unserm eignen Innern kommt* (343).

Das Mittel des Rapports, die Brücke des versteckten Antwortgebers zum Inneren des Fragers, ist dessen Frage. Sie ist das Medium, durch das der Antwortgeber das Gemüt des Fragers erfaßt. In dessen seelische Tiefe dringt er jedoch nur, wenn die Frage eine Beziehung zu dieser Tiefe hat. Oberflächliche Fragen erhalten auch nur oberflächliche Antworten. Der Fragende gerät allerdings bereits vor seiner Frage unter den Einfluß des Automaten. Das Ungewöhnliche der Kommunikationssituation und des Kommunikationspartners ist von vornherein geeignet, *den Fragenden auf gewisse Weise nach dem Zweck des antwortenden Wesens zu spannen* (342).

Die Kommunikation, die dann zustande kommt, weicht vom üblichen Frage- und Antwortspiel völlig ab. Frage und Antwort sind hier nicht etwas Verschiedenes, sondern im tiefsten Identisches, denn die Antwort ist in der Frage bereits verborgen und wird vom Orakel analytisch aus ihr ›entborgen‹. Der Fragende ist nicht einfach ein Nichtwissender, der etwas wissen will, sondern Träger verhüllten, ihm selber unbewußten Wissens, während der Antwortgeber die Rolle des Enthüllers dieses Wissens spielt. Fragender und Antwortender stehen deshalb in einem magischen Verhältnis zueinander, wobei, anders als im ›herrschaftsfreien‹ Dialog, die Möglichkeit der Manipulation ins Spiel kommt. Wenn der Blick des Orakels in die geheimsten Gedanken des Fragers reicht, kann es sie auch *beherrschen* (333), so wie der Magnetiseur die Somnambule beherrscht. Auch Wissen des Unbewußten ist Macht.

Ob auch im Falle Ferdinands eine Macht manipulierend in sein Leben eingreift und ob zu seinem Heil oder Unheil; welcher Zusammenhang zwischen Professor X. und der Sängerin und zwischen diesen und dem Automaten besteht; was es mit dem russischen Offizier für eine Bewandtnis hat und in welchem Verhältnis all diese Personen zu Ferdinand stehen, das bleibt ungeklärt. Es liegt aber ohnehin im Charakter der Erzählungen Hoffmanns, daß sie nicht alles Rätselhafte auflösen. Eine Erklärung des »Übernatürlichen«, wie sie die Aufklärung praktiziert, kommt für Hoffmann, kommt für die ganze Romantik nicht in Frage. Soweit stets ein unaufgelöster und unerklärlicher Rest bleibt, ist jede romantische Erzählung *fragmentarisch* (354), wenn man auch mit den Serapions-Brüdern zugeben muß, daß diese es in ganz besonderem Maße ist.

Eine gewisse Durchsichtigkeit erlangt Hoffmanns Dichtung allerdings auf Grund gewisser wiederkehrender Denk- und Vorstellungsmuster, wenn auch die Wiederholung in den verschiedensten Variationen und in wechselnden Kontexten erfolgt. So erkennt man in Ferdinands Liebe zur unbekannten Sängerin das Motiv der Künstlerliebe wieder, obgleich nicht davon die Rede ist, daß er in der entscheidenden Begegnung, im *höchsten Moment meines Lebens* (337), zum Künstler geweiht wird. Aber wie im »Artushof« handelt es sich auch hier um die Geliebte (seine »Anima«), die er von früher Kindheit an in seiner Seele getragen hat; wie für Traugott Felizitas aus dem Gemälde ins Leben, so tritt auch die Sängerin für Ferdinand aus dem Gesang ins Dasein, zunächst als Traumgestalt, dann am hellen Tage; und so wie die Geliebte für Traugott ein vom physischen Besitz und der alltäglichen Wirklichkeit unberührtes Idol der Seele wird, wird sie dies anscheinend auch für Ferdinand.

Es macht dabei keinen großen Unterschied, daß die Geliebte im »Artushof« primär als Bild, hier dagegen primär als Ton gegenwärtig wird. Im Prinzip sieht Hoffmann die verschiedenen Künste aus einer gemeinsamen Wurzel sprießen und im Geiste einer höheren Wahrnehmung (Synästhesie) auch wieder zusammenwachsen (siehe den Kommentar zu »Der Dichter und der

Komponist«). Auch in Ferdinands Erlebnis wird die Grenze zwischen optischer und akustischer Wahrnehmung überschritten: *jeder Ton ruhte ja in deiner Brust, und mußte in meinem Blick erklingen* (336). Oder: *der Blick des himmlischen Auges fiel auf mich, und es war mir, als träfe der Strahl eines Kristalltons meine Brust* (ebd.).

Hoffmann bietet in dem in die Erzählung von Ferdinands sonderbaren Erlebnissen eingeschobenen Gespräch über die Musik auch eine musikalische Version des Serapiontischen Prinzips. Was die Dichtkunst darstellt, so hatte es bei der Erörterung dieses Prinzips geheißen, muß wahrhaft im Inneren geschaut sein, damit es ins Leben tritt und auch der Leser, im eigenen Inneren berührt, zum Schauenden wird. Äußere Form und Ausarbeitung nützen nichts, wenn nicht der innere Seherfunke zündet. Analog dazu wird nun von der Musik gefordert, daß sie sich nicht begnügt, Töne bloß mit Hilfe der mechanischen Mittel hervorzubringen. (Das hieße in der Sprachkunst soviel wie: die Poesie mit ihrer Wirkung bloß der äußeren Form zu überantworten.) Es muß das Innere des Menschen sein, aus dem die Musik strömt: *das Gemüt, welches sich nur jener physischen Organe bedient, um das, was in seiner tiefsten Tiefe erklungen, in das rege Leben zu bringen, daß es andern vernehmbar ertönt und die gleichen Anklänge im Innern erweckt, welche dann im harmonischen Widerhall dem Geist das wundervolle Reich erschließen, aus dem jene Töne wie entzündende Strahlen hervordrangen* (347). Es soll hier freilich nicht der Eindruck entstehen, als formuliere Hoffmann *nachträglich* für die Musik, was er *vorher* bereits für die Dichtkunst formuliert hatte. Nur im Rahmen der »Serapions-Brüder« ist die Erzählung »Die Automate« der Erzählung vom Einsiedler Serapion und der Erörterung des Serapiontischen Prinzips nachgestellt. In Wahrheit ist der Text der »Automate« der viel frühere (aus dem Jahr 1814 stammend), so daß genau das Umgekehrte richtig ist: die Priorität dieses Prinzips im musikalischen Denken Hoffmanns und seine nachträgliche Umsetzung in eine Dichtungstheorie.[27]

Schon in »Die Fermate« und »Der Dichter und der Komponist« kam zum Ausdruck, daß die Musik in der menschlichen Seele gründe. Nunmehr erfahren wir, daß sie wie im Inneren des Menschen auch im Inneren der Natur, in der Innenwelt der Außenwelt, verborgen sei, mehr noch: daß zwischen der Musik der Seele und der Musik der Natur eine Korrespondenz walte. Aufgabe der musikalischen Mechanik (der Anwendung von Instrumenten) in einem höheren Sinne kann es dann nur sein, die *tiefen akustischen Geheimnisse, wie sie überall in der Natur* [und in der menschlichen Seele] *verborgen* (348), zum Klingen zu bringen. Musik ist aber nicht nur das tiefere Wesen der Seele und der Natur, sondern auch eine Erinnerung an das Goldene Zeitalter, ja, sofern sie wirklich er-innert wird, dessen Wiederbelebung. In der Urzeit des menschlichen Geschlechts habe *die Mutter* die Menschen mit *heiliger Musik* umfangen. Ein Nachhall dieser Musik sei noch heute in gewissen Naturlauten wie der Teufelsstimme auf Ceylon zu empfinden (349).

Man könnte meinen, diese Spekulationen können nur einem Dichter eigen sein, der zugleich Musiker war. Man findet aber ähnliche Gedanken beispielsweise auch bei Tieck, der im »Sternbald« den Maler Rustici sagen läßt, daß die Töne der Musik ihn so ansprechen, als seien sie »abgebrochene Laute aus einer ehemaligen verlornen Welt, die ganz und durchaus nur Musik war« (Schriften, Bd. 16, S. 401), oder bei Eichendorff, in dem berühmten Vierzeiler: »Schläft ein Lied in allen Dingen,/ Die da träumen fort und fort,/ Und die Welt hebt an zu singen,/ Triffst du nur das Zauberwort.«

Doge und Dogaresse

Erstdruck in: Taschenbuch für das Jahr 1819. Der Liebe und Freundschaft gewidmet. Hrsg. von Dr. St. Schütze. Frankfurt am Mayn: Gebr. Wilmans 1819, S. 219–309. Verfasserangabe: Eine Erzählung von E. T. A. Hoffmann, Verf. der Fantasiestücke.

Zur Entstehung

Hoffmann schrieb die Erzählung 1817. Seine Hauptquelle nennt er selbst im anschließenden Gespräch der Serapions-Brüder (S. 400): Johann Friedrich Le Bret: »Staatsgeschichte der Republik Venedig, von ihrem Ursprunge bis auf unsere Zeiten«, Teile I–III, Leipzig und Riga 1769–1777. Die Geschichte des Marino Falieri findet sich in Teil 2, 1. Abteilung, S. 35 ff. Hoffmann lehnt sich oft wörtlich an seine Quelle an, zumal wenn äußere Ereignisse des betreffenden Abschnitts der venezianischen Geschichte zu berichten sind. Auch die Personennamen entnimmt er fast alle Le Bret. (Ausführliche Nachweise bei Maassen, Bd. 6, S. 367ff.) Die Ausgestaltung der tieferen inneren Liebes- und Familienbeziehungen zwischen der Dogaresse und Antonio, Antonio und der alten Margaretha – einer von ihm erfundenen Figur – ist dagegen sein eigenes dichterisches Werk. Auch um venezianisches Lokalkolorit zu vermitteln, stützt er sich nicht nur auf Le Bret. Der Dichter, heißt es im anschließenden Rahmengespräch, hatte bei der Abfassung, *das ganze Zimmer (...) mit pittoresken Ansichten von den Straßen und Plätzen Venedigs geschmückt* (400). – Wie bei der »Fermate« erhielt Hoffmann den ersten Anstoß zu seiner Erzählung durch ein Gemälde, nämlich von Karl Wilhelm Kolbe (1781–1853), der seit 1795 Mitglied der Akademie der Künste zu Berlin war. Eine Abbildung des Gemäldes findet sich bei Maassen, Bd. 6, gegenüber S. 120.

Um einen Eindruck davon zu geben, wie Hoffmann mit seiner Hauptvorlage, dem Werke Le Brets, umgeht, zitieren wir aus diesem eine kürzere Passage (Teil 2, 1. Abteilung, S. 41f.), die Maassen als »interessanteste Partie der Hoffmannschen Quelle« bezeichnet. Sie liegt in Hoffmanns Erzählung der Stelle zugrunde, die S. 379 mit dem Satz *Es gelang ihm einen Liebeshandel... anzuspinnen* beginnt und bis S. 388 (Absatz) reicht. Das folgende Zitat nach Maassen, Bd. 6, S. 374ff.:

»Marin Falier hatte eine junge und schöne Gemalinn, welche unter den jungen Edelleuten viele Verehrer fand. Unter andern hatte auch Michael Steno, ein Mann von grossem Anhange, der eben damals die wichtige Stelle eines Hauptes des Raths der Vierzig bekleidete, die Ehre, in einem vertrauten Umgange mit dem Hause des Doge zu stehen. Ob er ein Liebesverständniss mit einem Kammermägdchen der Dogaressa gehabt, oder ob er der Treue der Gemalinn selbst nachgestellet, ist ungewiss. Zuverlässig aber ist es, dass der alte Falier vor Eifersucht ganz ausser sich war, und weder Mässigung noch Klugheit beobachtete. Der erste Donnerstag in der Fastnacht, dem Falier als Doge beywohnete, (il giovedi grasso) ein in Venedig für das Volk sehr erfreulicher Tag, wo gewisse Uebungen und Feyerlichkeiten zum Vergnügen des Pöbels angestellet werden, entdeckete die Heftigkeit seiner Leidenschaft. Es pfleget sich immer hierbey der Doge mit seinem Gefolge von Staatsräthen auf dem gerade vor dem kleinen Platze überstehendem Gange einzufinden, und an der Freude des Volkes Theil zu nehmen. Es wird ihm von einem Manne aus dem Pöbel, der aus dem Meere an befestigten Seilen bis auf den S. Marcusthurm in einer Maschine, die einem kleinen Schiffe gleicht, fährt, und von hier wieder wie ein Pfeil hinab bis zu dem Orte schiesst, wo der Doge sitzt, ein Blumenstrauss überreichet. Ist der Doge vermählet, so hat die Dogaressa die Ehre, dieser Feyerlichkeit mit beyzuwohnen; und dieses geschah eben im Falle des Falier. Der schöne Michael Steno erschien ebenfalls, um der Dogaressa im Gesichte zu seyn, und stieg auf das Gerüst, wo sie sass. Auf einmal entbrannte der Eifer des Doge, und er gab mit stolzer Hitze den Befehl, den Steno vom Gerüste zu entfernen. Diese Beschimpfung zog sich Steno zu Herzen und sann auf Rache. Unverzüglich gieng er nach Hause, vermummete sich, und erschien wieder auf dem Gerüste. Indessen hatte er ein kleines Zettelchen geschrieben, das er unvermerkt an dem Sitze des Doge fest machete, worauf er sich davon schlich. Auf dem Zettelchen stunden nach venetianischer Mundart folgende Worte:

Il Dose Falier della bella muier.
I altri la gode è lù la mantien.
D. i. Doge Falier, der die schöne Frau hat.
Andere geniessen sie, und er unterhält sie.

Von der ganzen Sache wusste niemand nichts, als die vertrautesten Freunde des Steno. Man fand das Zettelchen und brachte es dem Doge, der voll bitterer Galle Himmel und Erde bewegete, und Genugthuung verlangete. Die Signorie nahm zwar die Beschimpfung ihres Hauptes übel, forderte aber Beweis; damit man den Schuldigen zuverlässig wüsste. Alles was man thun konnte, war dieses, dass man den Avogadoren Befehl gab, den Schuldigen zu entdecken, und diesen gelang es, dass sie auf sichere Spuren stiessen. Michael Steno gestund es aufrichtig, dass er der Thäter sey, schob aber die Schuld auf den Doge selbst, der ihn bey einer so feyerlichen Gelegenheit empfindlich beleidiget hätte. Die Signorie befand sich in der grössten Verlegenheit. Sie gab im Herzen dem Steno Recht, und sollte doch den Frevel strafen. Der grosse Anhang, den Steno hatte, wusste es so einzuleiten, dass diese Rechtssache nicht dem Rathe der Zehen, sondern der Quarantie übertragen wurde, wovon Steno selbst eines der drey Häupter war. Dieses war ein redender Beweis, dass man diese Art von Verbrechen nicht als ein Staatsverbrechen betrachtete. In der That war auch das Endurtheil sehr gelinde. Steno wurde bloss zu einem monatlichen Verhafte verdammet.«

Zum Text

Man kann die Geschichte auf zweierlei Art lesen. Erstens als historische Erzählung (wird sie doch von einem *Historiker* erzählt), in der öffentliche mit privaten Schicksalen verknüpft werden. Da geht es auf der einen Seite um Politik: um die Verteidigung Venedigs gegen seine Feinde, die Wahl des Dogen, um Verschwörung und die Wiederherstellung der alten Ordnung. In diese Staatsaktionen ist das private Glück und Unglück dreier Personen verflochten: Annunziatas, die Bodoeri seinem Machtehrgeiz zuliebe dem alten Falieri verkuppelt; Antonios, der in Annunziata die Jugendgeliebte wiedererkennt, sich als Pflegesohn des an den Machenschaften Bodoeris beteiligten Nenolo entpuppt und in die Verschwörung gegen die Signorie verwickelt wird; Margarethas, der durch die Folter entstellten Amme Antonios, die die Verbindung zwischen den beiden Liebenden herstellt.

Auf beide Aspekte des Stoffes, den öffentlich-staatlichen wie den privat-menschlichen, wurde Hoffmann bereits durch das Bild Kolbes gestoßen. Die Figur des Dogen, als Würdenträger des Staates, verwies ihn auf die Geschichte Venedigs, während in der Ungleichheit des Paares die Wurzeln für die Entwicklung einer Liebesgeschichte lagen. Im Rahmen seiner aus dem Gemälde entwickelten Geschichte deutet Hoffmann die auf dem Bilde dargestellte Situation als die, in der Annunziata gerade ihr privates Unglück in vollem Umfang bewußt geworden ist, da es sich in dem über das Meer kommenden Gesang zu Ton und Wort gestaltet hat: das hoffnungslos brennende Liebesverlangen neben einem zwar mächtigen und reichen, aber innerlich erkalteten Gatten. Der Kontrast zwischen Feuer und Kälte zieht sich leitmotivisch durch die ganze Erzählung. In ihn ist das Motiv des Meeres eingebunden als ebenfalls eisigen Elements, dem sich der Sitte – und seiner eigenen kalten Verfassung – gemäß der Doge vermählt hat. Die kalte Braut rächt sich später für den Eingriff in ihre Rechte an der allerdings unschuldigen Annunziata, indem sie die Liebenden verschlingt. Nimmt man die Schlußwendung rein metaphorisch, ist der historische Boden der Erzählung nicht verlassen, sondern nur ein ›poetischer‹ Schlußpunkt gesetzt.

Wer Hoffmann etwas weiter kennt, wird dagegen nicht zögern, diese und alle übrigen Stellen, an denen das Meer ins Blickfeld tritt, anders zu lesen: nicht bloß als Reminiszenzen an eine venezianische Sitte und an die geographische Situation Venedigs, sondern als Anspielung auf eine mythische Macht, von der Unheimliches ausgeht und die offenbar als schicksalslenkend fungiert. Schon wenn es am Anfang von den feindlichen, vor der Stadt kreuzenden Galeeren heißt, daß sie sich wie *hungrige Raubtiere* (357) hin und her bewegen, wird dieses Bedrohliche greifbar. Nicht anders, wenn Falieri dann auf dem Meer in Gefahr gerät, aus der Antonio, als wäre sie eine für ihn bereitete Gelegenheit, den Dogen rettet: im Aufruhr der Elemente steigen Ungeheuer aus der Tiefe des Meeres, man denkt hier an eine ähnliche Version in den »Bergwerken zu Falun«. Die Stimme des Meeres ist freilich auch sehnsüchtiges Klagen (374), korrespondierend Antonios eigener Sehnsucht, ja das Meer ist der Ort, von dem aus er zum erstenmal zur Geliebten gelangt und von dem ihm die Erfüllung seiner Liebe winkt (siehe die Weissagung Margarethas S. 385), der Liebestod freilich. Von Beginn an ist Antonio dieser Sphäre zugewandt: er liegt zerlumpt und hinfällig vor den Säulen der Dogana und stiert gedankenlos *hinein in das Meer* (360). Was ihn hier bindet, ist ein Zauber, den er selbst nicht erklären kann und der ihn, wie von außen durch das fremde Element, auch von seinem Inneren aus beherrscht. Aus der Sicht der modernen Tiefenpsychologie leuchtet die Korrespondenz zwischen dem geheimnisvoll wirkenden Grund des Meeres und dem ebenso wirksamen Grund der Seele durchaus ein. C. G. Jung nennt das Meer ein archetypisches Symbol des Unbewußten. Tatsächlich bezieht Antonio selber dieses Bild auf seinen inneren Zustand: *was geschah in meinem Leben, das noch jetzt wie ein mächtiger Zauber aus fremder unbekannter Welt mein ganzes Selbst unwiderstehlich beherrscht, so daß alle meine Gedanken sich verlaufen wie in ein düstres nächtiges Meer?* (377)

Damit wird bereits deutlich, daß man die Erzählung auch auf eine zweite Art lesen kann: als symbolische Erzählung, in der das Historische nicht um seiner selbst willen dargestellt ist, sondern als Medium eines tieferen Sinns, auch einer tieferen

Gemütsbewegung. Der erzählende *Historiker* selbst verfolgt offensichtlich keine andere Absicht, als ein solches Verständnis zu vermitteln. Durch seine Erzählung erfahren die zuhörenden Freunde nicht nur den historischen Zusammenhang der auf Kolbes Gemälde abgebildeten Szene, sondern das Bild geht ihnen auch in seiner *tieferen Bedeutung* auf, und sie fühlen sich im Innersten von *süßen Schauern* durchbebt (399).

Von zentraler Bedeutung sind auch nicht die Partien, die Hoffmann der historischen Quelle entnahm, sondern die Figurenbeziehungen, die er hinzuerfunden hat: zwischen Antonio und Margaretha sowie zwischen Antonio und der Dogaresse. Es sind Beziehungen, die sich erst allmählich herausschälen. Antonio steht zunächst allein. Er ist ein in die unterste Klasse der Gesellschaft, selbst aber hier von seinen Kameraden Verstoßener, ein als Ausländer *(Deutscher)* und *Ketzer* (Protestant) Geächteter (362). Durch die Verletzungen, die er erlitten hat, durch Mangel an Nahrung und Kleidung gerät er an den Rand des Todes (eines anderen als desjenigen, den er später sterben wird). Vor allem ist er von seiner Vergangenheit abgeschnitten. Die Krankheit hat ihm alle Erinnerung geraubt, so daß er allein dem aus allem Zeitzusammenhang herausgefallenen Augenblick überantwortet ist. Das Erwachen aus der Krankheit bedeutet deshalb einen Fall in die Halt- und Orientierungslosigkeit. Wie Antonio selbst erklärt: *Gleich als wäre in die todstarre Bildsäule plötzlich der Lebensfunken gefahren, gab es für mich nur augenblickliches Dasein, das sich an nichts knüpfte. Du kannst es dir denken, Alte! welchen Jammer, welche Trostlosigkeit dies Leben, nur ein im leeren Raum ohne Halt schwimmendes Bewußtsein zu nennen, über mich bringen mußte!* (372) Eine vage Ahnung nur sagt ihm, daß es in seinem Leben einst einen glücklichen Moment gegeben hat, einen Moment von höchster Seligkeit, nach dem er sich, wie wenig er ihn sich auch bewußt zu machen vermag, in brennender Sehnsucht verzehrt.

Ist in diesem Zustand Antonios ein Symbol des isolierten, verelendeten (und bei »Elend« ist hier an die ursprüngliche Wortbedeutung von »in der Fremde« zu denken), vom Goldenen Zeitalter abgeschnittenen Menschen der neueren Zeit zu sehen, wie ihn die Romantik begreift, so in der Mutterfigur der alten Margaretha ein Symbol des verlorenen Paradieses. Die einstige Lebensfülle und Schönheit ist zur widerlichen, runzligen Häßlichkeit verschrumpft und entstellt, eine Folge der Gewalt, die die *entarteten* Menschen, wie Hoffmann zu sagen pflegt, den nährenden und heilenden Kräften der Mutter (Natur) angetan haben (Margaretha war sowohl Amme wie Heilpraktikerin!). Aber die Zerstörung hat nicht zum Auslöschen der Existenz geführt. Die Gestalt der Alten will gleichfalls bedeuten, daß das verlorene Eden fortlebt, wenn auch bis zur Unkenntlichkeit verhüllt unter der Maske des gesellschaftlichen Außenseitertums, der Verelendung, des physischen wie psychischen Verfalls, so daß es selbst dem, der sich in Sehnsucht nach ihm verzehrt, schwer wird, es wiederzuerkennen. Daß Antonio überhaupt seine alte Amme wiedertrifft und damit auch die Vergangenheit wieder in sein Bewußtsein tritt, hat zur Voraussetzung, daß er auf die gleiche niedrige Stufe absinkt, geschunden, verkommen und verlassen ist wie sie.

Die Vergangenheit begegnet Antonio sodann in Annunziata. In der Begegnung mit ihr spielt sich ein Vorgang ab, der dutzendfach in Hoffmanns Werk wiederkehrt: ein Sehnsüchtiger erkennt seine »Anima«, die Geliebte, deren Bild er schon immer im Unbewußten getragen hat und die ihm nicht wie ein irdisches Wesen, sondern wie ein Engel des Himmels erscheint. In ihr konkretisiert sich zudem jener glücklichste Moment in Antonios früherem Leben. Auch sie also steht für das Paradies, das er verloren hat und das ihm nun wieder zuwinkt. Jedoch aus einer schier unüberbrückbaren Distanz. Hat sich das verlorene Glück in der Gestalt Margarethas in eine abstoßende Verhüllung zurückgezogen, so in Gestalt Annunziatas in die Ferne. Diese ist gegeben durch die ungeheure soziale Kluft, die den Ausgestoßenen der untersten Klasse von der Spitze der Gesellschaft trennt und die zu überbrücken zunächst keinerlei Aussichten bestehen, zumal Annunziata durch ihre Heirat mit dem Dogen auch nicht mehr frei ist. Dennoch verengt sich diese Kluft allmählich. Es kommt zu Annäherungen Antonios an die Geliebte, wobei Margaretha eine Mittlerrolle spielt.

Es kommt auch schließlich zur Vereinigung der Liebenden, wenn auch auf tragische Weise im Liebestod, durch das Versinken im Meer. Jedoch kehrt hier der glücklichste Moment aus Antonios Vergangenheit wieder, im Untergang wird das verlorene Paradies wiedergewonnen. Daß der höchste Augenblick des Lebens mit dem Tode verknüpft ist und daß enge Beziehungen zwischen Tod und Liebe bestehen, konnte Hoffmann in Schuberts »Ansichten von der Nachtseite der Naturwissenschaft« lesen (hier etwa S. 71, 73f., 76, 80, 358f.), die ihn zum Motiv des Liebestodes wahrscheinlich angeregt haben. Eine frühe Vorausdeutung auf den Liebestod bezieht sich sogar direkt auf Schubert. Die hellseherische Margaretha verkündet Antonio in verschlüsselten Worten die Zukunft: *siehst du wohl die dunklen Blutflecken hier auf dem Boden? (...) aus dem Blut entsprießen Rosen, schöne rote Rosen zum Kranze für dich – für dein Liebchen. (...) Und Myrten kannst du pflücken im süßen Abendrot, Myrten für die Braut, für die jungfräuliche Witwe* (373f.). Bei Schubert liest man: »Die Blumen der Liebe – Myrten und Rosen, deuteten in den Mysterien auf den Tod. So erschienen Liebe und Tod, das seeligste Streben des Gemüths und der Untergang des Individuums vereint.« (Ansichten, S. 73) Auch die enge Beziehung zwischen Annunziata und Margaretha, der Geliebten und der Mutter, deutet auf die Verbindung von Liebe und Tod. Denn die Amme, bei all ihrer nährenden und heilenden Funktion, ist auch eine Todesgestalt. Nachdem Antonio durch den Anblick Annunziatas wie vom Blitz getroffen niedergesunken ist, bemächtigt sich das Bettelweib seiner und legt ihn über ihren Schoß – Hoffmann mag hier geradezu eine Pietà vor Augen gehabt haben. Aber es sind Knochenhände, die Antonio halten. *War es denn nicht anzusehen als sei es des Todes grinsende Gestalt selbst, in deren Armen der Jüngling lag?* (382) Es ist auch bezeichnend, daß Margaretha bis zum Schluß an der Seite der Liebenden bleibt und mit ihnen untergeht.

Die Ambivalenz der Symbolik erlaubt es, das Scheitern als Erfüllung, den Untergang als Aufgang eines neuen Lebens zu deuten. Am Ende der Geschichte erscheinen die Zustände des Anfangs in der Tat verwandelt: die Isolierten, einander Entfremdeten, sind wieder zueinander gekommen, die Gegenwart ist an die Vergangenheit angeknüpft, selbst den Untergang im Meer kann man als Vereinigung mit dem Meer (im seelischen Sinne: mit dem Unbewußten) betrachten.

Eine ähnliche Mission ist durch den Akt der Erzählung als solchen erfüllt. Der *Historiker* hat den Augenblick, den das Gemälde darstellt, aus seiner Vereinzelung erlöst und in ein Zeitkontinuum gestellt. Durch seine Erzählung verknüpft er sodann seine eigene Gegenwart (das Jahr der Kunstausstellung 1816) mit dem 14. Jahrhundert, der Zeit des Geschehens in Venedig. Auch die eigene Situation erlöst er damit von der Isolation, von der Abgetrenntheit von der Vergangenheit und damit von dem elenden, entfremdeten Dasein des bloßen Augenblicks, wie es in der individuellen Geschichte Antonios sichtbar wird. Der menschlichen Gesellschaft im ganzen, so läßt sich zwischen den Zeilen lesen, droht, was im Rahmen der erzählten Ereignisse dem einzelnen widerfährt. Wenn sie sich nicht an ihre früheren Stufen erinnert, fällt sie aus dem Strom der Zeit und aus dem Lebenszusammenhang heraus. *Aber habt ihr auch Geduld?* fragt der Erzähler die Freunde, denn er wird *umständlich* sein (357). Zum Gewinnen von Zeit muß man Zeit haben. Das ist völlig anders gedacht als vom Standpunkt dessen, der Zeit einsetzt, um etwas anderes dafür zu gewinnen, etwa nach der Devise »time is money«.

Bleibt zu erwähnen, daß der *Historiker* nach eigenem Bekenntnis auch ein Erzähler ist, der gemäß dem Serapiontischen Prinzip erzählt. Er werde von Dingen reden, sagt er, *die mir so lebendig vor Augen stehen, als habe ich sie selbst erschaut* (357).

Meister Martin der Küfner und seine Gesellen

Erstdruck in: Taschenbuch zum geselligen Vergnügen auf das Jahr 1819, Jg. 29. Leipzig: Johann Friedrich Gleditsch, S. 9–110. Verfasserangabe: E. T. A. Hoffmann.

Zur Entstehung

Die Erzählung entstand um die Jahreswende 1817/1818. Auch zu ihr gab ein Bild den Anstoß: Karl Wilhelm Kolbes Gemälde »Die Böttcherwerkstatt«, das heute verloren ist. Ein nach diesem Gemälde entstandener Stich wurde dem Erstdruck der Erzählung in dem obenerwähnten »Taschenbuch« beigegeben. Eine Abbildung dieses Stiches findet sich bei Maassen, Bd. 6, gegenüber S. 241. Sie zeigt den dickbäuchigen Böttchermeister zusammen mit einem Besucher, wohl einem Kunden, neben einem großen, erhöht aufgestellten Faß, an dem zwei Gesellen arbeiten. Eine junge Frau, offenbar die Tochter des Meisters, hat gerade die Werkstatt betreten, um dem Kunden auf einem Tablett ein Glas zu kredenzen. Im Vordergrund sieht man zwei mit Faßreifen spielende Kinder.

Die aus der Bildszene herausgesponnene Fabel beruht anscheinend auf Hoffmanns eigener Erfindung, doch ist nicht ganz auszuschließen, daß er F. J. W. Zieglers Lustspiel »Liebhaber und Nebenbuhler in einer Person« (1791) kannte, wo ein ähnliches Motiv behandelt wird. Wie Ellinger und Maassen nachweisen, benutzte Hoffmann die Nürnberger Chronik Wagenseils, die er schon für den »Kampf der Sänger« verwendet hatte, für die Darstellung des alten Nürnberg. Aus ihr schöpfte er mehrere Personennamen (z. B. Martin, Jacobus Paumgartner, Spangenberg), Informationen über verschiedene Örtlichkeiten (z. B. die Allerwiese), über die Inneneinrichtung der Häuser sowie besonders über die Meistersinger, ihre Institution, Satzungen und Singweisen. Informationen über das Böttcherhandwerk entnahm er dem 4. Band des Buches »Schauplatz der Künste und Handwerke, oder vollständige Beschreibung derselben, verfertiget oder gebilliget von denen Herren der Akademie der Wissenschaften zu Paris«, (aus dem Französischen), Königsberg und Mietau 1765. – Das Nürnberg seiner Zeit kannte Hoffmann aus eigener Anschauung. Im März des Jahres 1812 hatte er dorthin von Bamberg aus eine Reise gemacht.

Die Lobverse auf Nürnberg (416 f.) fand Hoffmann bei Wagenseil, desgleichen die Verse *Wer tretten wil die Stiegen hinein...* (420). Eigene Erfindung Hoffmanns dagegen sind das Lied der Großmutter *›Mägdlein zart mit roten Wangen...‹* (429), das Lied Reinholds *»Wo steht das Brünnelein...«* (441 f.) sowie die Lieder Friedrichs *»Schau ich dich wieder...«* (432) und *Wo bist du hin...* (457 f.).

Zum Text

Was ist es, was den Erzähler am Nürnberg des 16. Jahrhunderts (für die Romantik noch des Mittelalters), so fasziniert, daß er sich sehnsüchtig in die alte Zeit zurückträumt und dem Leser ein Bild von ihr zu malen versucht?

Es fällt auf, daß Hoffmann das alte Nürnberg sowohl als Stadt *altdeutscher Kunst* (416) wie des *tüchtigen Bürgerlebens* (417) rühmt, vor allem aber, daß ihm hier die Kunst als integrativer Teil des Bürgerlebens erscheint. Ihre Denkmäler sind nicht in Museen versammelt, sondern schmücken die Straßen, Plätze und Häuser. In den Familien, wo der Hausvater nach alter Sitte waltet, werden *allerlei köstliche Gaben des Kunstfleißes* zwar nur an Ehrentagen in Gebrauch genommen, aber sie sind Bestandteil des Hausrats und stehen, jedermann zu jeder Zeit sichtbar und somit zum Alltag gehörend, *umher in saubern Schränken* (416). Schon im Begriff »Kunstfleiß« wird die Zusammengehörigkeit deutlich. Fleiß ist eine der Kardinaltugenden des arbeitenden Bürgers, und wo er nicht nur der Notdurft des Tages, sondern der Ausarbeitung des Schönen und der Zier des Hauses dient, erwächst er eben nicht nur aus dem Erwerbs-, sondern auch aus dem Kunsttrieb, gehen Ethik und Ästhetik Hand in Hand. Meister Martin ist zwar nur ein Küfner, er treibt nicht eigentlich ein Kunsthandwerk wie etwa der Gold- und Silberschmied, aber auch in seinem Hause *war der geräumige Flur mit sauber ausgelegten Fußboden, mit schönen Bildern an den Wänden, mit kunstvoll gearbeiteten Schränken und Stühlen beinahe anzusehen wie ein Prunksaal*, war auch der sogenannte Prangkuchen *mit allerlei köstlichen Gerätschaften des Hausbedarfs ausgeschmückt* (420).

Wenn also in jener Zeit *Kunst und Handwerk sich in wakkerm Treiben die Hände boten* (417) und damit auch Künstlertum und Bürgertum im weiteren Sinne engstens verbunden waren, so hat der Romantiker Grund, sich ihr träumerisch-sehnsüchtig zuzuwenden. Denn es ist gerade diese Einheit, die er in seiner eigenen Gegenwart nicht mehr findet. Entgegen einer weitverbreiteten literaturgeschichtlichen Legende, die den Bürger als wesentlichen Träger des im 18. Jahrhundert in Deutschland aufblühenden Kunstschaffens sehen will, geht die Kunst in der neueren Zeit vielmehr eigene Wege und setzt sich in Distanz zum bürgerlichen Leben. Einst gesellschaftlichen Funktionen untergeordnet – als Gelegenheits-, Gebrauchs-, Repräsentationskunst –, macht sie sich von der Bindung an die Gesellschaft überhaupt frei und unterstellt sich allein dem privaten Ausdrucksverlangen des sich als autonomes Individuum verstehenden einzelnen Künstlers. Ihr Gegenstand ist dann auch nicht mehr die »Wirklichkeit«, deren »Nachahmung« der Kunst seit der Antike als vornehmste Aufgabe auferlegt worden war, ihre Maßstäbe nicht mehr allgemeinverbindliche Regeln, wie sie die traditionelle Kunstlehre vermittelt hatte. Bestimmt werden Inhalte und Formen fortan vom persönlichen Gefühl und der über die Wirklichkeit hinausschwebenden Fantasie des Künstlers, um sich als seelischer und fantastischer Gehalt in eigenwilliger Gestaltung niederzuschlagen. Diese Entwicklung setzt mit der Empfindsamkeit ein und erreicht mit dem Sturm und Drang einen ersten Höhepunkt, mit der Romantik einen zweiten.

Der Bürger seinerseits läßt die Kunst nicht einfach ihres neuen unkonventionellen Weges ziehen. Nachdem die pädagogischen Anstrengungen der Aufklärung in Deutschland Früchte getragen und weite Kreise das Bedürfnis nach Bildung entdeckt haben, erfahren die Wissenschaften, erfahren auch die Künste (die Künste allerdings weniger als die Wissenschaften) Pflege und Förderung und werden nicht nur Gegenstand schulischen Unterrichts, sondern auch geselliger Zusammenkünfte, unter anderem solcher wie der von Hoffmann mehrfach geschilderten »Ästhetischen Tees«. Was die Pflege der Kunst bei dieser Gelegenheit anlangt, nimmt sich die Art, wie der Bürger mit ihr umgeht, aus der Perspektive des Romantikers freilich banausisch aus. In seinen »Kreisleriana« übt Hoffmann satirisch heftige Kritik an einem Kunstbetrieb, bei dem die Kunst dem bloßen Konsum feilgeboten (*neben dem Tee, Punsch, Wein, Gefrornen etc. wird auch immer etwas Musik präsentiert, die von der schönen Welt ganz gemütlich so wie jenes eingenommen wird*, Fantasie- und Nachtstücke, S. 27f.), und degradierenden Zwecken untergeordnet wird: dem Zweck der Unterhaltung und dem der Erholung für die »ernsteren Geschäfte«. (Vgl. auch den Kommentar zu »Der Artushof«.) Eine Einheit zwischen Bürgertum und Künstlertum besteht hier um so weniger, als Bürger und Künstler nicht in Personalunion Kunstschaffender und -genießender zugleich sind, sondern der Bürger die Rolle des Rezipienten, allenfalls des dilettierenden Feierabendamateurs, der (unbürgerliche) Künstler die des Produzenten spielt, als vom Bürger bezahlter Mietling freilich genaugenommen die des Unterhalters. Unter anderem hieraus resultieren die *musikalischen Leiden* des Kapellmeisters Kreisler in den »Kreisleriana« (vgl. Fantasie- und Nachtstücke, S. 27ff.). Die Entfremdung zwischen Bürgertum und Künstlertum ist aber, wie vorhin angedeutet, ein Prozeß, der von beiden Seiten ausgeht. Nicht nur nimmt der Bürger gegenüber der Kunst eine in Hoffmanns Augen unangemessene Haltung ein, mit der er sie im Grunde von sich stößt, die Kunst setzt sich auch ihrerseits in Distanz zur Gesellschaft und zur alltäglichen Wirklichkeit, wenn sie sich, wie dies in der Romantik und schon vorromantisch geschieht, als Mysterium einiger weniger Eingeweihter begreift. Wenn

Hoffmann sich nach der altdeutschen Einheit von Kunst und Handwerk sehnt, müßte er also Abstriche von der eigenen Kunstauffassung machen.

Seine Sehnsucht ist gleichwohl verständlich, nicht nur weil er die Gespaltenheit zwischen Künstler und Bürger als Phänomen der Zeit, sondern weil er sie auch als persönliches Problem erfuhr. Zwischen seiner bürgerlichen Tätigkeit als Jurist im Staatsdienst und seiner künstlerischen Tätigkeit als Poet, Musiker und Maler klaffte ein Abgrund. Wenn in seinen Werken so häufig das Doppelgängerproblem, das Problem der Identitätsspaltung, eine Rolle spielt, dann auch wegen jener tiefen und weiten Kluft.

Die Erzählung von Meister Martin und seinen Gesellen bietet nun freilich nicht nur das heile Gegenbild. In die gute alte Zeit (»gut« allerdings vor allem in der verklärenden Sicht des Romantikers) projiziert Hoffmann auch ein Stück Gegenwartsproblematik, eben jenen von ihm persönlich erfahrenen Konflikt zwischen den Anforderungen des bürgerlichen Lebens und der künstlerischen Neigung; denn der Küfnermeister mit seinem Standesdünkel und seiner bornierten Auslegung des Orakels stellt Friedrich und Reinhold vor die Wahl, entweder bei ihrer Kunst zu bleiben und auf Rosa zu verzichten oder ihrer Kunst zu entsagen und um Rosas willen lebenslang das unkünstlerische Küfnerhandwerk zu treiben. Die Thematik wird durch die Figur Conrads variiert, doch sollen uns hier vor allem die beiden anderen interessieren.

Der Konflikt endet mit zwei verschiedenen Lösungen. Reinhold entscheidet sich zugunsten der Malerei, der er abtrünnig geworden war, und verläßt Nürnberg, was wir auch als Ausscheiden aus der bürgerlichen Welt deuten dürfen. Ins *Gefängnis* (462) der Ehe wird er sich nicht einsperren lassen. Wie andere Künstler Hoffmanns verinnerlicht und sublimiert er die Geliebte zum rein geistigen Ideal, das fortan nur in seinen Bildern Gestalt annehmen soll. Reinhold ist eine neuzeitliche Künstlergestalt, ein Zeitgenosse Hoffmanns. Und in ihm ist nicht nur die moderne Künstlerproblematik am deutlichsten ausgeprägt, in ihm spiegelt sich auch das neue Selbstbewußtsein, das der moderne Künstler aus einem ins Sakrale und Sublime gesteigerten Verständnis der Kunst und seiner selbst schöpft. Erscheint er geradezu *vornehm* (eine Vorwegnahme der Bestimmung Thomas Manns, der später von der Vornehmheit des Künstlers und dem Adel des Geistes sprechen wird), so kann er es mit der Vornehmheit Conrads durchaus aufnehmen. Ja diese beruht nur auf der Geburt, Reinholds Vornehmheit dagegen auf höheren Weihen; es ist, *als habe er Umgang mit höheren Geistern, als gehöre er überhaupt einer andern Welt an* (452).

Während Reinhold schon durch die Art der Kunst, die er ausübt, die Malerei, der Welt des Handwerks, zumal des Küfnerhandwerks, relativ fern steht, ist Friedrich als Gold- und Silberschmied, auch wenn er einmal in den Spuren Peter Vischers wandeln sollte, ein Gebrauchskünstler. Der Pokal, mit dem er als Abschiedsgeschenk aufwartet, ist ein Werk zur Augenweide, aber auch zum Gebrauch, zum Trinken. Seine Abkehr vom Küfnerhandwerk, die im übrigen mit einem Kompromiß vonstatten geht, da er sein küfnerisches Meisterwerk noch fertigstellt, bedeutet deshalb keine Hinwendung zur Kunst zuungunsten des Handwerks, sondern die Vereinigung beider Bereiche. Mehr noch: er heiratet Rosa und fügt sich in die bürgerliche Lebensform ein. In dieser Lösung des Konflikts verwirklicht sich also der Traum, dem der Erzähler zu Beginn der Geschichte von der Einheit zwischen Künstlertum und Bürgertum im alten Nürnberg nachhängt.

Friedrich ist auch deshalb vollendeter Bürger-Künstler, weil er den Meistersang beherrscht. Dieser aber ist eine Kunst der Bürger, nicht nur für Bürger, sondern auch von Bürgern. Die neuzeitliche Poesie ist demgegenüber geprägt von zumeist unbürgerlichen Poeten, die weitgehend von einem bürgerlichen Publikum rezipiert werden. Hier ist die von Hoffmann erlebte Spannung akut. So ist anzunehmen, daß er den Meistersang auch deshalb ins Spiel brachte, weil er in ihm die Einheit von Kunstschaffen und Kunstpublikum sah.

Eigentlich haben beide Rivalen am Schluß Rosa gewonnen, Friedrich als leibliche Frau, Reinhold als Idol. Selbst Conrad ist in den Besitz einer Rosa gelangt. Allen dreien ist ferner gemeinsam, daß sie schließlich zu ihrer ursprünglichen Bestimmung zurückkehren. Wie sie aber wieder sie selber werden, ihre eigentliche Identität zurückgewinnen, so treten sie auch ganz aus dem Verhältnis der Rivalität heraus und finden sich in uneingeschränkter Harmonie zusammen. Wird hier ein zweiter Traum des Erzählers Wirklichkeit, als eine weitere Alternative zur bestehenden Realität? Konkurrenz, so sehen wir, muß die Glieder einer Gesellschaft nicht einander entfremden, kann sie sogar zu

Freunden machen. In mancher Hinsicht ähnelt diese Erzählung übrigens dem »Fragment aus dem Leben dreier Freunde«.

Nicht ganz einfach ist die Figur des Küfnermeisters Martin zu bestimmen. Ist er ein Philister oder nicht? Der Philister ist für Hoffmann eine neuzeitliche Figur, ein nüchterner Geschäftemacher und Nützlichkeitsapostel, ohne wahren Kunstsinn, ohne Sinn überhaupt für das von Hoffmann vielbeschworene, die alltägliche Wirklichkeit übersteigende »höhere Sein«. Der *fromme*, von den *köstlichen Gaben des Kunstfleißes* (416) umgebene Hausvater des alten Nürnberg kann dann schwerlich zum Philistertum gerechnet werden. Aber Meister Martin hat einige bedenkliche Züge. Er ist dem überheblichen Stolz, der Eitelkeit verfallen, einer Eigenschaft, die Hoffmann zu den Kardinalsünden rechnet, und er versucht, eigenmächtig das Schicksal seiner Tochter zu bestimmen, ein Akt von ›Autonomie‹, wie sie von der ganzen Romantik als prometheischer Wahn gegeißelt wird. Paumgartners Tadel macht dies deutlich: *Dem Himmel, spracht Ihr, soll Eurer Tochter Schicksal anheimgestellt sein und doch greift Ihr mit irdischer Blödsinnigkeit dem Ratschluß der ewigen Macht vor, indem Ihr eigensinnig vorher festsetzt, aus welchem kleinen Kreise Ihr den Eidam nehmen wollt. (...) laßt ab von solcher unchristlicher kindischer Torheit, laßt die ewige Macht gebieten, die in Eurer Tochter frommes Herz schon den richtigen Ausspruch legen wird* (427). Tatsächlich täuscht sich Martin mit seiner Auslegung des Orakels, obwohl sie viel Wahrscheinlichkeit für sich hat. Wieder aber ist, wie so oft bei Hoffmann, das Wahrscheinliche nicht das Wahre. Sich auf den bloßen Augenschein, die vordergründige Bedeutung zu verlassen, erweist sich also als fatal und, wenn davon ein Menschenschicksal abhängt, als geradezu frevelhaft. Immerhin ist Martin am Schluß einsichtig. Die *ewige Macht* hat die einzig richtige Wahl getroffen, und er bekennt, *einen trefflicheren Eidam hätte ihm die Fügung des Himmels gar nicht zuführen können* (468).

Nachdem Sylvester die Erzählung vorgelesen hat, rühmen die übrigen Serapions Brüder den *gemütlichen Ton, der darin herrsche* (471). Beruht diese »Gemütlichkeit« (in dem spezifisch Hoffmannschen Sinne; siehe den Gesamtkommentar, Abschnitt 3) auf einem Bild der alten Zeit, in dem die Züge eines friedvollen, harmonischen Lebens überwiegen und, was an moderner Zerrissenheit hineinprojiziert ist, hinter dem weitaus stärker aufgetragenen Kolorit von Treuherzigkeit und Einfalt zurücktritt, so ist dieses Bild seinerseits zweifellos von der verklärenden Darstellung inspiriert, die bereits Wilhelm Heinrich Wackenroder in den »Herzensergießungen eines kunstliebenden Klosterbruders« (1797) und Ludwig Tieck in »Franz Sternbalds Wanderungen« (1798) von der Dürerzeit und dem Nürnberg Dürers gegeben hatten. Diese beiden Werke waren wiederum Quelle der Inspiration für die sogenannten Nazarener, eine Gruppe junger deutscher Maler, die sich 1809 in Wien als »Lukasbrüderschaft« konstituiert und bald darauf in Rom niedergelassen hatte, um hier im Dienst der »Wahrheit« und in Opposition zu »jeder akademischen Manier« (so stand es in der Gründungsurkunde) an einer Reform der Kunst auf religiöser Grundlage, angelehnt an die altdeutsche Malerei und die italienischen Maler der Renaissance, zu arbeiten. Reinhold in Hoffmanns Erzählung gleicht schon im Äußeren den Nazarenern (vgl. S. 433). Und wenn der Erzähler an die *Meisterwerke unseres großen Albrecht Dürers* erinnert und dem Leser die hier abgebildeten *herrlichen Jungfrauengestalten voll hoher Anmut, voll süßer Milde und Frömmigkeit* (420) vor Augen hält, so schaut er selbst mit den Augen der Nazarener. Gerade so, sagt er, habe man sich auch Rosa, die Tochter Martins, vorzustellen. Einer der Lukasbrüder, Peter Cornelius, wird von Hoffmann sogar namentlich genannt, Rosa auch der Figur Gretchens verglichen, wie sie auf Cornelius' Zeichnungen zu Goethes »Faust« erscheint (421).

Das fremde Kind

Erstdruck in: Kinder-Mährchen. Von E. W. Contessa, Friedrich Baron de la Motte Fouqué und E. T. A. Hoffmann. Zweites Bändchen. Berlin: Realschulbuchhandlung 1817, S. 1–110.

Zur Entstehung

Das Märchen entstand im Spätsommer/Frühherbst 1817. Es zeigt Anklänge an Tiecks Märchen »Die Elfen« (im 1. Band des »Phantasus«) und ist wie dieses der Tradition des französischen Feenmärchens verpflichtet. Bei der Schilderung des fremden Kindes vom Hofstaat der Mutter, wo so viele elfenhafte Kinder sich tummeln und auf Pflanzen schaukeln (493), könnte Hoffmann wiederum, wie Maassen mit Recht vermerkt, ein Bild vor Augen gehabt haben, und zwar des romantischen Malers Philipp Otto Runge (1777–1810). Zu denken ist hier aber an mehrere Bilder Runges, nämlich den Zyklus der »Vier Zeiten« (Pläne und Studien dazu ab 1802), den Runge zunächst als Kupferstichzyklus herausbrachte. Hoffmann selbst verfertigte für den Erstdruck eine Zeichnung und eine Schlußvignette, die bei Maassen, Bd. 6, gegenüber S. 298, wiedergegeben sind. Hauptsächliche Quelle der Erzählung war offensichtlich aber vor allem Tiecks Gedicht »Phantasus«, das wir im folgenden auszugsweise zitieren:

Phantasus

Betrübt saß ich in meiner Kammer,
Dacht' an die Noth, an all den Jammer,
Der rundum drückt die weite Erde,
Daß man nur schaut Trauergeberde,
Daß Lust und Sang und frohe Weisen
Gezogen weit von uns auf Reisen,
Daß Argwohn, Mißtraun unsre Gäste,
So Furcht wie Angst bei jedem Feste,
Daß jedermann nur frägt in Sorgen:
Wie wird es mit dir heut und morgen?
Dazu war ich noch schwach und krank,
Mir war so Tag wie Nacht zu lang;
Ich sorgte, was mein Arzt ermessen,
Was ich nicht trinken durft' und essen,
Wie meine Pein zu lindern wäre,
Was mir den Schlaf, die Ruh nicht störe:
So saß ich still in mich gebückt,
Den Kopf in meine Hand gedrückt,
Als ich, so sinnend, es vernahm
Daß jemand an die Thüre kam,
Es klopfte, und ich rief: herein!
Da öffnet schnell ein Händelein
So weiß wie Baumesblüth, herfür
Trat dann ein Knäblein an die Thür,
Das Haupt gekränzt mit jungen Rosen,
Die eben aus den Knospen losen,
Wie Rosengluth die Lippen hold,

Das krause Haar ein funkelnd Gold,
Die Augen dunkel, violbraun,
Der Leib gar lieblich anzuschaun.
Er trat vor mich und thät sich neigen,
Und sprach alsdann nach kurzem Schweigen:
Wie kömmts, mein lieber kranker Freund,
Daß ihr hier sitzt, da Sonne scheint?
Der Frühling geht umher mit Pracht,
Hat Laub des Waldes angefacht,
(...)
Du nur willst sitzen hier gekauert,
In deinen Sorgen eingemauert,
Von Schwermuths-Wolken rings umhängt,
In Noth und Zweifeln eingeengt?
Ich kenne dich nicht wieder schier;
Hinaus mach' stracks dich vor die Thür,
(...)
Frisch auf, laß dich von mir regieren,
Ins Frühlings-Reich will ich dich führen.
(...)
Ich sprach halb zornig: wer bist du,
Der mich gestört in meiner Ruh,
Du Knäblein laut, vorwitziglich,
Der du also bespöttelst mich,
Und willst, weil du ein Kindlein frei,
Daß alle Welt auch kindisch sei?
Ich habe mehr gelernt, erfahren,
Bin auch jetzund was mehr bei Jahren,
Daß Spiel, unnützer Zeitvertreib
Nicht mehr gefallen meinem Leib,
Auch ist umher die ganze Welt
Auf Ernst, Nachdenklichkeit gestellt,
Daß der nur Thor jedwedem scheint,
Der sich nicht höherm Zweck vereint,
Du aber, Knäblein, bist inmitten
Der Bildung nicht mit fortgeschritten,
Meinst noch, daß man nach Blum' und Kraut
Und all den Kinderein ausschaut,
Das hält man jezt für Rauch und Dunst,
Mein Sohn, die Zeit ist nicht wie sunst.

Der Knabe lacht', daß sich das Gold
Der Locken in einander rollt
Und sprach: sonst hast mich wohl gekannt,
Ich bin der Phantasus genannt,
Heimathlich war ich sonst bei dir,
Dein Spielgefährte für und für,
Als du mich noch am Herzen hegtest
Und väterlich und freundlich pflegtest,
Da war dein Sinn anders gestellt,
Mit dir zufrieden und der Welt
War dir die Arbeit Lust und Scherz,
Frisch und gesund dein junges Herz.
Mein Auge, sprach ich, ist wohl blind;
Du also bist dasselbe Kind,
Das täglich Blumen mir gebracht,
Holdseeliglich mich angelacht,
Das mir verscherzt die muntern Stunden,
Vielfältig Spielzeug mir erfunden?
Seitdem bist du von mir entwichen,
Und anderwärts umher gestrichen,
Da kamen Ernst, Vernunft, Verstand,
Und gaben mir in meine Hand
Der Bücher viel und mancherlei
Voll tiefen Sinns, Philosophei,
Ich strebte, mich aus rohem Wilden
Zum wahren Menschen umzubilden;
(...)
Hatt' viel Kunstworte bald erstanden,
Ich selbst gekommen nur abhanden,
Um endlich wieder zu gelangen
Noch dummer wo ich ausgegangen:
Vielleicht weil du, mein Sohn, gefehlt,
Hab' ich in Angst mich abgequält,
(...)
Komm, laß uns in den schönen Tagen
So spielen, wie wir sonst gepflogen,
Wenn du mir etwas noch gewogen.
Der Kleine schmeichelt' sich an mich,
Drückt' an mein Knie mit Lächeln sich,
Wandt' sich hieher und dorthin nun,
Fast wie die jungen Kätzlein thun.

Da gehn wir aus dem Haus, und warm
Nimmt Sommer mich in seinen Arm, (...).

(Schriften, Bd. 4, S. 130–135)

Mit der Figur des Magister Tinte greift Hoffmann auf eine traditionelle Vorstellung vom Teufel zurück. In Jean Pauls »Auswahl aus des Teufels Papieren«, 1789, heißt es, »daß die Bibel und gewiße Völker den Teufel einen Fliegenkönig genannt, – daß ferner der Jupiter Apomyos, der wie jeder klassische Gott ein vermummter Teufel nach den Kirchenvätern gewesen, in der Gestalt einer Fliege modelliret worden und daß der Doktor Baynyard sich den Satan gar nicht anders denken konnte, als wie eine große Brummfliege.« Zitiert nach Maassen, Band 6, S. LVII. Weitere Hinweise ebenda, S. 402f. Zu denken ist hier natürlich auch an die Stelle in Goethes »Faust«, Erster Teil, wo Faust zu Mephisto sagt: »Bei euch, ihr Herrn, kann man das Wesen / Gewöhnlich aus dem Namen lesen, / Wo es sich allzudeutlich weist, / Wenn man euch Fliegengott, Verderber, Lügner heißt.« (Verse 1331–1334) Im lateinischen Mittelalter wurde »Beelzebub« (von »Baal-zebub«, dem Namen des syrischen Fliegengottes) mit »vir muscarum«, d.h. »Herr der Fliegen« wiedergegeben (vgl. Isidors »Etymologiae«, Buch VIII, 11, 26, nach einem freundlichen Hinweis von Christoph Gerhardt). Reichliche Nachweise der Vorstellung von der »Teufelsepiphanie« in Fliegengestalt ferner im »Handwörterbuch des deutschen Aberglaubens« (hg. von Hanns Bächtold-Stäubli, Nachdruck Berlin/New York 1987), Band 2, Spalte 1626f. Verwandt ist auch die Vorstellung vom Teufel als Spinne. Vgl. Jeremias Gotthelfs Erzählung »Die schwarze Spinne« und die Nachweise bei Bächtold-Stäubli, Band 8, Spalte 269f.

Zum Text

Über die historischen Voraussetzungen und gewisse inhaltliche wie formale Besonderheiten der Gattung Kunstmärchen, zu der auch »Das fremde Kind« zählt, haben wir bereits im Kommentar zu »Nußknacker und Mausekönig« einiges ausgeführt. Es darf auch noch einmal an einige der dort behandelten Motive erinnert werden, da sie hier wiederkehren: an die doppelte Optik bei der Auffassung des Wunderbaren, wie sie in dem Zwiespalt zwischen der gläubigen Haltung der Kinder und der ungläubigen oder zweifelnden Haltung der Erwachsenen deutlich wird; an das Motiv der Puppe; an den Gegensatz zwischen Schönem und Häßlichem (der hier allerdings anders durchgespielt wird); an die Zerstörung oder Gefährdung ursprünglichen Heils, nenne man es nun Schönheit, Kindheit, Heimat oder die Verbundenheit mit Mutter Natur.

Die Kindheit und die Vertrautheit mit der Natur werden im »Fremden Kind« durch die Zivilisation gefährdet, die der ländlichen Idylle des verarmten Landedelmanns von Brakel in Gestalt der hofadligen Verwandtschaft einen folgenreichen Besuch abstattet. Vom Landleben gibt Hoffmann eine etwas verklärende, aber unsentimentale Darstellung. Er hebt an ihm das Einfache, Derbe, Gesunde hervor, während der vornehme, gesittete Besuch die Gesittung offenbar mit Vitalität bezahlt hat. Zeichen der Dekadenz: der kleine Herrmann guckt *blöd und scheu* aus *trüben schläfrigen Augen* (476), er hat jämmerliche Angst vor dem Hund, er und seine Schwester dürfen keinen Kuchen essen, da sie ihn nicht vertragen können, und werden mit Diät versorgt. Wohlerzogen wie sie sind, sitzen sie *stumm und still auf ihren Stühlen ohne eine Miene zu verziehen, ohne sich zu rühren und zu regen* (478), aber sie gleichen darin, wie auch in ihrem gezierten Aufputz, den toten Puppen, die sie Felix und Christlieb als Geschenk überreichen. Das Leblos-Mechanische, das sie kennzeichnet, kommt desgleichen in der Art zum Ausdruck, wie sie ihre Kenntnisse in den *Wissenschaften* zum besten geben: wie Automaten, die eingespeichertes Wissen ohne Sinn und Verstand herunterschnurren. Die Entfremdung von Leben und Natur zeigt sich auch bei den vornehmen Eltern. Ein Zug ist dabei besonders bemerkenswert. Die Naivität der Landkinder erregt bei ihnen ein Gefühl der Rührung und entlockt ihnen Ausrufe wie *»O süße liebe rührende Unschuld!«* oder *»O liebliche Naivität«* (477). Wie so häufig bei Hoffmann, wird auch hier das Sentimentale als affektiertes Getue lächerlich gemacht.

Mit den mitgebrachten Spielsachen hinterläßt der Besuch ein Stück seiner künstlichen Welt, eine fatale, die vertraute Umwelt unheimlich verfremdende Hinterlassenschaft, wie sich später herausstellt. Zunächst haben die Beschenkten an den Spielsachen noch Freude, aber nur so lange, wie sie mit ihnen drinnen im Haus spielen. Der Unwert der künstlichen Dinge wird draußen in der freien Natur offenbar, im Kontrast zum Natürlichen. Da tönt die mechanische Musik des Harfenmännleins im Vergleich zu den Lauten der Natur häßlich. (Vgl. auch den Kommentar zu »Die Automate«.) Da enthüllt sich die Sinnlosigkeit eines Jägers, der immer nur nach der Zielscheibe statt nach Wild schießt. Da büßt Christliebs schöne Puppe beim Lauf durchs Gebüsch ihre ganze Zierde ein. Diese Dinge wegzuwerfen, nützt den beiden Kindern jedoch nichts. Das Verhängnis, das mit dem vornehmen Besuch über sie gekommen ist, nimmt seinen Lauf.

Es besteht darin, daß auch Felix und Christlieb die *Wissenschaften* erlernen sollen, und es naht sich in Gestalt eines *gelehrten Mannes* (479), des Magister Tinte, den die Verwandten von der Residenz hersenden. Eine Krisensituation: den Kindern droht die Entfremdung von der Natur, da sie nun in der Stube sitzen und lernen müssen, ja, durch die intellektuelle Bildung der Verlust der Kindheit. Als Zeichen der Krise äußern sich bei ihnen *Überdruß und Langeweile* (484) und ein gestörtes Verhältnis zum einst vertrauten Wald. Felix strauchelt beim Laufen und fällt hin, Christlieb bleibt, wie die neue Puppe, mit den Kleidern im Gebüsch hängen oder stößt sich den Fuß an einem spitzen Stein. Die Sicherheit, mit der sie sich sonst in dieser Welt bewegten, ist verlorengegangen, und wenn sie sich sogar Verletzungen zuziehen, so stehen sie mit ihr nicht mehr auf freundschaftlichem Fuße. Mißmutig geben sie daher das Spielen im Walde auf, es dünkt ihnen das beste, in die Stube zurückzu*kriechen*. Ihre eigene Deutung der Situation ist freilich falsch: *wir ungeschickten Dinger – ach wir haben keine Wissenschaften!* (485) Dabei ist die Krise im Gegenteil entstanden, weil ihnen die Wissenschaften auf den Hals gerückt sind.

Daß nun gerade in dieser Situation den beiden die Erscheinung des fremden Kindes zuteil wird, mutet auf den ersten Blick paradox an. Man sollte meinen, zu diesem Zeitpunkt hätten sie sich gerade vom Wunderbaren entfernt. Aber Hoffmann hat schon im »Goldnen Topf« eine solche Konstellation gewählt. Auch auf den Studenten Anselmus wartet die Eröffnung einer Aussicht auf Erlösung just in dem Moment, als er mißmutig seinen Unstern bedenkt und in falscher Deutung seines Schicksals seinen Mangel an gesellschaftlicher Gewandtheit dafür verantwortlich macht. Es scheint also, daß nur den Bedrängten, den Unzufriedenen das Heil widerfährt, da allein sie trotz Mißdeutung ihrer Lage für die Erfahrung des Heils offen sind, freilich soweit sie ein kindliches Gemüt besitzen. Die Glücklichen, die Zufriedenen, die Satten benötigen diese Erfahrung nicht oder sind, wie der Philister, für sie verschlossen.

Der Sinn des Vorgangs hat noch eine andere Komponente. Den Wert eines Menschen, eines Gegenstandes, eines Zustandes erkennen wir oft erst, wenn wir ihn zu verlieren drohen. So wird auch den beiden Kindern der Wert der Kindheit gerade in dem Augenblick deutlich (er erscheint in persona in Gestalt des fremden Kindes), wo sie beginnen, unkindliche zivilisierte Adepten der Wissenschaften zu werden. Ja im fremden Kind geht ihnen nicht nur der Wert, sondern der ganze Zauber der Kindheit auf: das zauberische Vermögen, die Sprache und Musik der Natur zu verstehen; die Gabe, die Natur in eine Spielwelt zu verwandeln, in der man wie alle anderen Wesen Kind der großen Mutter ist; die schöpferische Kraft der Fantasie, Luftschlösser zu bauen und sich auf den Flügeln der Fantasie in die Lüfte zu schwingen. Das Kind lebt aber nicht nur im Einklang mit der Natur, es ist selbst, an sich, ein Symbol der ungespaltenen Einheit, weil es androgyn ist, d. h. Weibliches und Männliches in ihm noch nicht differenziert sind. Nur aus der Sicht der ihrerseits schon als Knabe und Mädchen identifizierten Felix und Christlieb erscheint das fremde Kind geschlechtsspezifisch, aber bezeichnenderweise doppeldeutig: Felix hält es für einen Knaben, Christlieb für ein Mädchen. Bezeichnend ist freilich auch, daß das Kind als *fremdes* Kind auftritt. Die Fremdheit signalisiert den bei Felix und Christlieb bereits eingetretenen Prozeß der Entfremdung von der Kindheit, wie andererseits beiden von diesem ursprünglichen Zustand noch soviel gegenwärtig ist, daß sie die Erscheinung in dem Doppelsinn des fremdartig Bekannten erleben können: *Beiden Kindern war es in der Tat so, als ob sie schon lange das fremde Kind gekannt und mit ihm gespielt hätten, und als ob ihr Unmut nur daher gerührt hätte, daß der liebe Spielkamerad sich nicht mehr blikken lassen* (486).[28]

Was dann das fremde Kind von seiner mythischen Heimat erzählt, ist nur mit Einschränkung als Beschreibung des Goldenen Zeitalters zu nehmen. Das Kinderreich der Feenkönigin, in seiner Grundverfassung eine Liebesgemeinschaft, ist jedenfalls kein Reich der Unschuld und des reinen Glücks; es gibt in ihm auch Unglück, Schuld und Schmerz. Offensichtlich sieht Hoffmann die Kindheit nicht nur aus dem verklärenden Blickwinkel des Romantikers. Auch hat bereits in frühester Zeit ein feindliches Prinzip am Hof der Feenkönigin sein Unwesen getrieben, der Gnomenkönig Pepser, der nun als Magister Tinte auf der Erde umherwandelt und -summt. Der Magister, als große Brummfliege von Hoffmann genial in Szene gesetzt, ist kein anderer als der Teufel persönlich, wird er doch auch in Goethes »Faust« im Anschluß an eine alte Tradition »Herr der Fliegen« genannt. Dennoch verbindet man seine Darstellung in Hoffmanns Erzählung nicht so sehr mit Mephisto, sondern mit einer anderen Gestalt aus dem »Faust«: dem Famulus Wagner, von dem er den Zug der naturfernen Stubengelehrsamkeit, des borniert Verständigen besitzt. Der Magister ist denn auch nicht der Geist, der stets verneint, sondern der Geist, der alles beschreibt. Er überzieht als Gelehrter namens Pepasilio am Hof der Königin alles mit seinem schwarzen Saft, der Tinte, und frohlockt darauf unter Gelächter, *nun sei erst alles so wie es sein solle, denn er habe es beschrieben* (496). Was ist aber Schlimmes an der Beschreibung aller Dinge? Dies, daß es sich hier um eine Beschreibung im Geist der Wissenschaften handelt, als deren Sachwalter der Magister fungiert, die wissenschaftliche Weltbeschreibung (im Unterschied zur poetischen), überhaupt die Verwissenschaftlichung des Lebens aber zur Vernichtung des Schönen und Lebendigen führt. Wenn die beiden Kinder aus *manchen alten Büchern (...) manche schöne Geschichte* erzählen können (das eben ist die Poesie), so achtet der Magister dies für gar nichts und erklärt es für *dummes Zeug* (498). *Das Abscheulichste war aber wohl, daß er mit Hülfe seiner Gesellen die schönen funkelnden Edelsteine des Palastes, die bunt schimmernden Blumen, die Rosen und Lilienbüsche, ja selbst den glänzenden Regenbogen mit einem ekelhaften schwarzen Saft zu überziehn wußte, so daß alle Pracht verschwunden und alles tot und traurig anzusehen war* (495 f.). Dabei macht die wissenschaftliche Beschreibung die Welt nicht einmal verständlicher. Der Magister beschäftigt sich mit fernab liegenden Quisquilien – *was der Großmogul für Kamaschen trägt* –, während er beim Nächstliegenden versagt und nicht einmal die Linde vom Kastanienbaum zu unterscheiden vermag. Sodann plappert er *allerlei seltsame Wörter und unverständliches Zeug*, ergeht er sich in einer unverständlichen Terminologie (502).

In der Darstellung des Magisters äußert sich Hoffmanns boshafteste Kritik am Zeitalter der Aufklärung, das bereits der junge Schiller in den »Räubern« ein »tintenklecksendes Säkulum« genannt hatte, aber auch am Typus des bürgerlichen Philisters, denn der Magister trägt, weil er, bildungsbeflissen, die Kinder aufs Vernünftige und Nützliche lenken will, bürgerliche Züge. Es hilft freilich nicht viel, daß er fortgejagt wird; zur Natur gewinnen die Kinder das ursprüngliche Verhältnis nicht mehr zurück. Der Wald kommt ihnen stumm und verödet vor, und die weggeworfenen Puppen machen ihn mit ihren toten Augen zum unheimlichen Aufenthalt. Nicht ohne Grund bezeichnen sich die Puppen selber als *die gehorsamen Zöglinge des Herrn Magister Tinte* (506). Wer sich der Zucht des Magisters unterwirft, wird in der Tat zur Puppe, zum Automaten. Die Kinder der vornehmen Verwandten, Hermann und Adelgunde, beweisen es.

Wie der Schluß zeigt, wiederholt sich bei Felix und Christlieb, was einst ihrem Vater widerfahren war, wie überhaupt der Verlust der Kindheit jedes Menschen Los ist. Daß dem Vater schließlich das fremde Kind wieder in den Sinn gekommen ist, entspricht andererseits der Kreisbewegung des menschlichen Lebens, das im Alter durch das Medium der Erinnerung an die Kindheit wieder anknüpft. Mit dem Tod des Vaters zerbricht die ganze Idylle. Die Kinder verlieren nicht nur die Kindheit, sondern auch die Heimat. Ein paar *häßliche Männer* nehmen das Besitztum in Beschlag, *die beinahe aussahen wie der Magister Tinte* (509). Den Kindern und ihrer Mutter bleibt die tröstende Nähe des fremden Kindes, Inbegriff des Märchens, des Wunders, der Fantasie. Das Kindliche, Spielerische, Scherzhafte der Fantasie als Sorgenbrecher – das ist, was Hoffmann auch der Figur des »Phantasus« von Tieck als Botschaft entnehmen konnte.

[Nachricht aus dem Leben eines bekannten Mannes]

Erstdruck unter dem Titel »Aus dem Leben eines bekannten Mannes. Nach einer märkischen Chronik« in: Der Freimüthige oder Unterhaltungsblatt für gebildete, unbefangene Leser. Hrsg. von Dr. August Kuhn. Jg. 19, 15. und 27. Mai 1819, Nr. 104 und 105, S. 413–414 und 417–418. Verfasserangabe: E. T. A. Hoffmann.

Zur Entstehung

Hoffmann schrieb die Erzählung im Frühjahr 1819. Als Quelle diente ihm das »Microchronicon Marchicum« (kleine Märkische Chronik) von Peter Hafftiz (um 1525 – um 1602), verfaßt 1595. Das Werk war zu Hoffmanns Zeiten noch nicht gedruckt. Wie Hans von Müller nachgewiesen hat, benutzte Hoffmann es in einer Abschrift aus den »Manuscripta borussica« der Königlichen Bibliothek zu Berlin, Folio Nr. 23. Es erschien zuerst im »Codex diplomaticus Brandenburgensis«, Berlin 1862, IV. Hauptteil, 1. Band, S. 46–167.

Zum Text

Die kleine Geschichte gibt Gelegenheit, eine Besonderheit von Hoffmanns Dichtung zu erörtern, die sich fast in allen seinen Werken findet und hier an der Darstellung des Teufels deutlich wird.

Ottmar verweist später im Gespräch der Serapions-Brüder auf eine gewisse Tradition der Teufelsdarstellung in alten Chroniken und Schwänken. Die *wahrhaft teutsche Gemütlichkeit* spreche sich darin aus, daß der Satan nicht allein als grauenhaft und unheilvoll wiedergegeben, sondern der Charakteristik teils etwas Biederes, teils etwas Burleskes beigemischt werde (530).

Etwas Ähnliches versucht auch Hoffmann. Wenn er den Teufel in der Maske des harmlosen Biedermanns in Berlin umherwandeln läßt, gegen jedermann höflich, hilfsbereit, auch selber hilfsbedürftig wegen seines lahmen Fußes, so strebt er der *Kunst* nach, *den Teufel ganz auf diese deutsch gemütliche Weise darzustellen,* im Gegensatz zu jenen neueren Spukgeschichten, die ihn entweder zum gemeinen Hanswurst herabwürdigen oder einseitig an ihm das Grauenhafte herausstreichen (530). Das Flair des ehrenwerten Mannes macht gleichwohl nur die eine Seite der Figur aus. Zum Entsetzen der Bürger offenbart der Fremde auch eine unheimliche Seite, wenn er, immer noch scheinheilig genug, nachts im Totenkleid an der Tür erscheint, und schon seine Riesensätze, die er trotz seiner Behinderung über die Gosse hinweg vollführt, wirken alles andere als geheuer. Es ist also eigentlich die Mischung zweier heterogener Elemente, die Hoffmann für die Darstellung der Figur wählt und die er selbst durch den Mund Lothars definiert als *Mischung des wunderbar Gemütlichen, das wenigstens an das Komische anstreift, mit dem Grauenhaften* (530).

Wo diese beiden Komponenten zusammenkommen, entsteht das Phänomen des Grotesken, das Groteske aber macht sich als durchgehender Stilzug in Hoffmanns Erzählwerk geltend.[29] Zwar bezeichnet Hoffmann selber mit grotesk, einer Tradition der Kunstgeschichte folgend, eine Vermischung anderer Art: die des Menschlichen und Tierischen. In dem kurzen programmatischen Prosastück »Jacques Callot« werden *Callots aus Tier und Mensch geschaffene groteske Gestalten* erwähnt (Fantasie- und Nachtstücke, S. 12), und Hoffmanns eigene Groteskgestaltungen erweisen sich zum Teil als solche Mensch-Tier-Wesen wie etwa der Wechselbalg, der im Haus der Lütkens das Licht der Welt erblickt, oder der Magister Tinte im »Fremden Kind«, eine menschliche Brummfliege und übrigens ebenfalls eine Teufelsgestalt. Aber die meisten Erscheinungen des Grotesken in seiner Dichtung geben sich doch hauptsächlich als Vermischung des Grauenhaften und (weniger des »Gemütlichen« als) des Komischen zu erkennen.

Sie lösen eine zwiespältige Wirkung aus: ein Lachen, das einem ob der grauenhaften Kehrseite im Halse stecken bleibt; andererseits Grauen, das wiederum durch die Beimischung des Komischen gemildert wird. Gemischte Empfindungen treffen seit der Empfindsamkeit den Geschmack des lesenden Publikums, soweit es in der Literatur die Gemütserregung sucht, eher als einfache und unvermischte. Das Groteske ist eine von zahlreichen Varianten der Methode, den Gaumen mit disparat zusammengesetzten Ingredienzien zu kitzeln. Das *Unheimliche Spukhafte* kann, so heißt es, *jenes seltsame Gefühl hervorbringen, das, eine eigentümliche Mischung des Grauenhaften und Ironischen, uns auf gar nicht unangenehme Weise spannt* (526).

Greift Hoffmann mit der Darstellung des Teufels in das Reich der Fabel, so schöpft er mit der Darstellung des Hexenprozesses im zweiten Teil der Erzählung aus der historischen Wirklichkeit. Die Originalakten über Verfahren wegen Hexerei, von denen Theodor berichtet (527), stammen wohl aus dem Berliner Gerichtsarchiv und werden Hoffmann tatsächlich vorgelegen haben. Es zeugt von seinem psychologischen und psychopathologischen Verständnis, daß er eine plausible Erklärung des Hexenwahns zu geben weiß (527). Es zeugt sodann für seine bei aller Neigung zum Fantastischen aufgeklärte Haltung, wenn er diese Sorte des Aberglaubens verurteilt. Angesichts der verübten Greuel trübt sich auch sein Bild der »guten alten« Zeit, das er in »Meister Martin der Küfner und seine Gesellen« in überwiegend verklärenden Farben gemalt hatte, und es ist keineswegs nur Ironie, wenn es in der »Brautwahl«, wo noch einmal an die auf dem Berliner Neumarkt hingerichteten Opfer erinnert wird, heißt, daß diesem Treiben *unsere schöne Aufklärung* ein Ende gemacht habe (541).

Die Brautwahl

Erstdruck unter dem Titel »Die Brautwahl, eine berlinische Geschichte in der mehrere ganz unwahrscheinliche Abentheuer vorkommen« in: Berlinischer Taschenkalender auf das Schaltjahr 1820 [erschienen 1819]. Hrsg. von der Kön. Preuß. Kalender-Deputation. S. 1–128. Verfasserangabe: C. T. A. Hoffmann.
Gegenüber diesem Druck weist der Text in den »Serapions-Brüdern« größere Auslassungen auf. Siehe dazu die Lesarten bei Maassen, Bd. 7, S. 304 ff., und den kommentierten Separatdruck von Hans von Müller: Die Brautwahl, eine Berlinische Geschichte von E. T. A. Hoffmann. In der ersten Fassung vom Frühjahr 1819 mit Angabe der Änderungen vom Frühjahr 1820 herausgegeben von H. von M., Berlin 1910.

Zur Entstehung

Die Erzählung entstand im Herbst 1818. Wie er Lothar im Rahmengespräch kurz vor der Vorlesung bemerken läßt (Seite 531), entnahm Hoffmann »manche Grundzüge« dem »Microchronicon Marchicum« des Peter Hafftiz (siehe den Kommentar zu »Nachricht aus dem Leben eines bekannten Mannes«). Für das historische Kolorit benutzte er ferner Anton Balthasar König: »Versuch einer historischen Schilderung der Hauptveränderungen der Religion, Sitten, Gewohnheiten, Künste, Wissenschaften usw. der Residenzstadt Berlin seit den ältesten Zeiten bis zum Jahre 1786«, 5 Teile, Berlin 1792–1799. Eine weitere wichtige Quelle, Shakespeares »Der Kaufmann von Venedig«, wird in der Erzählung selber genannt. Für die fragwürdige Darstellung der Juden, die Hoffmann nicht zur Ehre gereicht, könnte, wie Maassen ausführt (Bd. 7, S. XXIX) eine Zeitströmung verantwortlich gewesen sein: der damals an manchen Orten Deutschlands, so auch in Berlin, entbrannte Kampf gegen und für das Judentum. Daß Hoffmann die Partei der Gegner nahm, verwundert um so mehr, als mehrere Juden zu seinen engsten Freunden zählten, in Bamberg die Ärzte Marcus und Speyer, in Berlin Hitzig und Koreff.

Zur Gestalt Edmund Lehsens: Der Name Lehsen ist ein Anagramm, gebildet aus Hensel. Das Vorbild für Lehsen ist der Berliner Maler und Schriftsteller Wilhelm Hensel (1794–1861), der mit Radierungen zu Tiecks Dichtungen und Porträtzeichnungen namhafter Zeitgenossen hervorgetreten war. 1821 zeichnete er auch ein Porträt von Hoffmann. Die Gestalt Leonhards entnahm Hoffmann – ebenso wie die Geschichte des Münzjuden Lippold (542) – dem »Microchronicon« des Hafftiz, der Leonhard jedoch als Betrüger darstellt, während Hoffmann ihn zu einer positiven Figur, dem Schutzgeist des jungen Liebespaares, umgestaltet. Daß das Vorbild Tusmanns in dem Schriftsteller Friedrich Gubitz zu sehen sei, wie behauptet worden ist, hat Maassen mit überzeugenden Gründen widerlegt (Bd. 7, S. XVI ff.). Den Fluch Manasses *verflucht sollst du sein*... (574) hat Hoffmann, wie Maassen nachgewiesen hat, aus der Bildersprache der Propheten zusammengesetzt, die Schubert in der »Symbolik des Traumes« (S. 18 ff.) anführt. Zur Anlehnung der Erzählung an die Zauberposse, wie sie im Wiener Volkstheater gepflegt wurde, siehe den folgenden Kommentar.

Es ist unschwer zu erkennen, zumal die Handlung mit einem von Shakespeare erborgten Lustspielschluß endet, daß die Erzählung sich des motivischen Gerüsts der traditionellen Komödie bedient: der Liebesverbindung mit Hindernissen. Zwei junge Liebende (Edmund Lehsen und Albertine Voßwinkel) müssen fürchten, unglücklich zu werden, da der Vater (Kommissionsrat Voßwinkel) für seine Tochter einen anderen, nach Alter und Aussehen gänzlich unpassenden Freier (Tusmann) als Gatten bestimmt hat, verspricht er sich doch von seiner Wahl einen Handel mit geringen Unkosten, denn Tusmann wird sich *mit einem geringen Heiratsgut abfinden lassen* (557). Aber diese Rechnung geht nicht auf. Im Gegenspiel wird das Vorhaben der beiden Alten durch eine hilfreiche Intervention durchkreuzt, und das Stück endet für die beiden Liebenden glücklich, wenn auch nicht geradezu mit einer Heirat. Wieder einmal, wie so oft bei Hoffmann, wird die Spannung zwischen Künstlertum und bürgerlicher Lebensform beschworen. Sich durch die Heirat ins Joch des Alltags einspannen zu lassen, so wird Hoffmann nicht müde in seinen Erzählungen zu versichern, gefährdet die Kunst. Durch den Mund Leonhards ergeht diese Warnung auch an den Maler Edmund Lehsen, als nachahmenswertes Vorbild wird ihm der junge Sternbald, der Held aus Tiecks Künstlerroman »Franz Sternbalds Wanderungen«, vorgehalten, der *zur Heirat sich durchaus nicht bequemen wollen* (555). Und es ist denn auch alles andere als sicher, ja eher unwahrscheinlich, daß Edmund Albertine ehelichen wird. Sie wird vermutlich, auch zu ihrer eigenen Zufriedenheit, den Juristen Gloxin heiraten.

Abgesehen von diesem offenen Schluß, befinden wir uns mit der Erzählung, auch was die Anlage der Figuren angeht, in bester Lustspieltradition. Die Figuren entstammen einem wohlbekannten Typenarsenal. Im alten Voßwinkel erkennt man den Typ des geizigen Vaters wieder, der immer eine andere Wahl durchzusetzen versucht als der Sohn oder die Tochter, in Tusmann die Figur des (heiratslustigen) Pedanten, in Edmund und Albertine die Standardrollen der »amorosi«, die, zumeist passiv, auf tatkräftige Hilfe von anderer Seite angewiesen sind. In der klassischen Komödie wird ihnen diese Hilfe gewöhnlich durch ihre einfallsreichen und agilen Diener zuteil, die auch skrupellos genug sind, Widerstände durch betrügerische Intrigen aus dem Wege zu räumen. Hier jedoch übernimmt mit dem Goldschmied Leonhard ein Schutzgeist aus mythischer Sphäre die Rolle des Helfers, und es sind zauberische Mittel, die er einsetzt.

Indes auch diese Variante, eine Romantisierung der Helferrolle, schöpft Hoffmann aus der Tradition. Man horcht auf, wenn Mozarts/Schikaneders »Zauberflöte« (546) erwähnt wird, wenn einmal von *Zauberpossen* (561) die Rede ist, oder wenn eine so vielsagende Figur wie der Baron Dümmerl aus Wien als weiterer Nebenbuhler eingeführt wird. Tatsächlich ist es das Altwiener Volkstheater, insbesondere die Altwiener Zauberposse, die Hoffmann hier inspiriert hat. Nach einer kurzen Periode der Ernüchterung durch den Rationalismus, der dem Lustspiel »Regelmäßigkeit« und die »vernünftige Nachahmung der Natur« auferlegen wollte, hatte Anfang der neunziger Jahre wieder das Zauberstück in Wien das Szepter ergriffen.[30] Epochemachend waren dabei die Bemühungen Emanuel Schikaneders, Karl Friedrich Henslers und Joachim Perinets. Alle drei waren Hoffmann wohlbekannt, Schikaneder natürlich durch Mozarts »Zauberflöte« (1791), zusammen mit Perinets »Kaspar der Fagottist oder Die Zauberzither« (ebenfalls 1791) der wesentliche Auftakt zur Wiederbelebung des Zauberstücks in Wien; von Perinet kannte Hoffmann neben der »Zauberzither« auch »Die Schwestern von Prag« (1794); von Hensler u. a. »Das Donauweibchen« (1798), ein Stück aus dem Bereich des romantisch-komischen Volksmärchens.

Gattungsbestimmend für das Zauberstück ist das Walten überirdischer Geister und, wenn es eine Komödie ist, die Verbindung des Fantastischen mit dem Burlesken, zum Teil noch in Anknüpfung an die Tradition der Commedia dell'arte, die in Wien niemals ganz abgerissen war. In der Ausrichtung der Handlung auf die Aktion überirdischer Mächte, die das Schicksal der irdischen Helden bestimmen, wird die alte Barocktheatralik rezipiert. Indes ist der metaphysische Rigorismus von einst nunmehr durch ein aufklärerisches Element gemildert. Es wird Aufgabe der Geister und Feen, dem nach »Glück« strebenden Individuum beizustehen, sobald seine Glückswürdigkeit durch geeignete Prüfungen sichergestellt ist (vgl. Mozarts/Schikaneders »Zauberflöte«). Damit huldigt auch das Zauberstück dem Ideal der Glückseligkeit, dem höchsten Ideal des 18. Jahrhunderts.[31]

Im süddeutschen Raum war das Barock stets lebendig geblieben. Hier bedurfte es keiner großen Mühe, das Zauberwesen auf der Bühne wiederaufleben zu lassen. Hoffmann kam während seiner Bamberger Zeit mit dieser Tradition noch unmittelbar in Berührung. Beispielsweise konnte er in einem Aufsatz für die Zeitschrift »Die Musen« über die »Aufführung der Schauspiele des Calderon de la Barca auf dem Theater in Bamberg«, 1812 (Schriften zur Musik. Nachlese, S. 595 ff.), berichten. Seine »Brautwahl« hat nun zwar nichts vom metaphysischen Ernst des Großen Welttheaters Calderons, aber immerhin kehrt hier eine Grundstruktur des barocken Theaters wieder: die Spiegelung des irdischen Gegeneinanders in dem Antagonismus transzendenter Mächte (hier Leonhards und Manasses), wobei der Ausgang des Konflikts auf der irdischen Ebene im wesentlichen von der transzendenten Sphäre aus gelenkt und bestimmt wird. Leonhard wird ausdrücklich als wohlwollender Schutzgeist dargestellt, der seit jeher der Familie Edmunds beigestanden hat. Der übelwollende Manasse auf der anderen Seite zeigt seine abstoßende Natur auch darin, daß er sogar mit seinem Schützling, dem Baron Dümmerl, zum Schluß in Hader gerät. Amüsant ist es zu sehen, wie beide Magier Zauberduelle ausfechten. Solche Duelle zwischen zauberischen und des Zaubers kundigen Wesen hat Hoffmann auch in anderen Erzählungen geschildert (z. B. im »Goldnen Topf« oder in »Klein Zaches«). Im übrigen ist es für Hoffmann wieder kennzeichnend, daß das Wunderbare und das (alltäglich) Wirkliche nicht auf zwei getrennten Ebenen angesiedelt sind, sondern daß das Wunderbare sich mitten im Alltag ereignet.

Nicht allein dramatische Verwicklungen und Strukturen hatte der Dichter vor Augen, als er »Die Brautwahl« schrieb. Er hat diese Erzählung sogar mit dem Blick des Theatermannes konzipiert, so als wäre sie für eine Bühnenaufführung gedacht. Dialoge bestimmen den Ablauf der Handlung. Auf begrenzten Schauplätzen (meist in Innenräumen) treten Figuren auf und wieder ab. Fast alles Geschehen wird szenisch ins Spiel gebracht, ja es kommt zu überraschenden coups de théâtre, wie sie bühnengerechter kaum sein können. Schließlich läßt sich das Ganze geradezu in spielbare Szenen und Akte einteilen (unsere Einteilung richtet sich gemäß der klassischen Regel nach dem Szenenwechsel und den Auf- und Abtritten der Figuren):

I. Akt

1. Auftritt:

Szene vor dem Turm des Rathauses. Tusmann trifft auf Leonhard, der mit der Fopperei des lächerlichen Freiers beginnt.

2. Auftritt:

Szene in der Weinstube. Tusmann und Leonhard treten auf und gesellen sich zu Manasse. Längeres Gespräch. Duell der beiden Magier.

3. Auftritt (mit Beginn des Zweiten Kapitels):

Szene im Tiergarten. Edmund Lehsen und Leonhard. Zwischen beiden bildet sich das Vertrauensverhältnis, das den Schutz Edmunds durch Leonhard begründet.

4. Auftritt:

Szene beim Hofjäger im Tiergarten. Kommissionsrat Voßwinkel und Edmund, später hinzukommend: Albertine. Es knüpfen sich die Liebesbande zwischen Edmund und Albertine.

5. Auftritt (nach einem Kommentar des Erzählers: *Jeder der jung war und verliebt*..., S. 554):

Szene in Edmunds Wohnung. Edmund und Leonhard. Der liebeskranke Maler eröffnet dem Goldschmied den Grund seines Zustandes. Leonhard berichtet seinerseits, daß Albertine bereits Tusmann versprochen sei. Damit ist die für den Einsatz einer dramatischen Handlung charakteristische Krise gegeben. Leonhard verspricht, gegen Tusmann vorzugehen. Chronologisch folgerichtig müßten sich jetzt die zwei ersten Auftritte anschließen. Hoffmann hat jedoch, die epische Freiheit nutzend, die Reihenfolge umgekehrt, allerdings nur an dieser Stelle.

II. Akt

1. Auftritt (nach einer längeren Charakteristik Tusmanns und der Nachholung der Vorgeschichte durch den Erzähler mit Beginn des Dritten Kapitels):

Szene im Zimmer des Kommissionsrats. Wirksamer theatralischer Auftritt Tusmanns: er stürzt bleich und entstellt ins Zimmer und berichtet Voßwinkel von seinen nächtlichen Erlebnissen.

2. Auftritt:

Manasse erscheint. Da es auch in seinem Interesse (bzw. dem seines Schützlings Dümmerl) liegt, Tusmann auszuschalten, schreibt auch er, wie schon Voßwinkel, alles Fantastische, das der Kanzleisekretär erlebt haben will, dem übermäßigen Alkoholgenuß zu. Der blamierte Tusmann muß sich wie ein Kranker nach Hause fahren lassen.

3. Auftritt:

Szene wie vorher. Manasse eröffnet dem Kommissionsrat den Anspruch seines Neffen Dümmerl auf Albertine.

4. Auftritt:

Manasse ist abgetreten. Der Kommissionsrat allein in seinem Zimmer, überlegend. Seiner Habsucht käme der reiche Dümmerl gelegen, aber er beschließt in einem Anfall von Redlichkeit, Tusmann Wort zu halten. Diese Szene wäre als Monolog-Szene spielbar.

III. Akt

1. Auftritt (mit Beginn des Vierten Kapitels):

Szene in Voßwinkels Wohnung. Der Kommissionsrat und seine Tochter. Albertine spinnt eine Intrige: sie überredet ihren Vater, sich von Lehsen malen zu lassen.

2. Auftritt:

Szene in Edmunds Wohnung. Edmund und der Kommissionsrat. Voßwinkel beauftragt den Maler mit dem Porträt und zeigt sich glücklich, daß Lehsen, der Albertines Absicht ahnt, auf das Honorar verzichtet.

3. Auftritt:

Szene in Voßwinkels Wohnung. Der Kommissionsrat und Albertine. Voßwinkel strömt über vom Lobe Edmunds und beauftragt seine Tochter, für den Maler als Lohn ein Geldbeutelchen zu häkeln, in das sie auch eine Locke ihres Haares hineintun könne.

4. Auftritt:

Szene wie vorher. Lehsen malt den Kommissionsrat.

5. Auftritt:

Szene wie vorher, genauer: in Albertines Zimmer. Auf den Wunsch Voßwinkels malt Lehsen auch Albertine. Die Liebenden schwelgen im Glück.

6. Auftritt (die folgenden Szenen, sämtlich mit effektvollen Auftritten und Abgängen, bilden den theatralischen Höhepunkt der Erzählung):

Szene wie vorher. Nun ein ausgesprochener Theatercoup: Gerade als sich Edmund und Albertine eng umschlungen ewige

Liebe schwören, platzt Tusmann herein. Er enthüllt, daß Albertine bereits ihm vom Vater versprochen sei. Racheakt Lehsens: er überstreicht Tusmanns Gesicht mit grüner Farbe und wirft ihn hinaus.

7. Auftritt:

Szene im Raum daneben. Im selben Moment tritt Voßwinkel durch die gegenüberliegende Tür auf. Tusmann berichtet, was vorgefallen.

8.Auftritt:

Szene wieder in Albertines Zimmer. Auftritt des erregten Kommissionsrats zusammen mit Tusmann. Heftige Auseinandersetzung zwischen Albertine, die Edmund in die Arme sinkt, und dem erzürnten Vater, der Schmähreden über den Maler ausgießt.

9. Auftritt:

Szene wie vorher. Gerade als Edmund den Malerstock hebt, um Voßwinkel zu schlagen, stürzt Leonhard herein und hält den Maler von seinem Vorhaben ab. Sobald Tusmann den Goldschmied erblickt, flüchtet er voller Schrecken hinters Sofa. Tusmann und Voßwinkel bestätigen, an der ursprünglichen Verabredung festhalten zu wollen.

10. Auftritt:

Szene wir vorher. Gerade als der Goldschmied zornentbrannt auf die beiden Alten losgehen will, treten Manasse und Dümmerl auf. Dümmerl bringt eine unverschämte Werbung vor. Turbulenz durch den Zauber Leonhards und die mißglückte Gegenaktion Manasses. Mit dem Versprechen eines guten Ausgangs für die beiden Liebenden tritt Leonhard zusammen mit Edmund ab.

IV. Akt

1. Auftritt (nach einem Einschub des Erzählers über den *Dales* zu Beginn des Fünften Kapitels):

Szene in Edmunds Haus. Der Maler zunächst allein, voller Verzweiflung (Verzweiflungsmonolg).

2. Auftritt:

Szene wie vorher. Leonhard tritt auf. Auf die Versicherung Edmunds, nicht gleich heiraten, sondern der Ausbildung zum Künstler den Vorrang geben zu wollen, verspricht ihm der Goldschmied, daß Albertine in wenigen Tagen seine Braut sein werde.

3. Auftritt:

Szene im Tiergarten. Klagemonolog Tusmanns über sein grünes Gesicht und Entschluß, sich im nahegelegenen Bassin das Leben zu nehmen.

4. Auftritt:

Szene wie vorher. Gerade als Tusmann ins Bassin springen will, tritt Leonhard auf und hält ihn fest. Dann zieht er ihn fort zum Weberschen Zelt, wo Tusmann sich erlöst sieht vom grünen Schandfleck. (Einzig diese Szene ist zum Teil nicht bühnenkonform, da der Ortswechsel erfolgt, indem die Figuren eine Bewegung durch den Raum vollführen, statt den neuen Schauplatz aus dem ›Off‹ zu betreten.)

5. Auftritt:

Szene im Zimmer des Kommissionsrats. Plötzliches Erscheinen Leonhards, der Voßwinkel den Vorschlag mit den drei Kästchen nach dem Shakespeareschen Muster unterbreitet.

V. Akt

1. Auftritt (mit Beginn des Sechsten Kapitels):

Szene in der Wohnung des Kommissionsrats (Albertines Zimmer). Voßwinkel eröffnet seiner Tochter, auf welche Weise ihr Los entschieden werden soll. Albertine ist bestürzt.

2. Auftritt:

Szene wie vorher. Albertine allein. Sie überlegt (wiederum inszenierbar als Monolog), was in ihrer Lage zu tun sei, und faßt schließlich im Gedanken an Leonhards hilfreiche Art Hoffnung auf einen guten Ausgang.

3. Auftritt:

Szene wie vorher. Leonhard erscheint und gibt Albertine die Gewißheit, daß bei dem von ihm inszenierten Lotteriespiel Edmund die richtige Wahl treffen wird.

4. Auftritt:

Szene in der Wohnung des Kommissionsrats (Vorsaal). Auftritt aller Beteiligten. Zur festgesetzten Stunde öffnen sich die Türen des Saales, es folgt die Entscheidung und das glückliche Ende.

So etwa könnte die Erzählung aussehen, wenn man sie in eine Komödie umsetzt – vielmehr: in dieser Gestalt scheint sie ursprünglich der Theaterphantasie Hoffmanns entsprungen.

Der unheimliche Gast

Erstdruck in: Der Erzähler. Eine Unterhaltungsschrift für Gebildete. Hrsg. von Hartwig von Hundt-Radowsky. Zweiter Band. Berlin: G. Hayn 1819, S. 26–140. Verfasserangabe: E. T. A. Hoffmann.

Zur Entstehung

Die Erzählung entstand 1818. Sie stellt eine Art Selbstimitation Hoffmanns dar, da sie in vielem ein Duplikat der 1813 entstandenen Erzählung »Der Magnetiseur« aus den »Fantasiestücken in Callots Manier« ist. Dies wird auch im Gespräch der Serapions-Brüder selbstkritisch vermerkt (640). Ob und wieweit dem Geschehen eine *wirkliche Begebenheit* zugrunde liegt, wie ebenfalls in der Runde behauptet wird (ebd.), hat sich bisher nicht ermitteln lassen.

Der »Magnetismus animalis«, auf den Hoffmann hier wie an zahlreichen anderen Stellen seines Werkes zurückgreift (siehe etwa auch »Rat Krespel«, »Die Automate«), fälschlich oft mit »tierischer Magnetismus« übersetzt, war eine im 18. Jahrhundert durch Franz Anton Mesmer (1734–1815) begründete Lehre und Heilmethode. Mesmer behauptete, ein subtiles Fluidum entdeckt zu haben, das alle Körper durchdringe und umgebe, auch den menschlichen Leib, der, einem Magneten gleich, entgegengesetzte Pole besitze und in dem sich unter dem Einfluß der Himmelskörper ein der Bewegung von Ebbe und Flut ähnliches Geschehen vollziehe. Krankheit definierte er als Hindernis für den Fluß des Fluidums durch den Körper. Der Arzt könne die Wirkung des Fluidums kontrollieren und verstärken, indem er den Körper des Patienten mit den Fingern oder einem magnetisierten Stab aus Glas oder Metall bestreicht. »Somnambulismus« heißt der tranceähnliche, exaltierte Zustand, in dem sich der Patient beim Magnetisieren oder Mesmerisieren befindet und an den er sich nach dem Erwachen nicht mehr erinnert; der Patient wird deshalb »Somnambule« genannt. Wichtigstes Element der Behandlung ist die Herstellung eines intimen Bezuges (»Rapport«) zwischen Magnetiseur und Somnambule. Mesmer bediente sich zur Heilung auch magnetisierten Wassers, das er zusammen mit anderen magnetisierten Materialien in Fässer (»Baquets«) füllte und aus denen er das Fluidum durch Eisenstäbe zu den um die Fässer gruppierten Patienten leitete. Oder er ›magnetisierte‹ Bäume, die er mit den Patienten verband. Die Mesmeristische Bewegung nahm in der Folge spiritualistische Züge an, so durch den Chevalier de Barberin, der sich auf die Annahme rein geistiger Einflüsse stützte und damit die Existenz eines materiellen Fluidums leugnete. Eine dritte Schule bildete die unter der Leitung des Marquis de Puységur entstandene »Société harmonique des amis réunis« zu Straßburg, welche einen Mittelweg zwischen der physischen und psychischen Behandlungsmethode, also zwischen dem Mesmerischen und dem Barberinschen Magnetismus, einschlug. Diese Schule schrieb sich auch die Entdeckung des Hellsehens (»Clairvoyance«) zu.[32] Hoffmanns Hauptquellen für den Animalischen Magnetismus waren Kluges »Versuch einer Darstellung des animalischen Magnetismus« und Schuberts »Ansichten«, bes. S. 326ff. Der Arzt Koreff, Freund Hoffmanns und Vorbild für einen der Serapions-Brüder, war ein dezidierter Anhänger und Praktiker dieser Heilmethode. Das Gespräch der Serapions-Brüder im 3. Abschnitt des 2. Bandes zeigt allerdings, daß Hoffmann dem Animalischen Magnetismus nicht nur mit Neugier und Faszination, sondern auch mit einer gewissen Skepsis begegnete. Dazu dürften auch Berichte beigetragen haben, nach denen die Methode zu Täuschungsmanövern oder vom »Magnetiseur« dazu benutzt worden war, zu einer Patientin sexuelle Beziehungen anzuknüpfen.

Zum Text

Die Kategorie, die als Attribut der Hauptfigur im Titel dieser Erzählung auftaucht, könnte über einem großen Teil des gesamten Werkes von Hoffmann stehen, denn die meisten seiner Erzählungen sind »unheimliche« Geschichten oder haben am Unheimlichen zumindest teil.

Diese Wirkung heftet sich auch nicht nur an Figuren. Sie geht hier z. B. auch von einer gewissen Situation, dem Anbruch der Nacht, und einer gewissen Stimmung aus, die vom Brausen des Sturms, dem Zischen und Prasseln des Regens und Hagels, dem Ächzen der Windfahnen, dem Pfeifen im Kamin, dem Singen der Teemaschine erzeugt wird. Auch verbal, in der Unterhaltung des kleinen Zirkels, der sich am heimeligen, das Gegenteil durch Kontrast fühlbar machenden Kaminfeuer zusammengefunden hat, wird das Unheimliche beschworen: in der Erinnerung an die in der Kindheit erzählten Ammenmärchen und Spukgeschichten, in dem Hinweis auf gewisse sonderbare Naturlaute, in dem Bericht verstörender selbsterfahrener oder von anderen erfahrener Erlebnisse.

Was haben alle Beispiele des Unheimlichen bei Hoffmann gemeinsam? Sie sind sämtlich Zeichen von etwas Verborgenem und insofern Andeutungen von Geheimnis. Aber damit aus dem Geheimnisvollen auch etwas Unheimliches wird, muß ein Element hinzutreten: das der Bedrohung, so daß sich das Unheimliche definieren läßt als »geheimnisvolle Gefahr«.[33] Wie ein Geheimnis nur dann unheimlich ist, wenn es bedrohlich wirkt, ist ihrerseits die Gefahr nur dann unheimlich, wenn sie geheimnisvoll, d. h. verborgen und ungreifbar ist. Das Bedrohliche der Stimmung im »Unheimlichen Gast« und der Figur des Grafen S-i erfüllt diese Bedingung; es ist unbestimmt und hintergründig.

Der Unbestimmtheit des Unheimlichen als Phänomen entspricht die Unbestimmtheit des Unheimlichen als Gefühl: als Schauer oder Angst. Und unbestimmt wie sie ist, hat die Angst etwas tief Verstörendes. Wie Bogislav Moritz erzählt, ist es nicht eine konkrete Gefahr, die der tapfere Russe fürchtet, sondern *ein furchtbares Geheimnis ist es, das mein Leben verstört* (610). Um dieser unbekannten Gefahr zu entgehen, setzt er sich im Feld sogar der (bekannten) Gefahr des Todes aus, indem er sich in das dichteste Schlachtgetümmel wirft. Daß er schließlich von seiner Angst erlöst wird und daß der Schatten des satanischen Grafen schließlich von ihm weicht, muß man wohl auch als Rettung vor dem eigenen Unbewußten deuten, denn wie im einleitenden Gespräch bemerkt wird, ist die Angst ein Zustand, der nicht nur über den Menschen, sondern auch aus dem Menschen kommt, ein Zustand, *der tief in der menschlichen Natur begründet ist, gegen den der Geist sich vergebens auflehnt, und vor dem man sich wohl hüten muß* (602).

Nun wird in diesem Gespräch der Angst, speziell der Angst vor Gespenstern, nicht nur ein abstoßender, sondern auch ein anziehender Aspekt bescheinigt. Angelika macht geltend, daß die heimlichsten Schauer, die in unserem Inneren erregt werden, *gar angenehmn* sind, daß sie *keine hübschere Empfindung* kenne *als das leise Frösteln, das durch alle Glieder fährt* (601), und daß sie *nichts lieber hören mag, als hübsche Spukgeschichten, die so recht durch alle Glieder frösteln* (606). Damit wird auf ein Modebedürfnis des gebildeten Lesepublikums angespielt, das bereits vorromantisch eine Welle von Schauerliteratur auslöst. Sie entspringt in England 1764 mit Horace Walpoles »The Castle of Otranto«, der ersten Gothic Novel, und sie schwillt in der Folge zu einem Strom an, der nicht nur England, sondern auch den Kontinent überschwemmt. Seltsam ist der Umstand, daß ihre Geburt mit dem Höhepunkt der Aufklärung zusammenfällt: eine Zeit, die die Welt hell und heimisch macht, indem sie dem Aberglauben an finstere und unberechenbare Mächte zu Leibe rückt, kultiviert gleichzeitig eine Literatur, die das Gefühl der Unsicherheit und Angst vermittelt. Aber wir haben inzwischen gelernt zu sehen, daß zwischen Literatur und Leben, zwischen Literatur und offiziell verkündetem Weltbild nicht immer Übereinstimmung zu herrschen braucht, sondern auch Gegensätze bestehen können, und daß die Literatur häufig gerade solchen Bedürfnissen entgegenkommt, die von der Wirklichkeit nicht befriedigt werden. Das Bedürfnis, das bei der Schauerliteratur Pate gestanden hat, ist das nach einer »vermischten Empfindung«, wie das 18. Jahrhundert sagte. Es ist das Bedürfnis nicht einfach nach Angst, sondern nach Lust an der Angst, einer Empfindung, die R. Alewyn aus einer »Hungerrevolte« gegen die »puritanische Diät des Rationalismus« abgeleitet hat.[34]

Lust an der Angst setzt zunächst zweierlei voraus: ein der Angst (vor Gespenstern) noch fähiges Empfindungsvermögen und einen schon aufgeklärten Verstand, der an die Existenz von Gespenstern und ähnlichen unheimlichen Phänomen nicht mehr glaubt. Wem ein solcher Verstand abgeht, den frißt die Angst gänzlich auf und der kann an ihr keine Lust empfinden. Als drittes kommt hinzu, daß man, um die Bedrohung durch eine ungreifbare Gefahr genießen zu können, sich selbst in Sicherheit wissen muß.[35] Einen solchen risikolosen Genuß vermochte die Schauerliteratur ihrem aufgeklärten, aber angstsüchtigen Publikum zu gewähren. Angst in der Literatur ist bloß Angst in der Fiktion, und wenn hier ein Risiko besteht, so bloß für die Einbildungskraft.

Hoffmann gewährt seinem Publikum mit seinen unheimlichen Geschichten ganz den gleichen Genuß. Das einleitende Gespräch der Runde am Kamin sucht dem seelischen Reiz jedoch auch metaphysische Würde zu verleihen, wenn Dagobert das Gefühl des Unheimlichen nicht nur aus dem Unbewußten, sondern auch aus der Unbekanntheit einer tatsächlich existierenden Geisterwelt als deren Widerhall ableitet. Er läßt es sodann nicht an einer Warnung fehlen, mit dem Unheimlichen zu kokettieren. Seien nur die Umstände danach, so bleibe es niemals bei dem angenehmen Schauer, den der erste Reiz auslöst, und aus der mit Lust vermischten Angst werde unvermischtes Entsetzen. Ja, das angenehme Gefühl scheine nur die Verlokkung zu sein, mit der uns die unheimliche Geisterwelt bestrickt. Dient das Schicksal Angelikas dann als Bestätigung für diese These? Sie jedenfalls, die lüstern ist nach der Empfindung des angenehmen Fröstelns, wie sie Spukgeschichten durch das Medium der Fiktion vermitteln, allerdings auch besonders disponiert für das Gefühl der Angst, wird Opfer einer realen Bedrohung durch das Unheimliche.

Hoffmann legt es auch wieder einmal darauf an, die Grenze zwischen Schein und Wirklichkeit zu verunsichern. Der Schlag, mit dem auf zwei Erzählebenen jeweils eine Tür aufspringt und eine unerwartete Gestalt eintritt, in demselben Moment, wo auf einer dritten Ebene von diesem Schlag erzählt wird, ist nicht nur ein erzählerischer Gag, sondern bedeutet den zweifachen und sich potenzierenden vehementen Übertritt des »Scheins« ins »Leben«, wie Hoffmanns Formel für diese Art von Vorgang zumeist lautet. Der bloß erzählte Schlag in Moritzens Geschichte wird urplötzlich unmittelbare Wirklichkeit in dem schlagartigen Aufspringen der Tür des Raums, in dem sich Erzähler und Zuhörer befinden, und dieses wiederum von Ottmar erzählte Ereignis wird unmittelbare Wirklichkeit für die Runde der Serapions-Brüder, wenn auf gleiche Weise die Tür des Gartensaals aufspringt, in dem sie sich versammelt haben. Wie man später erfährt, signalisiert auch der Schlag, von dem Moritz in seiner Geschichte erzählt, das Überschreiten der Schwelle zwischen verschiedenen Sphären, nämlich den Eintritt der Geisterwelt in die Realität. So daß die Verunsicherung der Grenze zwischen den Sphären insgesamt eine dreifache ist.

Wenn der unheimliche Gast ins Zimmer tritt, nimmt zugleich seelische Innenerfahrung die Gestalt äußerer körperlicher Wirklichkeit an. Angelika zunächst noch unbewußt, wird mit dem Ankömmling der Besitzer jenes Augenpaares konkret, das sie vier Jahre zuvor in einem Traum in seinen Bann gezogen, und jener Hand, die magische Kreise um sie beschrieben hatte. Damit ihr der Inhalt des Traumes deutlich wird, auf den sie sich bisher niemals hat besinnen können und der ihr immer nur im Gefühl namenloser Angst gegenwärtig war, bedarf es freilich eines besonderen Anlasses: des Augenblicks, in dem der Obrist ihr eröffnet, daß der Graf sie liebe und um ihre Hand angehalten habe. Da wird ihr klar, daß der magische Bann, in den sie in jenem Traum geraten, von dem Grafen ausgeht.

Die Mittel, mit denen der Graf Angelika in seine Gewalt zu bringen versucht, nachdem er gleiches schon bei der Geliebten von Bogislav praktiziert hatte, sind die des »Animalischen Magnetismus«, er selbst spielt dabei die Rolle des Magnetiseurs. Der Magnetismus ist eine Methode, das Unbewußte eines Menschen zu beeinflussen, so wie die Lehre des Magnetismus ein Zeugnis dafür ist, daß historisch hier zum ersten Male die Existenz des Unbewußten psychologisch bewußt wird.[36] Aber wenn ihr Begründer Mesmer noch weitgehend auf physische Mittel zurückgegriffen hatte, so zeigen die Operationen des Grafen, daß er seine Macht, wie es die fortgeschrittenere Schule des Magnetismus lehrt, auch und vor allem auf rein psychische Weise auszuüben vermag. Der Traum, mit dem er sich in Angelikas Unbewußtes einschleicht, beruht auf seelischer Fernwirkung. Wenn Angelika in diesem vier Jahre zurückliegenden Traum von des Grafen Augen fasziniert wird, so ist das offenbar derselbe Augenblick, in dem ebenfalls vier Jahre zuvor der Graf auf das kleine Miniaturbild Angelikas auf dem Schreibtisch des Obristen gestarrt hatte (617). Auf der gleichen psychischen Fernwirkung beruht es, wenn später bei Moritz die Gestalt Marguerites seine Gedanken an Angelika zu verdrängen und sich in seinem Innersten festzusetzen versucht. Freilich fehlt es nicht ganz an einer Unterstützung durch einen direkteren Einfluß. Die Neigung Angelikas zum Grafen wächst dadurch, daß Marguerite ihr im Schlaf den Namen des Grafen ins Ohr flüstert, bei Moritz tut der Anblick eines Bildes von Marguerite, das gegenüber seinem Bett hängt, das seine. So droht den beiden Liebenden die Entfremdung voneinander, ja das Fremdwerden des eigenen Selbst, da sie unter die Herrschaft eines anderen Ich geraten, das sie ihres freien Willens beraubt. Sie erleben, wenn man so will, eine »transpersonale« Verwandlung.

Der Animalische Magnetismus ist von Mesmer und seinen Nachfolgern als ärztliche Heilmethode gegen verschiedene Krankheiten und krankhafte Zustände entwickelt worden. Hoffmann dagegen ist fasziniert vom Magnetismus als einer Möglichkeit, Menschen durch die psychische Einwirkung auf ihr Unbewußtes zu ihrem Unheil zu manipulieren. Der Arzt wird damit zum satanischen Verführer, der Patient zum Opfer, die magnetische Operation zu einer Verstrickung in die Netze des Bösen.

Der Magnetismus eröffnet in seiner pervertierten Form aber nicht nur eine Möglichkeit der Machtausübung: eine unkörperliche, rein psychisch bedingte, und vor allem eine, deren sich das Opfer nicht bewußt ist; er dient bei Hoffmann auch einer besonderen Deutung der Liebe. Der psychische Rapport, in den sich der Graf zu Angelika setzt, soll sie ja zwingen, ihn zu lieben und zu heiraten. Geschieht es dann in der Tat, daß Angelika in einen Zustand gerät, in dem es ihr ist, als könne sie vom Grafen unter keinen Umständen lassen, obwohl sie andererseits immer noch an Moritz denkt, so führt Hoffmann hier wie später bei Moritz und wie schon früher bei der Braut von Bogislav Liebe als dämonische Verfallenheit vor. Der Dämon wird seiner Beute jedoch nicht habhaft, er kann sie allenfalls zerstören. Ja, er scheint ein halbherziger Teufel, da ihn bei seinen Operationen oft die eigene Courage verläßt und er als Testament sogar eine Absage an sein Tun und eine Warnung hinterläßt: Marguerite solle den geheimnisvollen Praktiken entsagen, da diese sich, gleichsam als Strafe der Mutter Natur für ihre entarteten Kinder, schließlich gegen den Ausübenden selber richteten (637). Diese ›Moral‹ will aber zur Gestalt des satanischen Verführers nicht recht passen. Man fragt sich deshalb, ob Hoffmann mit ihr nicht bloß von seiner Faszination für das Dämonische ablenken bzw. ihr ein Alibi verschaffen wollte.

Für die Methode des Animalischen Magnetismus setzt sich im 19. Jahrhundert der Ausdruck Hypnose durch. Man spricht dann auch nicht mehr vom Magnetiseur, sondern vom Hypnotiseur oder Suggestor. Andere Termini aus Hoffmanns Zeit haben sich dagegen gehalten, so der des psychischen Rapports, auch der des Somnambulismus (für ein bestimmtes Stadium der Hypnose). Auch der Sache nach bleibt die Möglichkeit, einem Menschen durch Suggestion einen fremden Willen aufzuzwingen und ihn nach diesem handeln zu lassen (»Befehlsautomatismus«), bis heute unbestritten, da sie immer wieder durch zahlreiche praktische Fälle bestätigt wird. Und wie damals entzieht sie sich noch immer einer schlüssigen Erklärung.[37]

Das Fräulein von Scuderi

Erstdruck in: Taschenbuch für das Jahr 1820. Der Liebe und Freundschaft gewidmet. Hrsg. von Dr. St. Schütze. Frankfurt a. M.: Gebr. Wilmans 1820, S. 1–122. Verfasserangabe: Von E. T. Hoffmann, Verfasser der Phantasiestücke.

Zur Entstehung

Hoffmann begann die Erzählung im März 1818 und vollendete sie im Laufe desselben Jahres. Für den großen und einträglichen Erfolg beim Publikum bedankten sich die Verleger, die Gebrüder Wilmans, beim Autor außer mit dem reichlich bemessenen Honorar auch mit 50 Flaschen Rüdesheimer Hinterhaus des berühmten Jahrgangs 1811. Fortan war Hoffmann einer der umworbensten Autoren der Zeit, konnte sich dieses Vorzugs aber nicht mehr lange erfreuen.

Als Quellen verwertete er eine 1778 in Dresden erschienene deutsche Übersetzung der Schrift Voltaires »Le Siècle de Louis XIV« (1751); Gayot de Pitaval: Causes célèbres et interessantes (...) Redigées de nouveau par François Richer, Amsterdam (Paris, Nyon) 1772–88 (dies war die von Hoffmann benutzte Ausgabe); Friedrich Schulz: »Über Paris und die Pariser«, Berlin 1791; das 1805/06 in Leipzig erschienene dreibändige Werk »Paris, wie es war, und wie es ist. In einer Reihe von Briefen eines reisenden Engländers. Aus dem Englischen übersetzt und mit Erläuterungen und einer Einleitung versehen« von E. A. W. von Zimmermann; Friedrich Johann Lorenz von Meyers »Briefe aus der Hauptstadt und dem Innern Frankreichs unter der Konsular-Regierung«, 2 Bände, Tübingen 1802. Woher Hoffmann die im Rahmengespräch S. 710 erwähnte Geschichte vom venezianischen Schuster kannte, offenbar eine Anregung zur Gestaltung der Figur des Cardillac, konnte bisher nicht nachgewiesen werden. Vor allem konnte Hoffmann wiederum aus Wagenseils Nürnberger Chronik schöpfen, die denn auch im

Rahmengespräch ebenfalls als Quelle genannt wird (S. 710). Wagenseil erzählt im Anhang »Von der Meister-Singer Holdseliger Kunst« (S. 561) folgende Anekdote (zitiert nach Maassen, Bd. 7, S. 383 f.):

»Ich muss noch eine artige Begebnus erzehlen, so sich eben zur selbigen Zeit zutrug. Es hatte ein bell'humor eine Supplication in Versen, gleichsam, an den König aufgesetzet, im Nahmen aller Verliebten zu Paris, ihn bittend: Er möchte sich doch gefallen lassen, denen nächtlichen Beutel-Schneidern einen Einhalt zu thun, und sie aus der Stadt zu jagen, damit man ohngehindert denen Maistressen die schuldige Aufwartung leisten könne. Es lebe sonst jedermann unter seiner glückseeligen Regierung in Friede und in Ruhe, nur allein sie müsten in steten Furchten leben, und unverschuldeter Weis, die allergröste Quaal ausstehen. Demnach wünschten sie, dass die güldene Zeiten der Regierung des Henrici IV. als des Königs Gross-Vatters wieder erscheinen möchten, da die Liebes-Göttin ihren Tempel in Paris hatte, und niemand verhindert wurde, Sie, und ihre Nymfen anzuruffen, und den Weyrauch auf ihren Altären anzuzünden. Ich bin um die Requeste selbsten, wie viel andere dergleichen Sachen, kommen, und also kan ich nichts als den Inhalt, welchen ich wol behalten, darstellig machen. Diese Bittschrift, deren Autorem man nicht erfahren können, nachdem sie einige Tage in Paris war herum getragent worden, so kam als in Namen der Beutel-Schneider eben auch an den König in Versen eine Exception Schrift herfür, von der man aber bald in Wissenschaft kommen, dass die Fräulein von Scudery solche aufgesetzet. Hie wurde nun von den Beutel-Schneidern eingebracht, dass eben die Galanen keine Ursach hätten, sich gross zu beklagen, sintemalen sie die Zeit wol wüsten in acht zu nehmen, und unter den Fürwand, dass die Gassen zu Nachts wegen der Beutel-Schneider nicht sicher, nur desto früher zu ihren Maistressen giengen, und desto länger bey ihnen blieben. Zu dem, wann man einen solchen Galan ohngefehr antreffete, so habe er gantz nichts bey sich, als etwan ein Schnuptuch, ein Haarband, und einen Beutel nicht wol mit schlechter Silber-Müntz angefüllet. Der Schluss war, dass der König angeflehet wurde, als der allergerechteste Richter dieses billige Urtheil zu fellen:

Un Amant qui craigne les Voleurs,
N'est point digne d'amour.

Dieses Gedicht ward gelobet, und es stunden wenig Tage an, so kam ein Mann von schlechter Leibesgestalt, und nicht zum besten bekleidet, in der Fräulein von *Scudery* Haus, und liess sich durch ihre Kammer-Dienerin bey ihr anmelden, weil er etwas nothwendiges fürzubringen hätte. Die Kammerdienerin gehet zu der Fräulein, und berichtet sie, welcher gestalt einer vorhanden sey, der mit ihr zu reden verlange, er sey aber etwas grauslicht anzuschauen, und habe allerdings das Ansehen eines Beutelschneiders. So behüte mich GOtt, sagte die Fräulein, dass ich mit ihm rede, und gehet ihr hin, und entschuldigt mich, dass ich wegen obliegender Geschäffte, die keinen Aufschub leiden, ihn selbst nicht für mich lassen könne, er solle aber euch nur sagen, was er verlange. Die Kammerdienerin richtet die empfangene Antwort aus, allein der Mensch wolte sich nicht abweisen lassen, sondern beharrete, er hätte in Befehl, nicht von dannen zu gehen, biss er selbsten bey der Fräulein sein Anbringen abgeleget. Nachdem nun die Kammerdienerin dieses abermals der Fräulein hinterbracht, ward bey dieser das Bedencken mit dem Mann zu reden, um so viel mehr gestercket, befiehlet demnach der Kammerdienerin, ihm zu bedeuten, dass, weil er von seiner Verrichtung nichts eröffnen wolte, sie aber ihn der Zeit nicht sprechen könte, so möchte er ein andermal zu gelegener Zeit wiederkommen. Als die Kammerdienerin auch dieses dem Mann ausgerichtet, ziehet er ein schönes Körblein aus dem Sack herfür, und sagt, die gesamte löbliche Gesellschafft der Beutelschneider hätten ihn abgefertigt, und liesse sich gegen die Fräulein gebührend bedancken, dass sie ihre Vertrettung bey den König übernehmen, und die wieder sie eingegebene Klagschrifft, so nachdrücklich beantworten wollen: es erforderte ihre Schuld, sich auch in der That erkantlich zu erweisen, und schicke ihr demnach, in diesem Körblein ein geringes Armband, wie auch eine Uhr, und einen kleinen Beutel, mit Bitte, solches für gut zu nehmen, sintemalen es die beste Beute wäre, so ihnen innerhalb 15. Tagen zu Theil worden, und sey der Fräulein bekant wol, dass der Zeit nicht viel zu gewinnen. Die Kammerdienerin wuste fast nicht, was sie thun solte, entschliesset sich doch, das Geschenck anzunehmen, und bey ihrer Fräulein die Bottschafft abzulegen, da aber diese hingieng, machte sich der Abgeordnete davon. In was für eine Verwirrung die Fräulein gesetzet worden, ist leicht zu erachten, sonderlich, als sie die Kostbarkeit des Geschencks betrachtet, dann das Armband war von Gold, zierlich mit Haaren durchflochten, die Uhr ebenmässig gülden, von durchbrochener Arbeit, und der Beutel enthielt 12. Pistolen, welches alles, wann es mit Unrecht solte abgenommen worden seyn, sie ein Bedencken trug, solches bey sich zu behalten. Es kam aber heraus, dass die Herzogin von *Montausier* diese Lust so angestellet, und getrachtet, die Fräulein durch dieses Geschenck zu begünstigen.«

Zum Text

Sind Hoffmanns Erzählungen zumeist nach dem Schema »ein Geheimnis und seine Aufklärung« strukturiert, so ist dieses Schema an kaum einem anderen Exempel besser zu studieren als an dem vorliegenden. Es beginnt mit einem sonderbaren oder »wunderlichen« Vorfall, dem nächtlichen Erscheinen Oliviers bei der Scuderi und der hastigen Übergabe des Kästchens; dieser Vorfall verdichtet sich im folgenden und im Kontext anderer sonderbarer Phänomene immer mehr zum tiefgründigen Geheimnis; dieses Geheimnis wird schließlich stufenweise und durch das Hinabsteigen in eine immer fernere Vergangenheit aufgeklärt, ›aufgeklärt‹ allerdings nicht in dem Sinne, daß dem rationalen Begriffsvermögen vollkommen Genüge getan würde. Wir sind auf diese für Hoffmann typische Erzählstruktur bereits im Gesamtkommentar eingegangen und haben dabei auch »Das Fräulein von Scuderi« gebührend berücksichtigt (siehe dort Abschnitt 5).

Auch motivisch und personell ist die Erzählung in vieler Hinsicht exemplarisch für Hoffmann. In Cardillac erkennen wir die Figur des Unholds wieder, der ein junges Mädchen bewacht und der in manchen Erzählungen des Dichters (vgl. etwa »Rat Krespel« oder »Der Artushof«) nur scheinbar bösartig, hier aber wirklich ein Unhold ist; in Olivier Brusson die Figur des unschuldigen, hier allerdings äußerst schuldhaft scheinenden Jünglings, der am Schluß meistens, wie im Märchen, sein Glück gewinnt; im Fräulein von Scuderi die Figur der fürsorgenden Mutter, die über den Jüngling schützend ihre Hand hält (vgl. »Doge und Dogaresse«), sofern sie es aber nicht tut oder nicht vermag, ihn zwangsläufig der Schutzlosigkeit und der Gefährdung durch dunkle, zerstörerische Mächte ausliefert (vgl. »Die Bergwerke zu Falun«).

Es zeigt sich auch erneut, wie Hoffmann seine Standardmotive und -konstellationen immer wieder zu variieren weiß, manchmal durch einfache Umkehrungen. Wenn Krespel nach außen sich so verhält, daß ihm eine üble Tat zugetraut werden könnte, in Wirklichkeit aber alles andere als ein Verbrecher ist, so ist es bei Cardillac gerade umgekehrt. Während der elendig heruntergekommene Antonio in »Doge und Dogaresse« seine mütterliche Fürsorgerin von einst auf der niedrigsten Stufe der sozialen Skala, als Bettelweib, wiederfindet, so der ebenfalls ins Elend gesunkene Olivier die seine auf einer hohen. Und während es dort die ›Mutter‹ ist, die sich dem ›Sohn‹, der sie nicht mehr erkennt, in Erinnerung rufen muß, so hier umgekehrt der ›Sohn‹, der der dunklen Ahnung der ›Mutter‹ aufhilft. Eine Beziehung kann im übrigen auch eine ambivalente Bewertung erfahren. In der vorhergehenden Erzählung, »Der unheimliche Gast«, hatte Hoffmann das Band der Geschlechterliebe von einer sowohl dämonischen wie eudämonischen Seite dargestellt. Hier wiederum stellt er dem heilbringenden Verhältnis zwischen Olivier und der Scuderi das fatale, unheilbringende Verhältnis zwischen Cardillac und seiner Mutter gegenüber.

Gliedern wir die Erzählung thematisch, so läßt sich in ihr zunächst eine Geschichte über das menschliche Urteilen sehen. Es war nicht nur der Romantiker Hoffmann mit seinem spezifischen Interesse für die Hintergründe des Tatsächlichen, es war auch der Richter Hoffmann, der am Berliner Kammergericht mit Gerichtssachen befaßte Beamte, den das Problem der Urteilsfähigkeit und Urteilsfindung interessierte, letztlich ein Problem, wie man Wahrheit findet und Gerechtigkeit übt. Der Rechtsfall Olivier Brussons, dem Anschein nach des Mörders nicht nur Cardillacs, sondern vieler anderer Opfer, erfährt eine ganz unterschiedliche Einschätzung. Da spricht auf der einen Seite für seine Schuld der Indizienbeweis. Wenn la Regnie die Umstände aufzählt, unter denen Cardillacs Leiche gefunden wird, die Widersprüche anführt, die zwischen Brussons Aussagen und den Beobachtungen des alten Ehepaars Padru bestehen, schließlich den auffälligen Umstand ins Feld führt, daß seit der Verhaftung Brussons alle Mordtaten und Beraubungen aufgehört haben, die die Straßen von Paris des Nachts bisher unsicher machten, so sind das *Tatsachen*, die unumstößlich zu sein und für sich zu sprechen scheinen. An ihnen kann *kein Richter der Welt* vorbeisehen (679).

Auf der anderen Seite gibt es offenbar eine Fähigkeit des Urteilens, die dem bloß Faktischen nicht traut bzw. sich von einem die Tatsachenwahrnehmung übersteigenden, ganz anders gearteten Witterungsvermögen inspirieren läßt. Während la Regnie und seine Helfer, während auch die Menge des *Pöbels* sich auf ihren Alltagsverstand und den äußeren Sinneseindruck verlassen, regt sich im tiefsten Inneren der Scuderi eine dunkle Ahnung, die ihr signalisiert, daß *hinter diesem allem irgendein grauenvolles, entsetzliches Geheimnis verborgen* sein müsse (669). Daß dieses Urteil zuletzt recht behält und Gerechtigkeit stiftet, ist nicht nur im engeren juristischen Sinne ein Beleg für die Unzuverlässigkeit des Indizienbeweises. Es ist im weiteren weltanschaulichen Sinne ein Beweis für den Trug des Augenscheins, des Faktischen überhaupt oder, wie man in Anlehnung an den von D'Andilly zitierten Ausspruch Boileaus (700) sagen kann, für die Diskrepanz zwischen dem Wahren (vrai) und dem Wahrscheinlichen (vraisemblable). Ein hervorragendes Beispiel für diese Diskrepanz ist die Figur Cardillacs. Dem äußeren Anschein nach ist er ein ehrbares Mitglied der Gesellschaft, ein gutbeleumdeter, für seine Uneigennützigkeit, Offenheit, Treue und Rechtschaffenheit allgemein geschätzter Bürger, dem niemand eine böse Tat zutraut; in Wahrheit und im Verborgenen agiert er als Mörder und Räuber. Wer sich von der biederen Außenseite nicht blenden läßt, den könnte allerdings schon Cardillacs *besonderer Blick aus kleinen, tiefliegenden, grün funkelnden Augen* (664) auf den Verdacht bringen, daß der Goldschmied weniger bieder ist als er scheint. Wie so häufig stattet Hoffmann auch bei dieser Figur die Außenseite mit Signalen aus, die, freilich nur für den genauen und nachdenklichen Beobachter, auf ein geheimes Inneres verweisen.

Die Ansicht vom Widerspruch zwischen Wahrheit und Wahrscheinlichkeit teilt Hoffmann mit dem von ihm überaus geschätzten Heinrich von Kleist, dessen Ezählungen ebenfalls um den Trug des Augenscheins und dessen Ferne von der Wahrheit kreisen, man denke etwa an den »Zweikampf« oder an die »Marquise von O....«. Aber während man dieses zentrale Motiv bei Kleist auf die sogenannte Kantkrise zurückzuführen pflegt (Kleist zeigte sich in einem Brief an Wilhelmine von Zenge vom 22. März 1801 erschüttert von Kants erkenntniskritischer Einsicht, daß wir die Dinge nicht sehen, wie sie »an sich« sind, sondern nur so, wie sie uns auf Grund unseres subjektiven Aufnahmeapparats »erscheinen«), muß man es bei Hoffmann einer spezifisch romantischen Weltsicht zuschreiben. Einer Sicht nämlich, die die Welt als maskenhaft und daher hintergründig empfindet; die das, was sich den Sinnen darbietet, nicht für das Ganze und Letzte nimmt, sondern nur für eine Oberfläche, unter der sich Tieferes verbirgt. Die Wahrheit, die in dieser Tiefe zu finden ist, muß sich nicht unbedingt als erhebend und erbaulich entpuppen. Sie kann, wie sich an Cardillacs Wesen und Schicksal zeigt, auch schrecklich sein.

In den Richtern der Chambre ardente begegnet uns außer der Orientierung an Tatsachen noch eine dritte Art der Beurteilung, die hier erwähnt zu werden verdient: das Urteil des harten und gehässigen Herzens, aus einer Anschauung heraus, die dem Menschen prinzipiell nur Schlechtes zutraut. Von dieser Instanz ist denn auch ein Einlenken zugunsten Oliviers nicht zu erwarten. Es ist vielmehr der König, der höchste Repräsentant des Staates, hier aber mehr Mensch als Staatsmann, der einer humaneren Einstellung fähig ist und dessen Gnadenakt ebensosehr auf *innerem Gefühl* (703) wie auf eigener sorgfältiger Nachforschung durch seine Vertrauten beruht. Mehr noch: der König wird zur Anhörung des Falles durch die Kraft der Poesie bewegt. Wenn die Dichterin Madeleine de Scuderi die Geschichte Oliviers erzählt, ist es faszinierende, serapiontische Dichtung, die aus ihrem Munde strömt, so daß der König, *hingerissen von der Gewalt des lebendigsten Lebens, das in der Scuderi Rede glühte* (704), gar nicht gewahrt, wie er in das Interesse für Olivier, gegen den er bisher nur den größten Abscheu gehegt hat, involviert wird, gleichsam ein Opfer magisch-poetischer Beredsamkeit. Nicht weniger rührt ihn die Engelsschönheit Madelons. Auch ihr Anblick betört ihn mit einem Zauberbild, dem Erinnerungsbild der la Valliere.

Die Wahrheit, die an den Tag kommt, ist, wie vorhin bemerkt, schrecklich: – die Erzählung ist auch eine Geschichte von der Nachtseite der menschlichen Seele. Wer wie die Romantiker in die Tiefe des Unbewußten vordrang, dem konnte es nicht entgehen, daß auf dem Grunde der Seele nicht nur wohltätige und den Menschen über sich selbst erhebende, sondern auch zerstörerische und ihn unter seine Menschlichkeit erniedrigende Kräfte schlummern. Cardillac vergleicht sich selbst einmal mit einem *Tiger* (691), ebenso gemahnt la Regnie an ein Raubtier, wenn es von ihm heißt, daß er alles aufbiete, ein Opfer, das er einmal gefaßt hat, *zwischen den Zähnen festzuhalten* (707). Bei Schubert, in der »Symbolik des Traumes«, konnte Hoffmann einiges über diese »partie honteuse unsers armen zerlumpten Selbst« erfahren: »Wir lernen sie nur zu gut kennen, sobald sie, wenn auch nur auf einzelne Augenblicke, aus ihren Ketten losgelassen wird. Ich erschrecke, wenn ich diese Schattenseite meines Selbst einmal im Traume in ihrer eigentlichen Gestalt erblicke! Selbst im Zustande des bloßen Nachtwandelns zeigen sich, sonst gleichgültige Naturen zu Mordthaten und Verletzungen, selbst der Geliebtesten geneigt, und müssen schon deßhalb sorgfältig bewacht werden« (Schubert, S. 118). Hoffmanns Erzählung vom Goldschmied Cardillac liest sich, als hätte er den Beispielen, die Schubert im folgenden anführt, ein weiteres anfügen wollen. Und wie für Schubert ist dieser Fall einer mörderischen Besessenheit für Hoffmann gewiß nicht bloß eine nur jenseits aller menschlichen Eigenart denkbare Abartigkeit, sondern eine Möglichkeit, die in der Gattung, in jedem Menschen schlechthin angelegt ist. Wenn er Cyprian in einem späteren Rahmengespräch äußern läßt, *daß einiger Wahnsinn, einige Narrheit so tief in der menschlichen Natur bedingt ist, daß man diese gar nicht besser erkennen kann als durch sorgfältiges Studium der Wahnsinnigen und Narren* (764), so lag es zweifellos auch in bezug auf Cardillacs Besessenheit in seiner Absicht, ein prinzipieller gemeintes Exempel zu statuieren.

Cardillac ist es ja auch nicht allein, an dem das mörderische Gelüst demonstriert wird. In breiter Ausmalung schildert Hoffmann, wie die ganze Gesellschaft von Giftmischern durchsetzt ist, so daß niemand mehr, selbst im privaten häuslichen Zirkel, seines Lebens sicher sein kann. Und auch die Vertreter der Chambre ardente, an ihrer Spitze la Regnie, üben ihr Amt nicht nur um des Rechts und der allgemeinen Sicherheit willen aus. Das Bewußtsein der Pflicht, die Verbrecher zu stellen und zu richten, ist bei ihnen offenbar in perverse Lust umgeschlagen, so daß das Bestreben, eindeutige Schuldbeweise zu erbringen und Gerechtigkeit walten zu lassen, gegenüber der sadistischen Gier, an einem Übeltäter das Werk der blutigen Rache zu vollziehen, in den Hintergrund tritt. Damit besteht eine untergründige Beziehung zwischen dem Kriminellen und dem Kriminalen, zwischen Cardillac und dem *rasenden la Regnie, der sein Messer gern an unserer aller Kehlen setzte* (702). Ein Vergleich zwischen beiden fällt sogar zugunsten des Goldschmiedes aus. Cardillac mordet, um wieder in den Besitz des von ihm gefertigten Geschmeides zu kommen. Höhergestellte Mitglieder des Hofes und andere von ihm geschätzte Persönlichkeiten nimmt er vor sich selbst geradezu in Schutz, indem er von ihnen keine Aufträge annimmt; bei anderen seiner Opfer begnügt er sich, um ihnen den Schmuck abzunehmen, mit einem Faustschlag. La Regnie dagegen mordet im Blutrausch, um des Mordens willen.

Cardillac mordet auch nicht aus freiem Entschluß und im Zustande voller Zurechnungsfähigkeit. Er ist ein unter Zwang handelnder Triebtäter, belastet von einer Erbschuld und gelenkt von seinem *bösen Stern* (691). Deshalb ist die Erzählung auch die Geschichte einer schicksalhaften Verstrickung. Und liest man, daß er keineswegs von Grund aus nur böse ist, sondern daß in ihm auch eine innere Stimme lebendig ist, *sehr verschieden von der, welche Blutopfer verlangt wie ein gefräßiges Raubtier* (696), ja daß er der Scuderi den Schmuck auch schickt, um der *Tugend und Frömmigkeit* ein Opfer zu bringen und *wirksame Fürsprache* (wohl vor dem göttlichen Richter) zu erflehen (ebd.), so darf man seinen Fall auch als tragisch ansehen. Wie sonst auch bei Hoffmanns Figuren hat hier die psychische Gewalt, die aus dem Inneren des Menschen kommt, ein metaphysisches Pendant in der Macht, die von außen über ihn kommt. So daß es nicht nur metaphorisch gemeint ist, wenn Cardillac sich den Einflüsterungen des Satans unterliegen sieht (694).

Auch der Ursprung des Übels, die Gier seiner Mutter nach den funkelnden Steinen des Höflings, ist nicht nur als Fall einer psychopathologischen Fixierung, sondern auch als Verfallensein an die Elemente des Unterreichs (vgl. »Die Bergwerke zu Falun«) zu deuten. Es ist der Dämon, der über das Gold und die Edelsteine herrscht, der sie mit dem erotisch angehauchten Trug scheinbar überirdischen Glanzes betört. Eine in ihrer Grausigkeit und Plastizität unvergleichliche, nach Verfilmung rufende Szene gelingt Hoffmann, wenn er beschreibt, wie die Mutter durch den vom Tod überraschten Kavalier zu Boden gerissen wird und in dem verzweifelten Versuch, sich den im Todeskrampf erstarrten Armen zu entwinden, sich mit dem Leichnam, der sie aus erloschenen Augen anblickt, auf dem Boden wälzt.

In die schicksalhafte Bestimmung der Dinge ist auch Olivier verflochten. Wenn er Cardillacs nächtliches Treiben entdeckt, ist er seinerseits *wie von einer innern Macht getrieben* (687); auch über ihm waltet ein böser Stern, der ihn an das Schicksal des Goldschmieds kettet. Cardillac zu Olivier: *Auch dein böser Stern war es, der dich mir folgen ließ (...) Dein böser Stern hat dich, meinen Gefährten, mir zugeführt* (691). Am Ende erweist sich dies aber auch als Bestimmung zum Guten, als Brücke, die die Verbindung zur erlösenden und das Übel besiegenden Kraft der Scuderi herstellt.

Ob Hoffmann mit Cardillacs Geschichte, wie man gemeint hat, auch eine Geschichte über Kunst und Künstler schreiben wollte? Dazu ist zunächst zu sagen, daß der Goldschmied keine Kunst im moderneren Sinne des Begriffs ausübt. Er ist »Künstler« nur im älteren Sinne des Ausdrucks, wie er noch bis in die Romantik hinein im Gebrauch war: als Kunsthandwerker. Die enge Beziehung zwischen Kunst und Handwerk sieht Hoffmann aber in einer weit zurückliegenden Zeit, hauptsächlich im späten Mittelalter oder dem, was er dafür hielt, beheimatet (vgl. »Meister Martin der Küfner und seine Gesellen«), während sein eigenes, zeitgenössisches Kunst- und Künstlerverständnis die Differenzierung vom Handwerk voraussetzt. Insofern ist die verschiedentlich in der Forschung geäußerte These, Hoffmann wolle hier, etwa wie Thomas Mann in »Tonio Kröger«, einen Zusammenhang zwischen Kunst und Verbrechen suggerieren, mit Vorsicht aufzunehmen. Allerdings hat Cardillac mit einem modern verstandenen Künstlertum gewisse Züge gemeinsam, etwa die existentielle Verfallenheit an das Schaffen und an das geschaffene Werk.

Mit mehr Recht und Überzeugung ist die Erzählung schon immer als Kriminalgeschichte gedeutet worden. R. Alewyn sieht in ihr das erste Beispiel, das bereits alle wesentlichen Elemente enthält, die die Gattung speziell des Detektivromans formieren. Da ist im ganzen zunächst die Rätselstruktur, die darauf beruht, daß nicht dargestellt wird, wie ein Verbrechen geplant und ausgeführt, sondern wie es, nachdem es bereits geschehen, im analytischen Verfahren aufgedeckt und rekonstruiert wird. Und im einzelnen kann man folgende Konstituentien ausmachen: »Erstens den Mord, beziehungsweise die Mordserie, am Anfang und dessen Aufklärung am Ende, zweitens den verdächtigen Unschuldigen und den unverdächtigen Schuldigen, und drittens die Detektion, nicht durch die Polizei, sondern durch den Außenseiter, ein altes Fräulein und eine Dichterin.«[38] Hinzu kommt, daß Hoffmann als Schauplatz für das Verbrechen, anders als der traditionelle Schauerroman, eine Großstadt wählt, Ungewöhnliches in gewöhnlicher, allgemein bekannter Umgebung geschehen läßt: auch dies ein Merkmal der meisten Detektivromane.[39] Hingegen ist das Fräulein von Scuderi noch keine typische Verkörperung des Detektivs, nicht nur weil sie nicht aktiv und planmäßig genug verfährt, sondern auch weil ihr Bestreben nicht primär darauf hinausgeht, den Mörder zu ermitteln. Es kommt ihr vielmehr darauf an, Olivier zu retten. Sie ist indessen bereits mit zwei Eigenschaften ausgestattet, die auch dem klassischen Detektiv eigen sind, mit Scharfsinn und mit Ahnungsvermögen; mit Scharfsinn, der sie zum genauen Abwägen und richtigen Kombinieren aller Umstände befähigt, mit Ahnungsvermögen, das sie inspiriert, dem Augenschein zu mißtrauen und an tiefer Verborgenes zu glauben. Dabei ist sie, wie nahezu jede Figur Hoffmanns, die es mit einem Geheimnis zu tun bekommt, auch Anfechtungen des Zweifels ausgesetzt. In einem Satz, der von Kleist stammen könnte, heißt es, nachdem sich auch für sie der Verdacht von Oliviers Schuld zu erhärten scheint: *So bitter noch nie vom innern Gefühl getäuscht, auf den Tod angepackt von der höllischen Macht auf Erden, an deren Dasein sie nicht geglaubt, verzweifelte die Scuderi an aller Wahrheit* (680).

Daß die Scuderi überhaupt die Figur ist, auf die das Geschehen von Anfang an bezogen ist (in ihrem Haus erscheint Olivier mit dem Kästchen); daß von ihr die Rettungsaktion ausgeht und sie die Rolle der Erlöserin vom Übel spielt; daß schließlich erzähltechnisch der größte Teil des Geschehens aus ihrer Perspektive erzählt wird und sie die Zuhörerin und Zeugin für Oliviers Enthüllungsgeschichte und Bekenntnis abgibt, dies erklärt vielleicht, warum ihre Gestalt, und nicht diejenige Cardillacs, der ganzen Dichtung den Titel gegeben hat.

Spielerglück

Erstdruck unter dem Titel »Spieler-Glück« in: Urania. Taschenbuch auf das Jahr 1820. Neue Folge, Jg. 2. Leipzig: F. A. Brockhaus 1820, S. 383–421. Verfasserangabe: Von E. T. A. Hoffmann.

Zur Entstehung

Hoffmann schrieb die Erzählung wohl um die Jahreswende 1818/19. Sie könnte durch eigene Jugenderinnerungen angeregt worden sein, es ist aber nicht sicher, daß das von Theodor S. 738 ff. erzählte Erlebnis auf einem wirklichen Erlebnis Hoffmanns beruht. Beispiele der Spielleidenschaft fand Hoffmann in seinem weiteren und näheren Bekanntenkreis. Maassen verweist auf Lüttwitz und d'Elpons, zwei als große Spieler bekannte Stammgäste des Berliner Weinhauses Lutter und Wegener, wo auch Hoffmann verkehrte, sowie auf den ersten Mann der Baronin Caroline von Fouqué, einen Herrn von Rochow, der sich infolge wiederholten Unglücks im Spiel das Leben genommen, und auf den mit Hoffmann befreundeten Schauspieler Carl Friedrich Leo, der an einem Spieltisch in Pyrmont (wo ja auch Hoffmanns Erzählung zu Beginn spielt) sein ganzes Vermögen verloren hatte.

Zum Text

Im Titel bereits kündigt Hoffmann das Hauptthema der Erzählung an. Aber das Thema des Spiels und der Spielleidenschaft wird überwölbt durch ein anderes, größer dimensioniertes: das des Zufalls.

»Zufall« ist der »Inbegriff für alles, was nicht als notwendig oder beabsichtigt erscheint oder dessen Eintreten durch keinen [unmittelbar] erkennbaren bzw. nachweisbaren Grund bewirkt wird«.[40] Zufälle sind unvorhergesehen und unberechenbar. Sie können nicht willkürlich manipuliert werden, scheinen sie doch gerade die Negation oder Abwesenheit jedes Bewirktseins zu repräsentieren. Allerdings muß, was den Zufall dem äußeren Anschein nach konstituiert, nicht auch im Wesen der Sache fundiert sein. Im Weltbild des Rationalismus, in dem ein lückenloser Zusammenhang von Ursachen und Wirkungen besteht, hat der Zufall im strengen Sinne ebensowenig Platz (vgl. den Anfang der Erzählung »Der Zusammenhang der Dinge«) wie in religiösen Weltbildern, in denen alles Geschehen auf die eine oder andere Weise auf das Walten göttlicher Vorsehung zurückgeführt wird, und auch Hoffmann kann den Zufall als solchen genaugenommen nicht gelten lassen, da im magischen Weltbild seiner Dichtung alles Geschehen von geheimen metaphysischen Kräften und Mächten durchwirkt und gelenkt erscheint. So heißt es denn auch in »Spielerglück«, daß das, *was wir Zufall nennen*, die *unsichtbare Hand der höhern Macht* ist (720). Andererseits ist der Ausdruck legitim, um die Erscheinungsweise bestimmter Ereignisse zu erfassen. Dafür, daß Siegfried seine goldene Uhr, nachdem er sie veräußert, immer wieder zurückerhält, ohne daß er etwas dazu tut oder die Umstände auch nur darauf deuten, läßt sich kein Wirkzusammenhang ausmachen; das ist Zufall.

Nun entzieht sich zwar der Zufall dem Berechnen und Bewirken, aber man kann künstlich eine Situation herstellen, in der bewußt eine Kette von Zufällen herbeigeführt wird, ohne daß vorhersehbar ist, *wie* der Zufall jeweils aussieht: das ist die Situation des Glücksspiels, hier des Farospiels. Novalis: »Spielen ist experimentieren mit dem Zufall.« (Schriften, Bd. 3, S. 574.) Jedesmal, wenn der Bankhalter die oberste Karte der beiden Kartenstapel aufdeckt und die Spieler feststellen können, ob es die ist, auf die sie gesetzt haben, hat der Zufall gesprochen. Die artifizielle Situation des Spiels ist also eine Möglichkeit, den Zufall (der im wirklichen Leben häufig lange auf sich warten läßt) herauszufordern, ihn geradezu wiederholt, nämlich mit jedem Spielvorgang, in Funktion zu setzen. Und tritt hinzu, daß um hohe, die Vermögens- und damit Lebenssituation des Spielers entscheidend tangierende Einsätze gespielt wird, so gewinnen die Entscheidungen des Zufalls existentielles Gewicht und das Spiel den Charakter des Risikos auf Gedeih und Verderb.

Der tiefere Ernst, der dem Glücksspiel damit zukommt, vor allem aber die Möglichkeit, hier mit dem Zufall gewissermaßen zu experimentieren, hat Hoffmann zu der bereits in den »Elixieren des Teufels« geäußerten Spekulation inspiriert, ob sich beim Spiel, durch die Provokation und Beobachtung des Zufalls, nicht ein Blick in die geheime Werkstatt der *höhern Macht* tun lasse, *um ihre Arbeiten zu belauschen* (720), ja ob der Spieler nicht geradezu in Versuchung zu dem Wagestück geraten könne, *es mit der geheimen Macht aufzunehmen* (Elixiere/Kater Murr, S. 130). Jedoch ist nicht jeder Spieler hierzu fähig oder willens. In »Spielerglück« heißt es, daß es zweierlei Arten von Spielern gebe. Dem ersten Typus ist es um die eben angedeutete *geheimnisvolle Lust* zu tun, am ›zufälligen‹ Verlauf des Spiels *das Regiment der höhern Macht* zu beobachten (720). Der zweite Typus ist der profanere, wenn auch keineswegs weniger passionierte: er spielt um des materiellen Gewinns willen, um sich zu bereichern.

Menars wie Vertua (?) gehört zu diesem zweiten Typ, doch fügt sich beider Spiel keineswegs zweckrationaler, bloß profitorientierter Überlegung. Die Eigendynamik, die die Spielleidenschaft bei ihnen gewinnt, reißt sie nicht nur zur erbarmungslosen Härte anderen gegenüber, sondern auch zur Selbstzerstörung hin, und besonders bei einem Geizhals wie Vertua ist die lawinenartig anschwellende Erhöhung des Einsatzes bei ständigem Verlust unbegreiflich. Allerdings beruht sein wie Menars' Verhalten auf dem hybriden Glauben an das eigene unfehlbare Glück, der sie schließlich dazu animiert, die Spielsituation in eine Duellsituation umzumünzen. Vertua nimmt das Spiel nach längerer Pause wieder auf in dem seltsamen Wahn, daß er sein Spielerglück gegen dasjenige Menars' setzen müsse, in einem Kampf gewissermaßen darum, wer von der höheren Macht der Begünstigtere sei (und insofern reicht Vertua über den zweiten, allein auf Bereicherung hin spielenden Typus hinaus). Ebenso tritt Menars später an den Spieltisch, um in dem französischen Obristen *den Nebenbuhler zu verderben* (734), einen Nebenbuhler, der es in einem viel weitergehenden Sinne ist, als er zunächst ahnt, denn es handelt sich um Duvernet, den einstigen Liebhaber Angelas. So spielt der Zufall (die höhere Macht) mit dem, der mit ihm spielen will.

Wie Cardillac in der vorhergehenden Erzählung, so sind Menars und Vertua Beispiele einer Verfallenheit und Besessenheit. Hier wie dort handelt es sich um die Verfallenheit an den Glanz des Goldes, im weiteren Sinne des Materiellen, wenn die Ähnlichkeit auch darin eine Einschränkung findet, daß Cardillac dem Gold nicht als bloßem Vermögenswert, sondern in der Form des von ihm selbst geschaffenen kunsthandwerklichen Wertes verfallen ist. Im übrigen ist die Unmenschlichkeit, die Cardillac bereits vorgeburtlich in die Seele gelegt ist, hier erst das Produkt einer Wandlung, einer Wandlung aber von der krassesten Art. Aus einem warmherzigen Menschenfreund und heiteren Gesellschafter wird bei Menars ein unbarmherziger, auf sich allein gestellter düsterer Egoist, der überdies im Banne dämonischer Mächte zu stehen scheint. Hier zeigt sich, daß die Spanne zwischen den Extremen, innerhalb derer ein Mensch sich entwickeln und wandeln kann, für Hoffmann so weit ist wie der Abstand zwischen Himmel und Hölle. Und wenn auf der einen Seite der Satan den Menschen in den Abgrund zu ziehen versucht, so versucht auf der anderen Seite eine *Lichtgestalt* (729) ihn zu retten: Vertuas Frau bzw. Angela. (Angela ist gleichwohl, wenn sie Duvernets Liebe verkennt und sich von ihm abwendet, selber nicht ohne Schuld.) Auch um dieses Duell zwischen den Mächten des Bösen und des Guten scheint es hier, wie in so vielen anderen Erzählungen Hoffmanns, zu gehen. Menars übernimmt schließlich sogar selbst die Rolle des Warners und Retters. Siegfried, auf der Schwelle zu einer Entwicklung, in der sich das Unglück Menars' wiederholen würde, so wie dieses eine Wiederholung des Unglücks Vertuas gewesen war, wird über die Gefahr, in der er schwebt, von ihm aufgeklärt und steht ab von der Versuchung, sich ganz der Spielleidenschaft zu überlassen und wie die Vorgänger hybrid der Unfehlbarkeit des eigenen Glücks zu vertrauen. Die Kette einer verhängnisvollen Fatalität reißt damit ab, der Wiederholungszauber, der die Gestalten und Schicksale Menars' und Vertuas eng verknüpft und alles andere als zufällig erscheint, ist gebrochen.

Siegfrieds Begegnung mit Menars erfolgt auf eine für die Ausgangssituation von Hoffmanns Geschichten typische Weise. Schon in seiner ersten Erzählung, »Ritter Gluck«, und in den späteren Werken immer wieder (vgl. etwa »Der Einsiedler Serapion« oder »Der unheimliche Gast«), setzt das Geschehen damit ein, daß eine Figur auftritt, die in ihrer Physiognomie und Mimik oder in ihrer Gestalt und Kleidung oder in ihrem Verhalten und Reden etwas Sonderbares, »Wunderliches«, an sich hat und beim Betrachter eine Ahnung von Geheimnis, wenn nicht gar das Gefühl des Unheimlichen auslöst. Eine eher banale Erklärung täuscht dann vorübergehend über dieses Gefühl hinweg: Siegfried kommt dahin zu glauben, daß der Fremde mit dem düster glühenden Blick nur der Hilfe aus finanzieller Not bedürftig sei, bis dessen Erzählung jedoch den ersten, richtigeren Eindruck bestätigt. Wie schon im »Fräulein von Scuderi«, wo in die Erzählung Oliviers die Erzählung Cardillacs eingelegt ist, ergibt sich auch hier eine Schachtelstruktur oder Rahmenerzählung in zweiter Potenz (vom Rahmen der »Serapions-Brüder« aus gesehen in dritter Potenz), denn Menars' Geschichte, die Binnenerzählung zur Rahmenhandlung um den Baron Siegfried, bildet ihrerseits den Rahmen für die Geschichte Vertuas.

Es macht einen der Spannungsreize der Erzählung aus, daß Menars seine Identität mit dem Helden seiner Geschichte verschweigt und in der distanzierten Er-Form erzählt, so als wolle er andeuten, wie sehr er inzwischen Abstand zu dem einstigen Spieler gewonnen hat. Der Leser ahnt jedoch sehr früh den wahren Sachverhalt.

[Der Baron von B.]

Erstdruck unter dem Titel »Der Baron von B.« in: Allgemeine Musikalische Zeitung, Jg. 21, 10. März 1819, Nr. 10, Spalte 152–162. Anonym.

Zur Entstehung

Hoffmann schrieb die Erzählung zu Beginn des Jahres 1819. Am 12. Januar 1819 schickte er das Manuskript an Gottfried Christoph Härtel, den Herausgeber der »Allgemeinen Musikalischen Zeitung«, zusammen mit einem Begleitbrief, der Aufschluß gibt über die Vorbilder der zwei Hauptgestalten der Erzählung, den Titelhelden und den erzählenden Virtuosen: »In der Anlage erhalten Sie eine Kleinigkeit die meines Bedünkens indessen doch Interresse genug hat um aufgenommen zu werden. Der berühmte Violinspieler von dem die Rede, ist der Conzertmeister Möser, der Baron aber der bekante Baron von Bagge, dessen Namen ich deshalb nicht ausschrieb weil ich etwas mehr in die Geschichte hineingetragen als sich historisch verantworten lassen möchte. Die Hauptsache ist buchstäblich wahr.« Hoffmanns Kenntnis über Bagge entstammt dem »Neuen historisch-biographischen Lexicon der Ton-Künstler« (4 Theile, Leipzig 1812–14) von Ernst Ludwig Gerber und einem

Aufsatz in Nr. 51 der »Allgemeinen Musikalischen Zeitung« vom 16. September 1801, den wir hier nach Maassen, Bd. 7, S. XLIXf., zitieren:

»Ernst Baron von Bagge, königl. preuß. Kammerherr starb vor einigen Jahren hier in Paris. Er war einer der eifrigsten und freygebigsten Musikliebhaber, die es nur je gegeben hat. Ganz Paris erinnert sich der glänzenden und vortrefflichen Konzerte, die er in seinem Hause gegeben hat *(Place des victoires)*. Der Mann war übrigens ganz original und burlesk in allem, was er that. Er wollte es erzwingen, Violinkonzerte und Symphonien zu schreiben; er spielte sehr mittelmäßig Bratsche und noch viel schlechter Violin; aber er hatte die Thorheit, sich für einen großen Virtuosen gerade auf diesem Instrumente zu halten. Er behauptete sogar, er habe eine neue Methode, die Violin ganz vollkommen zu spielen, erfunden. Sein ganzes Dichten und Trachten ging dahin, eine neue, und, wie er sagte, noch weit höhere Schule, als die des Corelli, Vivaldi, Pugnani zu bilden. Die ersten Künstler Frankreichs, Deutschlands und Italiens hatten die Gefälligkeit, sich in dem, was er seine eignen Grundsätze nannte, unterrichten zu lassen, und Viotti, dem er eine Wohnung in seinem Haus einräumte, nahm förmlich bei ihm Stunde. Das Spaßhafteste bey der Sache war, daß der seltsame Lehrer dem Schüler für jede Lektion einen Louisd'or bezahlte. Wie schwer mag es aber bisweilen Viotti'n geworden seyn, ernsthaft dabey zu bleiben, denn nie hat wohl ein Baron schrecklicher grimassirt, als dieser, so bald er die Geige ansetzte und den Bogen ergriff. Sein Gesicht, seine Muskeln, sein ganzer Körper waren in der peinlichsten Spannung, und wenn er beym Spielen feurig wurde, so kamen Töne zum Vorschein, die mit den Klagen eines Katers zu verwechseln waren. Er gab nie ein Konzert, ohne daß er ein Violin-Solo herausgekratzt hätte; und doch war es sehr gefährlich, dabey zu lachen, weil er sogleich in Feuer und Flammen war und den Lachern ohne Umstände die Thüre wies. Der Baron von Bagge war sehr reich und verwendete jährlich 50000 Livres auf seine Konzerte. Er war seit langer Zeit von seiner Gemahlin geschieden und lebte in stetem Proceß mit ihr. Sie lebte in einem Kloster und machte große Forderungen an ihren Gemahl. Nach vielen Jahren verliert der Baron seinen Proceß. Sein Advocat kömmt und will ihm dies traurige Ereigniß ankündigen, da er eben ein Violinsolo von seiner Komposition, das er in seinem Conzert zu spielen gedenkt, in Gegenwart mehrerer Musiker wiederholt. Der Advocat tritt zu ihm, redet ihn an: Herr Baron, ich bringe Ihnen eine traurige Nachricht, Sie haben Ihren Proceß verlohren und sind zu Kosten und Schadenersatz verurtheilt. – Na, antwortete der Baron, sehen Sie was Sie machen? da habe ich falsch eingesetzt! Meine Herren, wenn Sie erlauben, fang' ich das Solo noch einmal an! – Dieser Zug hätte recht gut in Champin's allerliebster Mélomanie aufgeführt werden können. Ohngeachtet dieser und hundert anderer Lächerlichkeiten war dieser seltsame Mensch doch nur für seine eignen Kompositionen und sein Violinspielen blind. Übrigens war er ein wahrer Kenner und der wärmste Beschützer aller guten Musik und Künstler. Bey ihm ließen sich die größten Sängerinnen und Virtuosen hören, ehe sie öffentlich auftraten, wie z. B. eine Todi und Mara oder wie die Herren Viotti, Giornovichi, Kreutzer, Duport, Jamsons, Punto, Ozy, Devienne, Besozzi u. s. w. Alle diese und viel andere Künstler in Paris bedauerten den Tod dieses seltsamen aber wackern Mannes von Herzen.«

Zum Text

Theodor reagiert auf die Erzählung vom Baron von B. mit Lachen, und Vinzenz äußert seine Zufriedenheit, daß der Abend nach den vorausgehenden düsteren Geschichten doch noch heiter schließe. Es ist aber die Frage, ob man das hier Vorgetragene nur als komisch empfinden kann. Immerhin ist der Baron nicht nur ein lächerlicher Tor, der, wenn er ob seiner Torheit ausgelacht und ausgenutzt wird, es nicht besser verdient. Hoffmann stattet ihn auch – damit das Vorbild Bagge teils nachzeichnend, teils überhöhend – mit äußerst positiven Zügen aus, mit Güte, Geschmack, Kennerschaft, und es ist schwer, über jemanden zu lachen, der eher Sympathie und Bedauern verdient, zumal die Einbildung des Barons – und auch darin geht Hoffmann über das Vorbild Bagge hinaus – offensichtlich nicht nur Narrheit, sondern ein krankhafter Wahn ist. Hoffmann hat sich die Frage wohl selber gestellt. Er läßt den Erzähler äußern, ob es nicht *doch ein eignes Ding sei, den guten alten Baron auf diese Weise zu mystifizieren, und ihm die Dukaten aus der Tasche zu ziehen* (752), worauf der Konzertmeister eine etwas opportunistische Rechtfertigung gibt, ja bei der Entdeckung, was es mit dem Violinspiel des vermeintlichen Könners in Wahrheit auf sich hat, wandelt den Erzähler nach anfänglichem Lachreiz alsbald das Gefühl des Unheimlichen an.

Die sich erst nach einer spannenden Vorbereitung enthüllende Kuriosität ist denn auch für Hoffmann nicht nur Gegenstand der Heiterkeit, sondern ebensowohl Aufhänger zur Darstellung eines ernsteren, schon in der ersten Erzählung der »Serapions-Brüder« mit der Figur des Einsiedlers Serapion behandelten Problems: der Beziehung zwischen Kunst und Wahnsinn. Im Unterschied zu Serapion, der immerhin dichterisch produktiv ist, indem er vollendete Novellen erzählt, scheint jedoch dem Baron die schöpferische Potenz im eigentlichen Sinne abzugehen. Er vermag die Kunst des Geigespielens nicht sinnvoll auszuüben, er vermag über das Spielen nur gute Lehren zu erteilen und vor allem seiner Liebhaberei nur als Rezipient und Mäzen zu frönen: durch bemerkenswert kompetente Urteile über Musik, durch den Genuß der Musik und durch die Förderung der Musikpflege. Wenn ihm dennoch das Attribut des Künstlers zugesprochen wird (*Sein Urteil, scharf und durchgreifend, zeigte nicht nur den gebildetsten Kenner, nein, den vollendeten, geistreichen, geschmackvollen Künstler selbst*, S. 748), so weil Künstlertum für Hoffmann nicht notwendig mit Kunstpraxis verbunden ist. Es genügt aus seiner Sicht, über den inneren Sinn für die Kunst zu verfügen, was denn auch expressis verbis zum Ausdruck kommt, wenn der Konzertmeister dem Erzähler empfiehlt, durchaus *auf die verständigen Worte des mit dem innern Sinn die Kunst beherrschenden Mannes* zu hören (752). Auch in anderen Erzählungen hat Hoffmann immer wieder betont, daß primär dieser innere Sinn und nicht so sehr die praktische Fertigkeit in der Ausübung den Künstler macht (vgl. »Die Fermate«, »Der Dichter und der Komponist«, »Der Artushof«). Der Baron seinerseits bringt diese Ansicht vor allem darin zur Geltung, daß er unter den Geigern die Virtuosen verachtet, die ihre Kunst aus der Fingerfertigkeit der linken Hand ziehen, statt die *Seele* der Musik durch die rechte Hand, durch den Strich des Bogens, lebendig werden zu lassen (749). Denn, so gibt Hoffmann immer wieder zu verstehen, wie der Künstler, so hat auch die Kunst ein Inneres, das geweckt werden will, um wiederum das Innere des Rezipienten zu entzünden. Er ist darin ein Erbe des, freilich romantisch vertieften und die bloße Innerlichkeit auch entgrenzenden, Kunstverständnisses der Empfindsamkeit, an deren Rührseligkeit es noch gemahnt, wenn der Baron bei einem seelenvollen Adagio zu weinen und zu schluchzen beginnt (747).

Daß er ein Liebhaber gerade der Geige ist, erklärt sich aus demselben Grund, ist doch die Wirkung des seelenvollen Tons, der Kantilene, auf kaum einem anderen Instrument besser zu erzielen. Wie für Rat Krespel, und wiederum im Sinne einer Vertiefung der empfindsamen Auffassung, bedeutet die Geige für ihn aber auch ein *wunderbares Geheimnis (...), das sich nur wenigen, von der Natur besonders dazu ausersehenen, Menschen erschließt* (745).

Hoffmanns Erzählung nimmt das zentrale Motiv der Novelle »Der arme Spielmann« von Grillparzer vorweg. Auch dort steht die wahnhafte Einbildung, selbst die schwersten Meister auf der Geige spielen zu können, im Kontrast zur Wirklichkeit, dem krassen Unvermögen. Auch dort dient die Musik dem innerlichen, die Seele erhebenden Genuß. Aber während der Baron bei Hoffmann reich ist und gesellig lebt, ist die illusionäre Introversion ins musikalische Empfinden beim Spielmann Grillparzers einsamer Trost für ein gescheitertes Leben und Zuflucht aus einer Welt, in der für Einfalt, Sanftmut und Reinheit kein Platz ist.

Signor Formica

Erstdruck in: Taschenbuch zum geselligen Vergnügen auf das Jahr 1820. Jg. 30. Leipzig: Johann Friedrich Gleditsch; Wien: Carl Gerold 1820, S. 145–284. Verfasserangabe: C. T. A. Hoffmann.

Zur Entstehung

Die Novelle entstand Anfang 1819 und war am 27. März fertig. Sie beruht auf erheblichen historischen Vorarbeiten. Da es vor allem die Person Salvator Rosas war, die Hoffmann zu einer novellistischen Darstellung reizte, äußerte er gegenüber Adelbert von Chamisso in einem Brief vom 27. Januar 1819 den dringenden Wunsch nach irgendeinem Werk, »aus dem ich mich näher über Salvator Rosa's Leben unterrichten kan« (Briefe II, S. 195), und bat den Freund, diese und andere Quellen für ihn in der Königlichen Bibliothek zu entleihen. »Ich merke schon, daß aus meinem Besuch der Bibliothek nichts werden wird, da meine Arbeit, die sich immer mehr haüft, mich jeden Vormittag festhält. Sie, Verehrtester Freund gehen aber wohl gewiß einmal in eignen Angelegenheiten herauf, und dann bitte ich Sie meiner als eines armen hülfsbedürftigen Schriftstellers in Gnaden zu gedenken!« (Ebd.) Wie Maassen (Bd. 8, S. VIIff., S. 317ff.) nachwies, waren es insbesondere fünf Werke, »die für die technische Ausarbeitung« dem Autor notwendig schienen und die Hoffmann gründlich studierte und exzerpierte. (»Hoffmann pflegte nämlich alle ihm zur Verwertung geeigneten Stellen auf kleinen Zetteln auszuschreiben, die er dann ordnete und je nach Bedarf um seine Schreibebogen herumgruppierte. Eine Arbeitsweise, die der seines ihn kommentierenden Philologen verteufelt ähnlich sieht«, ebd., S. XX): 1) »Das Leben des berühmten Malers Salvator Rosa, gezogen aus den Notizie appartenenti alla vita di Salvator Rosa, welche der Florentinischen Herausgabe seiner Satyren vom Jahr 1770 vorgesetzt sind«; diese kleine Biographie fand Hoffmann in Bd. 4, S. 1–17, von Christian Joseph Jagemanns »Magazin der Italienischen Litteratur und Künste«, Weimar 1780–1785; 2) Antoine Joseph Dezaillier d'Argensville: »Leben der berühmtesten Maler«, 4 Teile, Leipzig 1767–1768; Teil 2, S. 368 bis 383, handelt über Salvator Rosa; 3) die Einleitung »Breve notizia della vita di Salvator Rosa, pittore e poeta, tratta da diverse autori«, die Johann Dominicus Fiorillo seiner 1785 in Göttingen erschienenen Neuausgabe einer Satire Salvator Rosas (»La Pittura, satira di Salvator Rosa, con le note di Giovanni Domenico Fiorillo, Pittore, ed. Accad. Clem«) voranstellte; nach Maassen handelt es sich hierbei um Hoffmanns Hauptquelle; 4) Johann Rudolf Füßli (d. Jüngere): »Allgemeines Künstlerlexikon«, Zürich 1763, erweitert 1799, vollendet von Johann Heinrich Füßli als »Allgemeines Künstlerlexikon: Zweyter Theil, welcher die Fortsetzung und Ergänzung des ersten enthält«, Zürich 1806–1821, mit einem Beitrag über Salvator Rosa im 6. Abschnitt; 5) »Reisen eines Deutschen in Italien in den Jahren 1786–1788. In Briefen von Karl Philipp Moritz«, 3 Teile, Berlin 1792–93. – Am 5. Februar wandte sich Hoffmann wegen weiterer Literatur an den Leihbibliothekar Friedrich Kralowsky: »Vielleicht können Sie, Verehrtester Freund! der Sie mir schon so oft aus der DichterNoth halfen, auch dieses Mal beistehen. Es ist mir einer Erzählung halber die ich so eben unter der Feder, sehr wünschenswerth mich in den Straßen und Plätzen Roms ganz zu orientiren. Haben Sie vielleicht Fernows Gemählde von Rom oder eine andere Reise durch Italien, in der Rom genau geschildert wird, bey der Hand, so würden sie mich ganz außerordentlich verbinden, wenn Sie die Güte hätten mir dergleichen Hülfsmittel auf ein paar Tage vorzuleihen.« (Briefe II, S. 198f.) Carl Ludwig Fernow veröffentlichte bei Perthes in Gotha als »Taschenbücher« für die Jahre 1802 und 1803 »Gemälde der merkwürdigsten Hauptstädte von Europa«. Der Jahrgang 1803 trägt den Spezialtitel »Sitten- und Culturgemälde von Rom«.

Die Figuren Capuzzis, des Pyramiden-Doktors und Pitichinaccios sind der Welt der Commedia dell'arte, wie Hoffmann sie in den Radierungen Jacques Callots (in den »Capricci«, 1617, und den »Balli di Sfessania«, 1622) abgebildet sah, nachempfunden. Eine Maskenfigur der Commedia ist ebenfalls Pasquarello, den Rosa auf dem Theater des Nicolo Musso darstellt. In der Abbildung Jacques Callots (»Balli di Sfessania«) trägt Pasquarello ein eng anliegendes Trikot, ein Schwert an der Seite, zwei Hahnenfedern auf dem Mützchen, eine große lange Nase und einen Ziegenbart. In dieser Maske dürfte Salvator Rosa die komische Dienerrolle des Hanswurst gespielt haben, entsprach also dem Arlecchino bzw. den anderen italienischen Versionen desselben Typus: Zanni, Truffaldino, Scapino etc. Als Pasquarello spielt Rosa auch bei Hoffmann die Dienerrolle (siehe S. 835). Warum Rosa sich Formica (Ameise) nannte, geht aus den Quellen nicht hervor. Daß er *außer dem Theater ein unerforschliches Geheimnis blieb* (807), entspricht nicht den historischen Tatsachen, sondern ist Hoffmanns romantische Zutat. Die S. 824 mit *Der Doktor fragte nun den Pasquarello* beginnende Partie ist ganz im Stile der Commedia dell'arte gestaltet, wie er sich auch noch bei Carlo Gozzi findet, das will sagen, Hoffmann gibt den Inhalt der Komödie in der Art eines Szenariums wieder. Ein solches Szenengerippe hatten die Komödianten der italienischen Stegreifbühne mit eigenen Einfällen und Späßen auszufüllen.

Wie in der »Brautwahl« sprudelt auch hier, in einem der launigsten Werke Hoffmanns, des Dichters komische Ader, und wie dort ist auch hier die Erzählung, ungeachtet ihrer Charakteristik durch Ottmar als Versuch in der Gattung Novelle (766), eine erzählte Komödie.

Das Gerüst der Handlung bildet wiederum eine Liebesverwicklung. Die Anstrengungen eines alten verliebten Gecken, ein junges schönes Mädchen gegen die Neigung und Annäherung eines jungen Liebhabers abzuschirmen, um sich selbst mit der Hand der Schönen zu beglücken, werden von Intrigen durchkreuzt, und in einem Hin und Her von Spiel und Gegenspiel kommt es schließlich zum Happy-End, indem die jungen Liebenden sich kriegen und der alte Narr auf der Strecke bleibt. Gemäß alter Komödientradition sind es dabei nicht die Liebenden selber, die die Intrige inszenieren, an der sie freilich mitwirken. Den eigentlichen Part des Pläneschmieds übernimmt Salvator Rosa, für den Maler Antonio Scacciati ein mit irdischen Mitteln operierender Schutzgeist, so wie in der »Brautwahl« der Goldschmied Leonhard für den Maler Edmund Lehsen ein über zauberische Kräfte verfügender Schutzgeist gewesen war. Überdies hilft Salvator seinem Schützling gegen dessen Widersacher und Neider in der Malerei, so daß Antonio nicht nur das Glück in der Liebe, sondern auch den Erfolg in der Kunst erlangt. Wie schon Lehsen von Leonhard wird er übrigens von Salvator Rosa vor der Ehe gewarnt. Hier bricht wieder die romantische Aversion gegen eine bürgerliche Lebensform durch. Leonhard hatte Lehsen vorgehalten, daß die Ehe der Kunst abträglich sei, Salvator will in Mariannas Verhalten Indizien dafür entdeckt haben, *wie bedrohlich uns die geheimnisvolle Natur des Weibes ist* (823).

Von der Komödienstruktur her könnte man denken, daß die Erzählung mit der Niederlage Pasquale Capuzzis und dem Sieg der Gegenseite zu Ende ist. Aber die Hauptaktion findet ein Nachspiel, in dem sich der belachenswerte alte Geck überraschend zu einer bedauernswerten, allerdings auch zu neuem Gegenspiel wiedererstarkten, ernster zu nehmenden Figur wandelt und der erste, für den Verlierer bittere Schluß durch einen zweiten, versöhnlichen Schluß revidiert wird. Jedoch hat dieses Nachspiel mit der vorausgehenden Handlung gemeinsam, daß die Verwicklung auch hier durch die theatralische Hilfe des mysteriösen Signor Formica gelöst wird.

Läßt sich das Spiel zwischen Capuzzi und seinen Getreuen auf der einen Seite und Salvator und Antonio auf der anderen bereits außerhalb des Theaters wie eine Komödie an, mit einer ganzen Reihe bühnenreifer Szenen (wie etwa der von der ärztlichen ›Versorgung‹ des listig zu Fall gebrachten, scheinbar verletzten Capuzzi oder der des nächtlichen Serenadenkonzerts, bei dem Capuzzi und die Seinen von dem eigenen Diener verprügelt werden), so wird mit der Erzählung vom Auftreten Formicas, zunächst auf der Bühne des Nicolo Musso, dann auf der Bühne der Academia de' Percossi, der theatralische Eindruck des Ganzen potenziert. Zum einen wird das Theater auf diese Weise auch ausdrückliches Motiv und Thema. Zum zweiten wird mit der Bühnenebene, auf der Formica agiert und auf die das Spiel der ersten Ebene hinausläuft, die Struktur des Theaters im Theater konstituiert. Die Darstellung in der Florentiner Akademie ist übrigens ein genauer Abdruck dieser Struktur, denn auf der Bühne der Akademisten ist vor Capuzzis Augen das Theater Nicolo Mussos rekonstruiert.

Daß die theatralische Verwicklung des Lebens sich im Theater löst, beruht nicht nur auf einer im Leben liegenden Logik. Wie Hoffmann dem Leben und der Welt einen komisch-theatralischen Aspekt abgewinnt, so gewinnt er umgekehrt dem Theater auch eine Funktion für das Leben ab. In seiner späten Erzählung »Prinzessin Brambilla«, ebenfalls einer erzählten Komödie, charakterisiert der Dichter das Theater als humoristische Institution, nämlich als Möglichkeit für den Geist, *seinen eigenen ironischen Doppeltgänger zu machen, an dessen seltsamlichen Faxen er die seinigen und (...) die Faxen des ganzen Seins hienieden erkennt und sich daran ergetzt* (Späte Werke, S. 258). Auf genau diese Weise bedient sich Salvator Rosa der Bühne, indem er die Figur Formicas zu seinem ironischen Doppelgänger macht. Eine Variante des Gedankens ist die ebenfalls in »Prinzessin Brambilla« geäußerte und ebenfalls auf das Theater bezogene Lehre, wie heilsam es für den Menschen ist, *die Dinge und vorzüglich das eigne Ich verkehrt zu schauen* (Späte Werke, S. 284). Wenn nun Pasquale Capuzzi auf der Bühne sein zweites Ich in völliger Umkehrung agieren sieht: nicht als Prahlhans, der seine Arien als eigene Erfindung ausgibt, sondern als offenherzigen Bekenner, der zugibt, sie gestohlen zu haben; nicht als verliebten Geck, der Marianna selbst heiraten möchte, sondern als großherzigen Gönner, der sie Antonio zur Frau geben will; nicht als Geizhals, sondern als Verschwender, so allerdings nicht gerade zu seinem, sondern zu der Liebenden Heil. Heilsam auch für ihn wird erst die Vorstellung in Florenz, wo die auf der Bühne dargestellte verkehrte Welt, ins Grausige noch gesteigert durch die Verwünschungen des verstorbenen Bruders, ihm die Verkehrtheit seiner Wünsche und Handlungen bewußt macht. Zugleich wird er damit von dem falschen Schein befreit, den er anderen und sich selbst bisher vorgegaukelt hat. Wie wenig er vordem fähig war, Schein und Sein auseinanderzuhalten, wird bei der Aufführung im Theater des Nicolo Musso, wird sogar noch in Florenz im Theater der Akademie manifest, wenn er geradezu Fiktion und Wirklichkeit vermengt und seinen fiktiven Doppelgänger auf der Bühne für sein leibhaftiges Ich hält. Mit dieser Verwechslung wiederum, aus der er wie aus einem schweren Traum erwacht, entblößt er sich unfreiwillig in aller Öffentlichkeit, sodann wird dabei aus dem Spiel sowohl in Florenz wie in Rom lebensgefährlicher Ernst.

Die enge Beziehung zwischen Spiel und Ernst unterstreicht die enge Beziehung zwischen Theater und Leben. Für Hoffmann ist aber nicht jede Form des Theaters gleichermaßen geeignet, die oben erwähnte wichtige Funktion für das Leben wahrzunehmen. Am angemessensten werden die *Faxen des Seins* durch das komische Theater und in diesem Rahmen wieder besonders durch die Form der Commedia dell'arte sichtbar gemacht, die mit ihren grotesken Masken einesteils die ironische Verfremdung des Lebens, mit dem Spiel aus dem Stegreif andernteils die unmittelbare, aus der aktuellen Situation geborene Spiegelung des Lebens erlaubt, so wie es Signor Formica im Spiel mit seinem Opfer Capuzzi demonstriert.

Capuzzi muß nicht erst als fiktiver Doppelgänger auf der Bühne erscheinen, um eine Figur der italienischen Stegreifkomödie, nämlich den Pantalone, abzugeben. Er sowie die beiden anderen Mitglieder des seltsamen Trios, der Doktor Splendiano Accoramboni und der Kastrat Pitichinaccio, treten von vornherein als Groteskfiguren aus der Welt der Commedia oder jedenfalls aus der Bilderwelt Jacques Callots in Erscheinung. In der Disproportionalität ihrer äußeren Gestalt und ihres inneren Wesens bezeugen sie sodann in einem weiteren, nicht allein aufs

Theater bezogenen Sinne Hoffmanns Geschmack für das Deformierte und Enthumanisierte. Pitichinaccio erinnert an die Figur des Klein Zaches in Hoffmanns gleichnamiger Erzählung, Accoramboni ist mit seinen mörderischen Arzneien, die er verabreicht, um in den Besitz künstlerischer Werke zu kommen, zum Teil eine komische Version des Goldschmieds Cardillac aus dem »Fräulein von Scuderi«, Capuzzi mit seiner Einbildung musikalischen Könnens weist auf die Figur des Barons von B. zurück, außerdem kehrt in seinem Verhältnis zu Marianna das von Hoffmann so häufig behandelte, hier aber ganz ins Komische gewendete Motiv des Unholds wieder, der ein junges Mädchen bewacht.

In der – romantisierten – Gestalt Salvator Rosas hat Hoffmann zweifellos sich selbst spiegeln wollen, auch er ein Ironiker und dreifach begabt vom Genius der Dichtung, der Musik und der Malerei, wenn auch in anderer Gewichtung. Und schreibt er dem geliebten Vorbild durch den Mund Antonios eine *schöpferische Hand* zu, *die die verborgensten Geheimnisse der Natur ins rege Leben zaubert* (776), so sieht er bei ihm dieselbe Magie am Werk, die er selbst handhabt, nur daß er von sich sagen würde, daß er die Geheimnisse des Alltags ins Leben treten läßt. Auch mit der eingehenden Verteidigung Rosas gegen diejenigen, die von seinem Werk unbillige Schlüsse auf seine Person ziehen wollen, meint Hoffmann wohl zugleich seinen persönlichen Fall, hatte er doch erfahren müssen, daß seine häufigen Schilderungen pathologischer Zustände häßliche Spekulationen über seine eigene Wesens- und Schaffensart in Gang gesetzt hatten (vgl. den Schluß der »Serapions-Brüder«). Dem hält er hier entgegen: *Wer viel von dem Schwerte spricht, führt es oft am schlechtesten; wer tief in der Seele alle Schrecknisse blutiger Greuel fühlt, daß er sie, Palette, Pinsel oder Feder in der Hand, in das Leben zu rufen vermag, ist sie zu üben am wenigsten fähig!* (768) Der Künstler als Mensch muß keineswegs das sein, was er seine Werke oder die Gestalten seiner Werke sein läßt, auch wenn es als Möglichkeit in seiner Seele angelegt ist.

Erscheinungen

Erstdruck unter dem Titel »Erscheinungen!« in: Gaben der Milde. Zweites Bändchen. ... Für die Bücher-Verloosung »Zum Vortheil hilfloser Krieger« hrsg. von F. W. Gubitz, Berlin 1817, S. 115–133. Verfasserangabe: Von Hoffmann. (Verfasser der Phantasiestücke in Callots Manier.)

Zur Entstehung

Eine genaue Datierung dieser Erzählung ist bisher nicht gelungen. Auf die Bitte von Gubitz um einen Beitrag für seinen Almanach »Gaben der Milde«, dessen Erlös hilfsbedürftigen Soldaten der Feldzüge 1813 und 1815 und deren Familien zugedacht war, schrieb Hoffmann am 24. Juni 1817: »Unter dem Titel: Das Traumbild, werde ich zu dem bewußten Zweck so bald als möglich eine Kleinigkeit liefern« (Briefe II, S. 132). Hans von Müller meint in einer Fußnote zu diesem Schreiben, daß Hoffmann sich zu dem wohltätigen Zweck nicht eben angestrengt und ein vor mehr als drei Jahren geplantes (und skizziertes?) Fragment »Erinnerungen aus Dresden im Herbst 1813«, das dann vermutlich im Herbst 1815 ausgearbeitet worden sei, gespendet habe. Dagegen nimmt Maassen an (Bd. 8, S. LXVI f.), daß der Stoff zwar den »Erinnerungen aus Dresden« entnommen worden, die Dichtung selbst aber erst entstanden sei, nachdem Gubitz um den Beitrag gebeten hatte. Wieweit der Erzählung authentische Erlebnisse Hoffmanns zugrunde liegen, wieweit sie phantastisch ausgeschmückt ist, geht aus dem anschließenden Gespräch der Serapions-Brüder hervor.

Zum Text

Die an sich wenig bedeutende Erzählung läßt immerhin erkennen, wie Hoffmanns dichterische Fantasie arbeitet. Den Anstoß gibt durchaus ein reales Geschehen, das in seinem äußeren Ablauf zugleich das Gerüst der erzählten Handlung liefert. Was dieses Geschehen aber attraktiv für den Dichter macht, ist, daß sein Konnex Lücken aufweist, in denen sich nun die Einbildungskraft einnisten kann, um zu wuchern. Da ist zum einen unerklärlich, wie R. so rasch den Beschluß der französischen

Führung erfährt, einen Ausfall zu wagen, zum anderen, wie wiederum die Belagerer trotz der für die Übermittlung widrigen Umstände von diesem Plan so schnell Nachricht erhalten, daß sie ihre Truppen rechtzeitig an der vorgesehenen Stelle zusammenziehen können. Es ist nicht zu bestreiten, daß damit Fragen aufgegeben sind, die sich wohl auch auf dem Boden der Wirklichkeit und ganz rational beantworten ließen. Lothar hält dies für möglich und sogar wahrscheinlich, wenn er im Anschluß an die Erzählung bemerkt: *Ich wette, die Sache mit dem Ausfall, könnte man ihr auf den Grund kommen, begab sich ganz einfach und natürlich* (872). Eine »natürliche« Erklärung liefe darauf hinaus, für das, was so unbegreiflich scheint, jeweils eine plausible Ursache zu finden und damit das Geschehen zu einem lückenlosen Kausalnexus zu komplettieren. Dies aber wäre nicht im Sinne des Romantikers Hoffmann, wäre schon gar nicht im Sinne des Serapiontischen Prinzips, das die Forderung umfaßt, von der geschichtlichen Basis immer auch ins Fantastische emporzusteigen (vgl. 709). Und so läßt denn Hoffmanns Fantasie aus den durch die Kategorie »unbegreiflich« bezeichneten Begründungslücken des unvollständigen Zusammenhangs das Geheimnisvolle und Wunderbare sprießen, das den Zusammenhang auf ganz andere als rationale Weise ergänzt, nämlich für das Unbegreifliche Vorgänge verantwortlich macht, die ihrerseits wieder höchst unbegreiflich sind. Und keineswegs sind damit die ursprünglichen Fragen beantwortet, sondern nur neue Fragen aufgeworfen. Mit den Figuren des greisen Bettlers und Dorothees ist offenbar eine Spionageaffäre verknüpft, aber wie ist überhaupt die Beziehung zwischen beiden, und wie gelangt das deutsche Bauernmädchen Dorothee zu einer russischen Vergangenheit und zu der Identität als Agafia? Soll man aus Dorothees wirren Reden entnehmen, daß ihr beim Durchschwimmen der Elbe ein wunderbarer Zauber in Gestalt eines Delphins geholfen hat? Was besagt der Seufzer *Ach, wie in Moskau!* (868)? Wer ist jener Alexei, und wie will, wenn dies der Name des Delphins ist, Dorothee dessen Braut sein? Was hat es mit dem Hochzeitsbrot oder -kuchen auf sich, den sie Anselmus verspricht und dann auch gibt? Und was der Fragen mehr sind.

Schon daß Hoffmann die Figur des Anselmus aus dem ebenfalls in Dresden und in wesentlichen Partien an der Elbe spielenden Märchen »Der goldne Topf« in diese Erzählung verpflanzt, zeigt, daß er dem Helden fantastische Erlebnisse zukommen lassen will. Und in der Tat: auch hier bewährt sich Anselmus' *eigner Stern* (865), der über ihm waltet und ihm fabelhafte, unglaubliche Erscheinungen in den Weg schiebt, Erscheinungen, die man nicht allein für Projektionen seines Inneren halten kann, da sie auch äußere Realität besitzen. Jedoch nimmt mit der Verwandlung des Märchenschauplatzes in einen Kriegsschauplatz die Geschichte im Verhältnis zum »Goldnen Topf« den Charakter einer Kontrafaktur an, zumal Anselmus, wenn er dort in der Lehre beim Archivarius Lindhorst zum Dichter erzogen, hier gerade aus *Kunst und Wissenschaft* herausgerissen und *in das wilde blutige Getümmel* getrieben wird (864). Gerade auch hierauf weist die Erzählung hin: daß niemand, auch der Poet nicht, bei solchen Zeitereignissen sich abseits halten kann, ja daß der brennende Wunsch nach Freiheit im Poeten sogar den Drang zum aktionistischen Engagement entzünden mag. Anselmus trägt sich *mit dem wahnsinnigen Gedanken (...) irgendein Fort, das der Feind, wie ich wußte, mit starken Pulvervorräten versehen, anzuzünden, und in die Luft zu sprengen* (865). Hat Hoffmann hier ein Bedürfnis ausgesprochen, das ihn, als er die damaligen Wirren in Dresden miterlebte, selber beseelte? (Vgl. auch »Der Dichter und der Komponist«.)

Unklar bleibt, warum Anselmus seine Erlebnisse gerade zur angegebenen Zeit, fast genau zwei Jahre später, erzählt. Auf der Rahmenebene, auf der er als etwas närrisches Individuum eingeführt wird, wird nur soviel mitgeteilt, daß er, im tiefsten Gemüt aufgeregt, überraschend bei seinem Freund erscheint und erklärt, eben heute trete ihn, lebendig gestaltet in Fleisch und Blut, die Macht an, die in jenen dunklen Tagen waltete, was immer das heißen mag. Hier, im Rahmenteil, bleibt das Ganze genauso lückenhaft wie im Binnenteil. Allerdings gehört das Abgerissene, Fragmentarische essentiell zu Hoffmanns Erzählungen. (Vgl. auch den Gesamtkommentar, Abschnitt 5, und den Einzelkommentar zu »Die Automate«.)

Der Zusammenhang der Dinge

Erstdruck in: Wiener Zeitschrift für Kunst, Litteratur, Theater und Mode. Wien 1820, Jg. 5, 12. Febr. – 2. März 1820, Nr. 19–27, Seite 153–158, 161–164, 169–173, 177–182, 185–189, 193–197, 199–205, 209–216. Verfasserangabe: Von E. T. A. Hoffmann, Verfasser der Phantasiestücke in Callots Manier. (Mit dem ersten Preise betheilet.)

Zur Entstehung

Die Erzählung entstand Anfang 1819. Hoffmann beteiligte sich mit ihr an einem am 25. März 1819 angekündigten Preisausschreiben der »Wiener Zeitschrift für Kunst, Litteratur, Theater und Mode« und erhielt den ersten Preis. Welche Quellen er benutzt hat, ist wenig gesichert. (Vgl. dazu Maassen, Bd. 8, S. LXXI ff. und S. 471 ff.) Eine Quelle nennt Hoffmann freilich selber mit dem Namen Mignon (879): Der S. 877 f. beschriebene Tanz des Mädchens *mit verbundenen Augen zwischen neun Eiern* ist einem entsprechenden Tanz Mignons in Goethes »Wilhelm Meisters Lehrjahre«, 2. Buch, 8. Kapitel, nachgebildet.

Zum Text

Wie in »Spielerglück« greift Hoffmann hier das Thema des Zufalls auf, zunächst in Konfrontation mit der von Ludwig vertretenen mechanistischen Weltsicht, und um sich, durch den Mund Euchars, über diese lustig zu machen. Das Bild des großen, künstlich zusammengefügten Uhrwerks, das im Zeitalter der Aufklärung populär wurde und mit dem sich der Rationalismus den Bau der Welt zurechtgelegt hatte, ist zugleich ein Bild von der Kausalgesetzlichkeit alles Geschehens, denn nichts bewegt sich in einer solchen Maschine, das nicht durch eine bewegende Ursache bewegt würde. Wenn aber somit alles, was sich begibt, determiniert ist, d. h. notwendig so und nicht anders geschieht, und wenn die lückenlose Verkettung von Ursache und Wirkung, wie Ludwig meint, den Zusammenhang der Dinge ausmacht, *auf dem das Prinzip alles Seins, des ganzen Lebens beruht* (876), so kann es in der Tat keinen Zufall geben –

zumindest in der Theorie. In der Praxis freilich widerspricht die Erfahrung der Theorie, liefert sich der Determinist dem Spott aus, wenn er just bei der Explikation seines Systems einem der vielen banalen Zufälle, von denen das Leben wimmelt, zum Opfer fällt, ja eigentlich, den Zufall leugnend, über den Zufall stolpert. Da muß er sich auch noch gefallen lassen, daß das Übel, sein schmerzhaftes Hinschlagen, im Sinne der eigenen Anschauung als ›Rettung‹ der Welt gerechtfertigt wird: *schlugst du nicht schmählich hin, so ging die Welt unter im nächsten Augenblick* (877).

Das Kausalitätsprinzip wird auch auf einer anderen Ebene ad absurdum geführt: im Bereich der Physiognomik. Ob er das Ursache-Wirkungs-Verhältnis bewußt auf das Verhältnis von Charakter und Aussehen anwendet oder nur einer konventionellen Betrachtungsweise folgt, jedenfalls schließt Ludwig von dem abstoßenden Äußeren des häßlichen Cubas auf die Bösartigkeit seines inneren Wesens. Doch liegt er mit dieser Deutung genauso falsch wie mit seinen Schlüssen in bezug auf Viktorine, die er, was ihr Verhalten und Verhältnis zu ihm angeht, so sehr verkennt, daß er, der scheinbar Aufgeklärte über die Art, wie sich alles in der Welt zuträgt, geradezu ein Exempel der absoluten Blindheit darstellt. Von vornherein behindert ihn ein physischer Mangel: er ist kurzsichtig. Seine Kurzsichtigkeit ist aber vor allem symbolisch zu verstehen: als geistiger und seelischer Mangel. Hoffmann hat einmal spöttisch von der Aufklärung bemerkt, sie habe alles *so klar* gemacht, *daß man vor lauter Klarheit nichts sah, und sich am nächsten Baume im Walde die Nase stieß* (im »Fragment aus dem Leben dreier Freunde«, S. 143). Wenn der aufgeklärte Ludwig, kurzsichtig wie er ist, über eine Baumwurzel stolpert, mutet dies wie eine Exemplifizierung des Satzes an.

Eine falsche Physiognomik führt nicht nur bei Ludwig, sondern bei der ganzen gebildeten Gesellschaft zu Mißdeutungen, und zwar in der Einschätzung des grundverschiedenen Freundespaares. Dem äußerlich kalt und zurückhaltend erscheinenden Euchar wird von der Menge ein prosaischer Charakter, dem ständig exaltiert und engagiert wirkenden Ludwig auf Grund dieses äußeren Anscheins ein reiches Gemüt zugesprochen. Dabei verhält es sich genau umgekehrt: Euchars äußere Sprödheit verdeckt innere Tiefe, das auf Effekt eingestellte Auftrumpfen Ludwigs bloß innere Leere. Daß die Gesellschaft sich von der Außenseite täuschen läßt, spricht nicht gerade für ihren Scharfsinn. Ja das Verhalten Ludwigs kommt ihren Erwartungen sogar entgegen. Wenn er große Sprüche macht, ohne Taten folgen zu lassen, so übertrumpft er gleichwohl den, der sich genau umgekehrt verhält (vgl. Euchars wortkarge und spontane Handlungsbereitschaft). Er profitiert davon – und wer wollte bestreiten, daß Hoffmanns Kritik auch heute noch aktuell ist –, daß *in dieser Welt diejenigen Menschen, welche sehr laut und breit verkündigen, was sie tun* wollen, *viel mehr gelten, als die, welche in aller Stille hingehen und es wirklich tun* (886). So bleibt an dem aus der Sicht der Gesellschaft so hoch bewerteten Ludwig aus der Perspektive des die Proportionen zurechtrükkenden Erzählers kein gutes Haar. So entblößt sich, durch die Fehldeutung Ludwigs wie ebenfalls durch diejenige Euchars, umgekehrt auch die Gesellschaft in ihrer Oberflächlichkeit des Urteilens. Das negative Bild Ludwigs verschärft sich noch dadurch, daß selbst sein Determinismus als hohl entlarvt wird. Denn er hat die Lehre vom Zusammenhang der Dinge nicht aus echter weltanschaulicher Überzeugung aufgegriffen, sondern um seine Untätigkeit zu rechtfertigen: *war nicht ausgeführt, was er versprochen, so trug er nicht die Schuld, sondern es hatte nur allein im Zusammenhang der Dinge gelegen, daß es nicht geschehen konnte* (886).

Die Aussage, die Hoffmann über Euchar und Ludwig und deren Beurteilung durch die Gesellschaft macht, ist exemplarisch für seine ganze Weltsicht, denn nicht nur in bezug auf Personen, vielmehr bezogen auf die ganze Wirklichkeit, setzt er immer wieder Außen- und Innenseite zueinander in Kontrast, begründet er immer wieder einen krassen Unterschied zwischen dem äußeren Schein, dem »Wahrscheinlichen«, und dem inneren Wesen, der »Wahrheit«. Wem die Oberfläche der Dinge gegeben ist, der kann dann nicht einfach, im Zuge der Rückführung des Bewirkten auf das Bewirkende, auf die Substanz und Tiefe der Dinge schließen. Wenn bei der Betrachtung der äußeren und bei der Beurteilung der inneren Wirklichkeit überhaupt ein physiognomisches Verfahren Erfolg haben soll, dann nur ein solches, das die Deutung *gegen* allen äußeren Schein bewerkstelligt. Täuschen kann sich dabei auch der Berufene. Selbst Euchar, der tiefere der beiden Freunde und fähig, seinesgleichen in seiner Tiefe zu erfassen, verkennt, was im Innersten Viktorines vor sich geht, daß sie keineswegs Ludwig, sondern ihn, Euchar, liebt. Viktorine ihrerseits ist offenbar die einzige in ihren Kreisen, die Euchars wahren Wert erkennt.

Daß ihre Liebe unglücklich ausgeht, die Situation sich für sie durch die Heirat mit dem verächtlichen Ludwig geradezu ins Absurde verkehrt, muß man als (poetische?) Ungerechtigkeit ansehen. Hoffmann erklärt ihr bedauernswertes Schicksal nur lapidar damit, daß über ihr *ein finstrer Geist gewaltet*, sie selbst legt den Zusammenhang der Dinge mit Bitternis als Kette unsinniger Handlungen aus: *Den wahren Zusammenhang unsers ganzen Seins bilden, denk ich, die Torheiten, die wir begehen, bereuen, und wieder begehen, so daß unser Leben ein toller Spuk scheint, der uns, unser eigenes Ich, rastlos verfolgt, bis er uns zu Tode neckt und hetzt!* (920) Ganz anders könnte Euchar sein Leben kommentieren, als Schicksal, über dem ein guter Geist gewaltet hat, und das auch nicht von törichten, sondern mehr von sinnvollen Handlungen geprägt ist. Aber wieweit hat er sein Glück eher ›verdient‹ als Viktorine? Trifft das Schicksal blinde Entscheidungen?

Die Frage nach dem Zufall taucht hier wieder auf, obwohl Hoffmanns magisches Weltbild, wie bereits im Kommentar zur Erzählung »Spielerglück« ausgeführt, das blinde Ungefähr genausowenig zuläßt wie das mechanistische Weltbild des Rationalismus. Zwar handelt gerade Euchars Spanienerlebnis von abenteuerlichen – und das will doch auch sagen: von zufällig, weil unerwartet und nicht durch eine erkennbare Ursache bestimmt erscheinenden – Ereignissen und Begegnungen, aber daß er in der Mignongestalt Emanuela und durch sie auch Don Rafaele Marchez und seine ganze spanische Vergangenheit wiedertrifft, beruht gemäß der Intention der Erzählung gewiß nicht auf Zufall, sondern hier ist die von Euchar selbst zitierte *ewige Macht* (921) als lenkende Instanz im Spiel. Das Stolpern Ludwigs über die Baumwurzel, welches der Anlaß dafür ist, daß die Freunde just das Wirtshaus aufsuchen, wo Emanuela und der Diener sich gerade aufhalten, ist also doch kein Zufall.

Es wird andererseits aber auch nicht die rationalistische Weltsicht bestätigt. Die Beziehungen, die sich durch die Begegnungen und Wiederbegegnungen in Euchars Lebens knüpfen, zumal die so überraschende, wie die Erfüllung eines märchenhaften Traums anmutende Anknüpfung seines späteren Lebens in Deutschland an sein früheres Spanienabenteuer, wollen nicht als erklärbarer Kausalzusammenhang, sondern als Ergebnis tieferer und unbegreiflicher Bestimmung verstanden werden. So gibt es in der Tat einen »Zusammenhang der Dinge«, aber einen, wie ihn der aufgeklärte Verstand nicht zu denken vermag, wie ihn selbst das tiefe Gemüt Euchars nicht erahnt hatte. Auf dieser untergründigen Ebene ergibt sich auch die formale Einheit der Erzählung. Was oberflächlich zunächst als zusammenhanglos eingefügtes Bruchstück wirkt, Euchars Erzählung von Edgar, erweist sich als Teil des Ganzen, nachdem die Identität Edgars mit Euchar und die Beziehung der Mignongestalt mit Euchars Spanienerlebnis enthüllt sind.

Emanuelas Eiertanz ist vielleicht als Symbol der akausalen Schicksalslenkung aufzufassen. Daß sie mit verbundenen Augen in den kühnsten Wendungen tanzend keines der Eier zertritt, ist gegen alle Wahrscheinlichkeit, gegen das Gesetz von Ursache und Wirkung. So scheint es höhere, unbegreifliche Eingebung im Zustand ekstatischer Entrückung zu sein, die ihre Schritte lenkt und ihre Füße immer nur *haardicht*, gleichwohl *fest und bestimmt*, neben den Eiern aufsetzen läßt (878). Mit Sicherheit belegt aber der ebenfalls von Goethe entlehnte Gedanke vom roten Faden, *der sich durch unser Leben zieht, und an dem wir, ihn in lichten Augenblicken gewahrend, den über uns, in uns waltenden höheren Geist erkennen* (876), wie der Zusammenhang der Dinge von Hoffmann gemeint ist. Als »Zufall« empfinden wir dabei Momente, wo der höhere Geist mittels einer unerwarteten Begebenheit oder eines unerwarteten Zusammentreffens von Umständen unsere Schritte in eine bestimmte Richtung lenkt, ohne daß wir der führenden Kraft im Hintergrund zunächst gewahr werden. In einem Brief an Kunz vom 24. März 1814 schreibt Hoffmann über sein Romanvorhaben »Die Elixiere des Teufels« folgendes: »Es ist darin auf nicht geringeres abgesehen, als in dem krausen, wunderbaren Leben eines Mannes, über den schon bey seiner Geburt die himmlischen und dämonischen Mächte walteten, jene geheimnißvollen Verknüpfungen des menschlichen Geistes mit all' den höhern Prinzipien, die in der ganzen Natur verborgen und nur dann und wann hervorblitzen, welchen Blitz wir dann Zufall nennen, recht klar und deutlich zu zeigen.« (Briefe I, S. 454)

[Eine gräßliche Geschichte]

Erstdruck in den »Serapions-Brüdern«

Zur Entstehung

Die Erzählung entstand etwa Anfang 1821. Wie Maassen entdeckt hat, lehnte sich Hoffmann mit einem Teil der Erzählung (der Geschichte Aureliens) an »Die Geschichte von Sîdi Nu'mân« aus »Tausendundeiner Nacht« an, während sich für den anderen Teil (die Geschichte von Aureliens Mutter) bisher keine Quelle hat finden lassen. – Die Erzählung, der Hoffmann selbst keinen Titel gegeben hat, erscheint in den meisten Ausgaben unter der Überschrift »Vampirismus« (Maassen: »Eine Vampir-Geschichte«). Wenn Vampire Blutsauger sind, dann ist dieser Titel allerdings, mag »Vampir« auch in dem S. 926 zitierten Traktat von Ranft aus dem Jahre 1734 eine weitere Bedeutung haben, vom späteren Gebrauch her zumindest irreführend. Zu Hoffmanns Zeit ist die Bedeutung ›Blutsauger‹ bereits etabliert. Cyprian, der Erzähler, sagt auch nicht, ihm sei eine Geschichte über den Vampirismus eingefallen, sondern: *es ist mir bei dem Gespräch über den Vampirismus eine gräßliche Geschichte eingefallen* (929).

Zum Text

Hoffmann steigt mit dieser Erzählung in die Niederungen des Geschmacks und bedient Gelüste, die im heutigen Lese- und Videopublikum weitverbreitet sind, sich damals aber noch im Frühstadium der Entwicklung befanden. Indes erinnert man sich daran, daß, wenn Lothar im anschließenden Rahmengespräch bemerkt, alles darin sei *scheußlich interessant* und für einen überreizten Gaumen zubereitet (941), Friedrich Schlegel den Geschmacksverfall vorausgesagt hatte, und zwar gerade ausgehend von der Kategorie des Interessanten.

In seinem Aufsatz »Über das Studium der griechischen Poesie« (1797) münzt Schlegel in einer dichtungstypologischen Unterscheidung, die Ähnlichkeit mit Schillers Begriffspaar naiv–sentimentalisch hat, diese Kategorie auf die moderne Poesie, während er die antike Poesie im Zeichen des »Objektiven« sieht. »Interessant« ist für ihn die moderne Poesie, weil sie nicht das Allgemeingültige und Schöne, sondern, in subjektiver Willkür und Manier, das Originale, Individuelle, Charakteristische kultiviert, vor allem aber weil sie auf Reize angelegt ist, die den Leser erregen und ihm Gefühls- und Fantasiegenüsse vermitteln sollen. Das Interessante gibt sich damit nicht nur als Darstellungskategorie, sondern mit stärkerem Akzent noch als Wirkungskategorie bzw., vom Leser aus gesehen, als Geschmackskategorie zu erkennen. Schlegel sieht nun, wenn er die Entwicklung auf der eingeschlagenen Bahn weiterdenkt, eine Krise voraus. Ist es die Hauptintention der interessanten Poesie zu reizen, so kann sie, anders als die einem interesselosen Wohlgefallen dienende »objektive« Poesie, niemals Befriedigung gewähren. Da sie gewissermaßen eine narkotische Funktion ausübt, muß sie sich, um die jedesmal rasch abgenutzte Wirkung zu erneuern, ständig selbst übersteigern und übertrumpfen. So wird das Interessante »schnell genug zum Pikanten und Frappanten übergehn. Das Pikante ist, was eine stumpfgewordene Empfindung krampfhaft reizt; das Frappante ist ein ähnlicher Stachel für die Einbildungskraft. Dies sind die Vorboten des nahen Todes. Das Fade ist die dünne Nahrung des ohnmächtigen, und das Schockante, sei es abenteuerlich, ekelhaft oder gräßlich, die letzte Konvulsion des sterbenden Geschmacks.«[41] Allerdings sah Schlegel diese Krise als vorübergehend an.

Hoffmann läßt den Leser auf die Offenbarung des Gräßlichen, das so scheußlich interessant sei, lange warten. Nach bewährter Manier hüllt er das, was das Leben der Baronesse und Aureliens bestimmt und verhängnisvoll in das Leben des Grafen eingreift, zunächst in – zum Unheimlichen und Abscheulichen gesteigertes – Geheimnis, um es erst ganz am Schluß, nach mehreren Retardationen, die die Spannung des Lesers immer höher schrauben, zu enthüllen. Und wieder einmal kommt die Nachtseite der menschlichen Natur zum Vorschein, die Besessenheit *von den abnormsten Gelüsten* (938), die Hoffmann so sehr faszinierte, wie schon der Fall Cardillacs im »Fräulein von Scuderi« zeigt. An diese Erzählung erinnert denn auch der Umstand, daß das fatale Gelüst die Baronesse im Zustande eines Starrkrampfs befiel, den sie bei der Geburt Aureliens erlebte, und daß sie dieses Gelüst auf Aurelie vererbt. Bei der Mutter Cardillacs war es der Anblick der Juwelenkette am Hals des Kavaliers, der die Begierde nach Geschmeide sowohl in sie wie in ihren Sohn einpflanzte, allerdings nicht bei, sondern vor dessen Geburt. Und wenn des Grafen Hand von den im Krampf erstarrten Fingern der Baronesse *umkrallt* wird und diese ihn anstarrt wie eine Leiche *mit Augen ohne Sehkraft* (931), so ist das eine nur geringfügige Abwandlung der Szene, in welcher der plötzlich niedergesunkene Kavalier Cardillacs Mutter mit *im Todeskrampf erstarrten Armen* (692) auf grausige Weise umklammert.

Auch wird wie in der Erzählung über Cardillac von der besonderen Anfälligkeit schwangerer Frauen für seltsame Eindrücke bzw. Gelüste, die aus solchen erwachsen, gesprochen. Aurelie ist nicht schwanger, sondern steht unter dem von der Mutter ererbten Fluch, ihr seltsames Verhalten gibt dem Arzt aber Anlaß zu vermuten, daß sie es sei. Im Gespräch mit dem Arzt wird auch ein Beispiel jener abnormen Gelüste genannt, das Hoffmann in Reils »Rhapsodieen« fand. Reil lieferte dem Dichter sodann das Schlußmotiv der Erzählung. Wenn Aurelie, nachdem sie sich zuvor mit der ›Kost‹, die der Kirchhof bot, begnügt hatte, ihren Gatten anfällt und ihre Zähne in seine Brust schlägt, so wird man folgende Stelle aus Reils Buch, S. 394f., als Quelle oder Anregung anzunehmen haben:

»Noch führe ich einige kranke Gelüste an, die auch mit Mordlust verbunden sind und als ähnliche Zustände neben der Wuth ohne Verkehrtheit stehen mögen. Beide sind rein organischen Ursprungs, doch darin von einander verschieden, daß jene Gelüste die blutrünstigen Handlungen im Gefolge eines Zwecks, nemlich zu ihrer eigenen Befriedigung erregen, hier hingegen der Trieb zum Handlen selbst die Krankheit ist. Es hat bekanntermaßen Menschen gegeben, die bloß aus Drang zum Genuß des Menschenfleisches, Menschen gemordet haben. Sauvages erzählt von einer Frau, die einen so unwiderstehlichen Appetit auf die Schulter eines Bäckers bekam, daß ihr Mann genöthigt war, von demselben die Erlaubniß zu erkaufen, daß seine Frau sich mit ein Paar Bissen von derselben sättigen könne. Schrecklicher ist der Fall aus Langens Beobachtungen von einer Frau, die während ihrer Schwangerschaft einen so unwiderstehlichen Appetit zum Fleisch ihres Mannes bekam, daß sie ihn ermordete, und einen Theil seines Fleisches einsalzte, um es lange genießen zu können.«

In der schon erwähnten Geschichte von Sîdi Nu'mân aus »Tausendundeiner Nacht« fand Hoffmann das Motiv des Mannes, der eine schöne und liebliche Jungfrau heiratet, bald aber zu seinem Erstaunen feststellen muß, daß die Gattin bei den gemeinsamen Mahlzeiten kaum etwas zu sich nimmt. Dann heißt es im Text:

»Deshalb ward ich in meinem Geiste sehr unruhig, und ich wunderte mich, wie sie ohne Nahrung am Leben bleiben konnte. Eines Nachts jedoch geschah es, daß sie in dem Glauben, ich sei in tiefem Schlafe, sich heimlich von meiner Seite erhob, während ich ganz wach war; und ich sah, wie sie vorsichtig aus dem Bette stieg, als fürchtete sie, mich zu stören. Ich wunderte mich über die Maßen, weshalb sie sich so aus dem Schlafe erhob und mich verließ; und ich war entschlossen, die Sache zu untersuchen. Deshalb stellte ich mich auch weiterhin schlafend und schnarchte; doch ich beobachtete sie, während ich dalag, und ich sah, wie sie rasch ihre Kleider anlegte und das Zimmer verließ. Dann sprang ich vom Bett herab, warf mein Gewand um, hängte mein Schwert über die Schulter und schaute aus dem Fenster, um zu sehen, wohin sie ginge. Alsbald schlich sie über den Hof, öffnete die Tür zur Straße und eilte fort; auch ich lief durch das Tor, das sie offen gelassen hatte, und folgte ihr beim Schein des Mondes, bis sie auf einen Friedhof ging, der nah bei unserem Hause lag. Als ich sah, wie Âmina, meine junge Gattin, den Friedhof betrat, blieb ich draußen stehen, und zwar dicht an der Mauer, über die ich hinübersehen konnte, so daß ich imstande war, sie genau zu beobachten, während sie mich nicht zu entdecken vermochte. Und was mußte ich nun erblikken? Âmina saß da mit einem Ghûl! Deine Hoheit weiß recht wohl, daß die Ghûle zum Geschlecht der bösen Geister gehören; sie sind ja unsaubere Dämonen, die in Ruinen hausen und einsame Wanderer erschrecken und manchmal packen, um ihr Fleisch zu fressen; und wenn sie bei Tage keinen Wanderer finden, den sie fressen können, so gehen sie bei Nacht auf die Friedhöfe, graben Leichen aus und verschlingen sie. So war ich denn gar sehr erstaunt und erschrocken, wie ich meine Gattin dort mit einem Ghûl sitzen sah. Dann gruben die beiden einen Leichnam, der vor kurzem beigesetzt war, aus dem Grabe aus, und der Ghûl und meine Frau Âmina rissen Stücke vom Fleisch ab und aßen sie« (Insel-Ausgabe, Wiesbaden 1953, Bd. 6, S. 261 f.).

Hoffmann übernimmt aus dieser Quelle auch das Umherirren des Gatten im Park, die Auseinandersetzung der Eheleute beim Mittagsmahl am folgenden Tag und die Raserei der Frau, nur daß im Märchen diese den Mann für seine Entdeckung bestraft, indem sie ihn mittels eines Zaubers in einen Hund verwandelt.

Die Königsbraut

Erstdruck in den »Serapions-Brüdern«

Zur Entstehung

Hoffmann hatte das Anfang 1821 geschriebene Märchen bereits für den 3. Band der »Serapions-Brüder« vorgesehen, doch verspätete er sich mit der Ablieferung. Wie aus dem anschließenden Gespräch der Serapions-Brüder hervorgeht, hat eine Anekdote über den seltsamen Fund eines Rings den Anstoß zu der Erzählung gegeben. An derselben Stelle (S. 994) weist Hoffmann aber auch darauf hin, daß die Darstellung des Gemüsekönigs und seiner Vasallen seine eigene Erfindung sei. Was über die Elementargeister gesagt ist, hat Hoffmann aus folgender, von ihm auch sonst herangezogener Quelle geschöpft: [Abbé de Montfaucon de Villars]: »Le Comte de Gabalis, ou Entretiens sur les sciences secrètes«, Paris 1670. Hoffmann benutzte wahrscheinlich folgende Ausgabe: »Comte de Gabalis, ou Entretiens sur les sciences secrètes, renouvellé & augmenté d'une Lettre sur ce sujet. A Cologne [1718?], Chez Pierre Marteau«. Maassen zitiert die Entlehnungen Hoffmanns in seinen Anmerkungen (Bd. 8, S. 446ff.) nach einer deutschen Übersetzung: »Graf von Gabalis oder Gespräche über die verborgenen Wissenschaften. Aus dem Französischen«, Berlin 1782.

Zum Text

Warum Hoffmann die »Königsbraut« im Untertitel ein *nach der Natur entworfenes Märchen* nennt, ist nicht ganz klar. Welche *Natur* sollte hier Pate gestanden haben, etwa die Welt der Gemüsegärten? Auch die ›Natur‹ der »Naturpoesie« – so nannte man vielfach seit Herders Zeit die Volksdichtung – kann nicht gemeint sein, denn diese Erzählung gehört eindeutig in die Gattung des Kunstmärchens. Zwar fehlt es nicht an Motiven, wie sie auch im Volksmärchen vorkommen. So erinnert der Ring, den Ännchen findet und mit dem sie sich an den unterirdischen Gnomen bindet, an die goldene Kugel, die den Froschkönig im gleichnamigen Märchen aus der Tiefe hervorruft, der dann einen Platz im Bett der Königstochter beansprucht.[42] So könnte auch die Abfolge von Verzauberung und Erlösung, die auch in anderen Märchen Hoffmanns vorkommt (vgl. etwa »Nußknacker und Mausekönig«), dem Volksmärchen entlehnt sein. Aber die eigentlich prägenden Züge dieser Erzählung: die Festgelegtheit von Ort und Zeit, die eingehende Beschreibung von Um- und Innenwelt, die detaillierte Ausmalung des Wunderbaren und seine hofische Einkleidung, die spielerische Art, in der mit dem Stoff umgegangen wird, und der witzig-humoristische Erzählstil, sind Elemente des modernen, literarisch geformten, für ein gebildetes Lesepublikum geschriebenen Märchens und wurden von Hoffmann teils direkt, teils indirekt aus dem französischen Feenmärchen geschöpft.[43] A. Behrmann schreibt gewisse Motive bzw. Figuren auch dem Einfluß der Commedia dell'arte zu, so vor allem die Gestalt Dapsuls, die er dem Typ des Dottore zurechnet.[44] Es gibt auch wohl kaum eine humoristisch-komische Erzählung Hoffmanns, wo dieser Einfluß nicht zu spüren wäre.

Das Komische ist, wie das Tragische, in erster Linie nicht ein bestimmter Gegenstand, sondern eine Art des Sehens: komisch kann alles sein, wenn es mit dem komischen Blick angeschaut wird. Hoffmann hat über diesen komischen Blick verfügt, und er hat die Welt wechselweise mit Schaudern und Lachen, häufig auch mit beidem zusammen (was das »Groteske« ergibt), betrachtet. Und da bei ihm im Grunde weniger die Gegenstände als die Betrachtungsweisen wechseln, ist auch die »Königsbraut« im Rahmen seines Œuvres nicht so sehr etwas gegenständlich Neues, sondern die ganz ins Drollige gewendete Variation bekannter Themen und Konstellationen: des Dualismus zwischen dem Wirklichen und dem Wunderbaren, der Verstrikkung eines Menschenkindes in die mythische Welt, des Konflikts feindlicher Mächte innerhalb des Wunderbaren, des Magiers, der helfend eingreift, des jungen Liebespaares, das nach der Überwindung von Schwierigkeiten zueinander kommt, zu diesem Endzweck aber auch eine Wandlung durchmachen muß.

Das Komische hat eine relativierende, wenn nicht geradezu annihilierende Wirkung. Der mythisierte Gemüsegarten als Wunderbares, das Wunderbare als Gemüse: eine Verzauberung des Allertrivialsten und doch zugleich eine Entzauberung des Zaubers. Allerdings muß man die Kunst Hoffmanns bewundern, mit der er Karotten zu springlebendigen mythischen Wesen umschafft, sie ins serapiontisch geschaute Leben treten läßt. Aber hier gibt es weder eine leidvolle Erfahrung der Duplizität von Außenwelt und Innenwelt, wie sie Hoffmann etwa zu Anfang der »Serapions-Brüder« ins Gespräch bringt, noch eine ernst zu nehmende Sehnsucht des ins Irdische *eingeschachteten* Geistes, die Grenzen des Irdischen zu überfliegen (vgl. 54). Dapsul trachtet zwar nach reiner Geistigkeit (*Je mehr Kopf, desto mehr Schönheit und Weisheit*, S. 969) und hat den Ehrgeiz, eine Sylphide zu ehelichen, aber seine Aufmachung bei der magischen Operation: der falsche Bart, der Mantel, die Mütze, verrät, daß hier Theater, eine Rolle, gespielt wird, und wenn er bei dem erhabenen Vorgang *unsanft auf den Hintern* fällt (957), oder wenn ihm bei seinem Bemühen um Geistigkeit die Freßlust in die Quere kommt (959), so zeigt sich, daß im Kostüm des Magiers ein Hanswurst steckt. Am Schluß muß er, dem Anschein nach in einen schnöden Pilz verzaubert, noch froh sein, daß er nicht von der eigenen Tochter mit dem Spaten geschlachtet wird.

Ännchen ist ihrem Wesen nach auch nicht gerade eine Berufene, obwohl sie den Ring findet und der Prinz Daucus Carota sie zur Braut erkoren hat. Sie geht zum Wohle Dapsulheims völlig in der Hauswirtschaft auf, *und diesem irdischen Beruf mag und kann dein Geist sich nimmer entziehen*, wie ihr Vater richtig weissagt (960). Wenn daher der wunderbare Aufmarsch des Karottenkönigs und seines Hofes erfolgt, sperrt sie zwar vor Staunen den Mund auf, aber in ihr regen sich keine höheren Gedanken, sondern nur ökonomische Bedenken: Wie soll sie den ganzen Zug unterbringen und verköstigen? Und ein ganz hauswirtschaftlicher Jammer erfaßt sie, als sie sieht, wie ihr Gemüsegarten durch die Gäste verwüstet wird. Erst als sie ihn in der mythischen Verzauberung doppelt schön erblüht sieht, vor allem aber als ihr die Würde der Gemüsekönigin winkt und damit in ihr die Hoffart geweckt wird, verfällt sie dem Wunderbaren und der Untreue gegen Amandus. Freilich wird sie, die ganz irdisch Gesinnte, bezeichnenderweise auch sich selber fremd, ja sie verliert, wie die Prinzessin Pirlipat in »Nußknakker und Mausekönig«, ihr wohlgefälliges Aussehen und wird in Anpassung an die Karottengnomen häßlich. An dieser Stelle beginnt der Leser, der alle die Ergötzlichkeiten vergnügt zur Kenntnis genommen hat, sich nachdenklich zu fragen, ob nicht doch durch alle Komik etwas Ernstes: das Fatale der Besessenheit durch eine Manie, der Zusammenhang von Schuld und Strafe, vielleicht gar das Motiv des Sündenfalls, hindurchschimmert. Es mutet ja auch nicht bloß komisch an, wenn an Ännchen und Amandus ein Besserungsvorgang exemplifiziert wird: Ännchen läutert sich zu einer Hausfrau, die sich nicht mehr zu Magddiensten herabläßt (eine für uns obsolet gewordene Vorstellung von Würde) und nicht mehr den Spaten handhabt, was immer das heißen mag (Verfeinerung? ein Zuwachs an Sanftmut? – Vgl. die Stelle, wo die Großmagd droht, die Gnome mit dem Spaten totzuschlagen, oder die andere, wo Ännchen fast den Vater tötet und es heißt, daß sie schonungslos gegen alle unedlen Pilze zu wüten pflegt); Amandus wird ein *besonnener in Herz und Gemüt klarer Jüngling,* der sein nebuloses und hochtrabendes, der Selbstbespiegelung dienendes Dichtertum aufgegeben hat und nunmehr der wahren poetischen Begeisterung fähig ist (933).

Wo sich Komik mit Kritik und einer Besserungsabsicht verbindet, hat das Komische eine satirische Funktion. Und es ist eine Interpretation denkbar, die nicht nur die Figur des Amandus und seine Poeterei als Gegenstand einer Dichtersatire (was auf der Hand liegt), sondern auch das Mythische und Märchenhafte als Vehikel einer Philistersatire auffaßt. Im Weltbild des Philisters ist die Natur soweit wertvoll, wie sie nützlich ist. Und muß man es nicht als ergötzliche Apotheose dieser Ansicht verstehen, wenn der Gemüsegarten, Inbegriff des Nützlichen, zur Welt des Wunderbaren verklärt wird? Als zugleich täuschende Apotheose freilich, da diese Welt eine ekelhafte

Kehrseite enthüllt: sie ist Schlamm, in dem sich widerliche Ungeheuer wälzen (983 f.).

Bleibt zu sagen, daß der ästhetische Wert der »Königsbraut« in der literaturwissenschaftlichen Forschung umstritten ist, daß ihr aber Charles Baudelaire in seinem Aufsatz »De l'Essence du Rire« (1855) eine begeisterte Würdigung gewidmet hat. Es heißt hier u. a.: »Was Hoffmann auszeichnet und worin seine Einzigartigkeit liegt, ist die unwillkürliche und mitunter auch höchst absichtsvolle Mischung einer gewissen Dosis signifikanter Komik mit dem absolut Komischen allerhöchsten Grades. Seine komischen Einfälle, die oft den Gesichtern eines Betrunkenen gleichen, mögen noch so übernatürlich, noch so flüchtig sein, sie haben doch immer eine nicht zu verkennende moralische Bedeutung: man glaubt, es mit einem tiefsinnigen Physiologen oder Irrenarzt zu tun zu haben, der sich damit vergnügt, sein tiefes Wissen in das Gewand der Poesie zu kleiden, wie ein Gelehrter, der in Fabeln und Parabeln spräche.«[45]

Anmerkungen

Kommentar zum Ganzen

1 Vgl. Friedrich Schnapp: Der Seraphinenorden und die Serapions-Brüder E. T. A. Hoffmanns, in: Literaturwissenschaftliches Jahrbuch, N. F. 3 (1962), S. 99–111.

2 Ebd., S. 101.

3 Zitiert ebd., S. 99f.

4 Zitiert ebd., S. 104.

5 Vgl. Wulf Segebrecht, in: E. T. A. Hoffmann, Die Serapions-Brüder, München 1963, S. 1063, 1096, 1097.

6 Ebd., S. 1064.

7 Moritz Goldstein: Die Technik der zyklischen Rahmenerzählungen Deutschlands, Diss. Berlin 1906, S. 10.

8 Ebd., S. 26f.

9 Ebd., S. 97.

10 Vgl. Ilse Winter: Untersuchungen zum serapiontischen Prinzip E. T. A. Hoffmanns, The Hague/Paris 1976, S. 68.

11 Vgl. Lothar Pikulik: Anselmus in der Flasche. Kontrast und Illusion in E. T. A. Hoffmanns ›Der goldne Topf‹, in: Euphorion 63 (1969), S. 341–370.

12 Ders.: Das Wunderliche bei E. T. A. Hoffmann, in: Euphorion 69 (1975), S. 294–319.

13 Vgl. Wolfgang Nehring: Die Gebärdensprache E. T. A. Hoffmanns, in: Zeitschrift für deutsche Philologie 89 (1970), S. 207–221.

14 Vgl. Dietrich Weber: Theorie der analytischen Erzählung, München 1975.

15 Richard Alewyn: Ursprung des Detektivromans, in: ders.: Probleme und Gestalten, Frankfurt 1974, S. 355.

16 Vgl. ders.: Brentanos »Geschichte vom braven Kasperl und dem schönen Annerl«, in: ebd., S. 160ff.

17 Ebd., S. 148ff.

18 Vgl. zuletzt Hans Toggenburger: Die späten Almanach-Erzählungen E. T. A. Hoffmanns, Bern/Frankfurt/New York 1983.

19 Vgl. Hugh Honour/John Fleming: Weltgeschichte der Kunst, München 1983, S. 504.

20 Hans H. Hofstätter: Symbolismus und die Kunst der Jahrhundertwende, Köln [4]1978, S. 44.

21 Vgl. Helmut Müller: Untersuchungen zum Problem der Formelhaftigkeit bei E. T. A. Hoffmann, Bern 1964.

22 Vgl. Wolfgang Nehring: E. T. A. Hoffmanns Erzählwerk: Ein Modell und seine Variationen, in: Zeitschrift für deutsche Philologie 95 (1976), S. 3–24.

23 Vgl. Lothar Pikulik: Romantik als Ungenügen an der Normalität, Frankfurt 1979.

24 Otto Klinke: E. T. A. Hoffmanns Leben und Werke. Vom Standpunkte eines Irrenarztes, Halle 1908, S. 49.

25 Egon Friedell: Selbstanzeige, München/Wien 1983, S. 101.

26 Dietmar Jürgen Ponert: E. T. A. Hoffmann – ein Preuße? Ausstellungskatalog des Berlin Museums, Berlin 1981, S. 84.

Kommentare zu den einzelnen Erzählungen

1 Vgl. Jutta Kolkenbrock-Netz: Wahnsinn der Vernunft – juristische Institution – literarische Praxis. Das Gutachten zum Fall Schmolling und die Erzählung »Der Einsiedler Serapion« von E. T. A. Hoffmann, in: dies./Gerhard Plumpe/Hans Joachim Schrimpf (Hg.): Wege der Literaturwissenschaft, Bonn 1985, S. 122–144.

2 E. T. A. Hoffmann: Juristische Arbeiten, hg. von Friedrich Schnapp, München 1973, S. 112f. (das Gutachten S. 83–120).

3 Wulf Segebrecht: Krankheit und Gesellschaft. Zu E. T. A. Hoffmanns Rezeption der Bamberger Medizin, in: Richard Brinkmann (Hg.): Romantik in Deutschland, Stuttgart 1978, S. 267–290.

4 Friedhelm Auhuber: In einem fernen dunklen Spiegel. E. T. A. Hoffmanns Poetisierung der Medizin, Opladen 1986, S. 27ff.

5 Ebd., S. 14.

6 Frank Haase: Eine Marginalie zu E. T. A. Hoffmanns Novelle *Rat Krespel*, in: Mitteilungen der E. T. A. Hoffmann-Gesellschaft 31 (1985), S. 15–17.

7 Gabriele Brandstetter: Die Stimme und das Instrument – Mesmerismus als Poetik in E. T. A. Hoffmanns *Rat Krespel*. In: Jacques Offenbachs »Hoffmanns Erzählungen«. Konzeption – Rezeption – Dokumentation, hg. von G. Brandstetter, Laaber 1987.Thurnauer Schriften zum Musiktheater, Bd. 9.

8 Werner Keil im Vorwort zu seiner Ausgabe der Sonate f-Moll, AV 27, von E. T. A. Hoffmann, Wiesbaden 1984; vgl. auch ders.: E. T. A. Hoffmann als Komponist, Wiesbaden 1986, S. 7, 305f.

9 Vgl. dazu Wulf Segebrecht: Autobiographie und Dichtung, Stuttgart 1967, S. 94ff.

10 Vgl. J. Rosteutscher: Das ästhetische Idol, Bern 1956, S. 102ff.

10a W. Keil in dem in Anm. 8 genannten Vorwort.

11 Nach einer freundlichen Mitteilung W. Keils, der ihn in seinem Buch »E. T. A. Hoffmann als Komponist« auch »Urenkelschüler« Johann Sebastian Bachs nennt (S. 306).

12 Segebrecht: Autobiographie und Dichtung, S. 108.

13 Werner Vordtriede: Novalis und die französischen Symbolisten, Stuttgart 1963, S. 57f.

14 Nach Elisabeth Frenzel: Stoffe der Weltliteratur, Stuttgart [4]1976, S. 91.

15 Vgl. Klaus Weber: Das Reich der Steine und Metalle in der Dichtung deutscher Romantiker. Ein Beitrag zur Deutung des romantischen Symbolismus, masch. Diss. Köln 1953.

16 Vgl. Vordtriede: Novalis, S. 43ff.

17 Emil Lorenz: Die Geschichte des Bergmanns von Falun, vornehmlich bei E. T. A. Hoffmann, Richard Wagner und Hugo von Hofmannsthal, in: Imago 3 (1914), S. 250–301.

18 Brigitte Feldges/Ulrich Stadler: E. T. A. Hoffmann. Epoche – Werk – Wirkung, München 1986, S. 179–193.

19 Ebd., S. 189.

20 Wolfgang Uber: E. T. A. Hoffmann und Sigmund Freud. Ein Vergleich, Diss. FU Berlin 1974

21 Nach Harvey W. Hewett-Thayer: A Source of Hoffmann's »Kampf der Sänger«, in: Modern Language Notes 63 (1948), S. 526–527.

22 Zitiert nach Eckart Kleßmann: Die deutsche Romantik, Köln 1979, S. 183.

23 Vgl. Auhuber: In einem fernen dunklen Spiegel, S. 23 ff.

24 Johann August Eberhard: Über den Ursprung der Fabel von der weißen Frau, in: Berlinische Monatsschrift I, 1783; wieder abgedruckt in: Norbert Hinske (Hg.): Was ist Aufklärung? Beiträge aus der Berlinischen Monatsschrift, Darmstadt 1973, S. 5 ff.

25 Vgl. Lieselotte Sauer: Marionetten, Maschinen, Automaten. Der künstliche Mensch in der deutschen und englischen Romantik, Bonn 1983.

26 Ebd., S. 16 f.

27 Vgl. Klaus-Dieter Dobat: Musik als romantische Illusion. Eine Untersuchung zur Bedeutung der Musikvorstellung E. T. A. Hoffmanns für sein literarisches Werk, Tübingen 1984.

28 Zum Motiv des Kindlichen in der Romantik siehe auch Gerhard Schaub: Le Génie Enfant. Die Kategorie des Kindlichen bei Clemens Brentano, Berlin/New York 1973.

29 Vgl. Thomas Cramer: Das Groteske bei E. T. A. Hoffmann, München ²1970.

30 Siehe hierzu Otto Rommel: Die Alt-Wiener Volkskomödie, Wien 1952, bes. S. 486 ff.

31 Ebd., S. 493

32 Vgl. Robert Darnton: Der Mesmerismus und das Ende der Aufklärung in Frankreich, München/Wien 1983; Heinz Schott (Hg.): Franz Anton Mesmer und die Geschichte des Mesmerismus, Stuttgart 1985.

33 Richard Alewyn: Die Lust an der Angst, in: ders.: Probleme und Gestalten, S. 307–330, hier S. 325.

34 Ebd., S. 328.

35 Ebd., S. 315 f.

36 Vgl. Henry F. Ellenberger: Die Entdeckung des Unbewußten, Bern 1973.

37 Vgl. Robert Heiss: Allgemeine Tiefenpsychologie, München o. J., S. 58 ff

38 Richard Alewyn: Ursprung des Detektivromans, in: ders.: Probleme und Gestalten, S. 341–360, hier S. 353 f.

39 Ebd., S. 356.

40 Meyers Enzyklopädisches Lexikon, 9. Aufl., Bd. 25, S. 783.

41 Friedrich Schlegel: Kritische Schriften, hg. von Wolfdietrich Rasch, München 1970, S. 149.

42 Alfred Behrmann: Zur Poetik des Kunstmärchens. Eine Strukturanalyse der »Königsbraut« von E. T. A. Hoffmann, in: Wolfgang Haubrichs (Hg.): Er-

zählforschung 3. Theorien, Modelle und Methoden der Narrativik, Göttingen 1978, S. 107–134, hier S. 117.

43 Ebd., S. 119ff.

44 Ebd., S. 124ff.

45 Charles Baudelaire: Sämtliche Werke und Briefe in acht Bänden, hg. von Friedhelm Kemp u. Claude Pichois, Bd. 1, München/Wien 1977, S. 303.

Mehrfach zitierte Literatur

Hippels Erinnerungen an Hoffmann. In: Hoffmann und Hippel. Das Denkmal einer Freundschaft. Zusammengestellt von Hans von Müller, Berlin 1912 (= E. T. A. Hoffmann im persönlichen und brieflichen Verkehr. Gesammelt und erläutert von Hans von Müller, Bd. 1)

E. T. A. Hoffmann: Fantasie- und Nachtstücke. Nach dem Text der Erstdrukke, unter Hinzuziehung der Ausgaben von Carl Georg von Maassen und Georg Ellinger, herausgegeben und mit einem Nachwort versehen von Walter Müller-Seidel, mit Anmerkungen von Wolfgang Kron (...), München: Winkler 1960

E. T. A. Hoffmann: Die Elixiere des Teufels. Lebens-Ansichten des Katers Murr. Nach dem Text der Erstausgaben, unter Hinzuziehung der Ausgaben von Carl Georg von Maassen und Georg Ellinger, mit einem Nachwort von Walter Müller-Seidel und Anmerkungen von Wolfgang Kron (...), München: Winkler 1961 (zitiert: Elixiere/Kater Murr)

E. T. A. Hoffmann: Späte Werke. Nach dem Text der Erstdrucke unter Hinzuziehung der Ausgaben von Carl Georg von Maassen, Georg Ellinger und Hans von Müller (Meister Floh), mit einem Nachwort von Walter Müller-Seidel und Anmerkungen von Wulf Segebrecht (...), München: Winkler 1965

E. T. A. Hoffmann: Schriften zur Musik. Nachlese. Nach dem Text der Erstdrucke und Handschriften herausgegeben sowie mit Nachworten und Anmerkungen versehen von Friedrich Schnapp (...), München: Winkler 1963

E. T. A. Hoffmanns Briefwechsel. Gesammelt und erläutert von Hans von Müller und Friedrich Schnapp. Hrsg. von Friedrich Schnapp. Bd. I: Königsberg bis Leipzig 1794–1814; Bd. II: Berlin 1814–1822, München: Winkler 1967 (zitiert: Briefe)

E. T. A. Hoffmann: Tagebücher. Nach der Ausgabe Hans v. Müllers mit Erläuterungen herausgegeben von Friedrich Schnapp, München: Winkler 1971

E. T. A. Hoffmann in Aufzeichnungen seiner Freunde und Bekannten. Eine Sammlung von Friedrich Schnapp, München: Winkler 1974

Kluge, Carl Alexander Ferdinand: Versuch einer Darstellung des animalischen Magnetismus, als Heilmittel, Berlin 1811

Maassen, Carl Georg von (Hrsg.): E. T. A. Hoffmanns Sämtliche Werke. Historisch-kritische Ausgabe mit Einleitungen, Anmerkungen und Lesarten von Carl Georg von Maassen. Bd. 1–4, 6–10, München und Leipzig (Bd. 8: München und Berlin; Bd. 9/10: München) 1908–28 (zitiert: Maassen)

Novalis: Schriften. Die Werke Friedrich von Hardenbergs. Hrsg. von Paul Kluckhohn und Richard Samuel. 4 Bde., Stuttgart [2]1960–75

Reil, Johann Christian: Rhapsodieen über die Anwendung der psychischen Curmethode auf Geisteszerrüttungen, Halle 1803

Schubert, Gotthilf Heinrich: Ansichten von der Nachtseite der Naturwissen-

schaft, Dresden 1808. Unveränderter reprographischer Nachdruck, Darmstadt 1967
Schubert, Gotthilf Heinrich: Die Symbolik des Traumes, Bamberg 1814. Faksimiledruck nach der Ausgabe von 1814. Mit einem Nachwort von Gerhard Sauder, Heidelberg 1968
Segebrecht, Wulf: (Anmerkungen zu:) E. T. A. Hoffmann: Die Serapions-Brüder [etc.] (zitiert: Segebrecht)
Tieck, Ludwig: Phantasus. Eine Sammlung von Märchen, Erzählungen, Schauspielen und Novellen. 3 Bde., Berlin 1812–16. Auch in: L. T.: Schriften, Bd. 4 und 5 (hiernach zitiert)
Tieck, Ludwig: Schriften. 28 Bde., Berlin 1828–54
Wagenseil, Johann Christoph: De sacri Romani imperii libera civitate Noribergensi commentatio. Accedit: De Germaniae Phonascorum Origine, Praestantia, Utilitate (...) das ist Von der Meistersinger holdseliger Kunst (...), Altdorfi Noricorum 1697.

Auswahlbibliographie

Bibliographien zum Werk Hoffmanns

Voerster, Jürgen: 160 Jahre E. T. A. Hoffmann-Forschung. 1805–1965. Eine Bibliographie mit Inhaltserfassung und Erläuterungen, Stuttgart 1967

Kanzog, Klaus: Grundzüge der E. T. A. Hoffmann-Forschung seit 1945. Mit einer Bibliographie, in: Mitteilungen der E. T. A. Hoffmann-Ges. 9 (1962), S. 1–30. Sowie vom selben Verfasser die bibliographischen Berichte für die Jahre 1962–1965, ebd. 12 (1966), S. 33–38; für die Jahre 1966–1969, ebd. 16 (1970), S. 28–40; für die Jahre 1970–1980, ebd. 27 (1981), S. 55–103

Kritische Ausgaben der »Serapions-Brüder«

E. T. A. Hoffmanns Werke. In 15 Teilen. Auf Grund der Hempelschen Ausgabe neu herausgegeben mit Einleitungen und Anmerkungen versehen von Georg Ellinger, Berlin/Leipzig/Wien/Stuttgart 1912. Teil 5–8. Anmerkungen in Teil 15

E. T. A. Hoffmanns Sämtliche Werke. Historisch-kritische Ausgabe mit Einleitungen, Anmerkungen und Lesarten von Carl Georg von Maassen. Bd. 1–4, 6–10 [mehr nicht erschienen], München und Leipzig (Bd. 8: München und Berlin; Bd. 9/10: München) 1908–1928. Enthält in Bd. 6–8 nur die Bände 2–4 der »Serapions-Brüder«

E. T. A. Hoffmann: Die Serapions-Brüder. Nach dem Text der Erstausgabe (1819–21) unter Hinzuziehung der Ausgaben von Carl Georg von Maassen und Georg Ellinger, mit einem Nachwort von Walter Müller-Seidel und Anmerkungen von Wulf Segebrecht, sowie mit den Illustrationen von Theodor Hosemann zur ersten Gesamtausgabe von 1844/45, München: Winkler 1963. [Auch Darmstadt: Wissenschaftliche Buchgesellschaft]

Dokumente

E. T. A. Hoffmanns Briefwechsel. Gesammelt und erläutert von Hans von Müller und Friedrich Schnapp, hg. von Friedrich Schnapp. Bd. I: Königsberg bis Leipzig 1794–1814; Bd. II: Berlin 1814–1822; Bd. III: Amtliche Briefe. Dokumente, München 1967–69

E. T. A. Hoffmann: Tagebücher. Nach der Ausgabe Hans von Müllers mit Erläuterungen hg. von Friedrich Schnapp, München 1971

E. T. A. Hoffmann: Juristische Arbeiten, hg. und erläutert von Friedrich Schnapp, München 1973

E. T. A. Hoffmann in Aufzeichnungen seiner Freunde und Bekannten. Eine Sammlung von Friedrich Schnapp, München 1974
E. T. A. Hoffmanns Leben und Werk in Daten und Bildern, hg. von Gabrielle Wittkop-Ménardeau, Frankfurt 1968
E. T. A. Hoffmann. Leben und Werk in Briefen, Selbstzeugnissen und Zeitdokumenten, hg. von Klaus Günzel, Berlin [Ost] ²1978
Schnapp, Friedrich (Hg.): E. T. A Hoffmann (Dichter über ihre Dichtungen 13), München 1974
Schnapp, Friedrich (Hg.): Der Musiker E. T. A. Hoffmann. Ein Dokumentenband, Hildesheim 1981
Wirth, Irmgard (Hg.): E. T. A. Hoffmann und seine Zeit. Gemälde Graphik Dokumente Bilder Photographien. Ausstellungskatalog des Berlin Museums, Berlin 1976
Ponert, Dietmar Jürgen: E. T. A. Hoffmann – ein Preuße? Ausstellungskatalog des Berlin Museums, Berlin 1981

Untersuchungen zum Gesamtwerk Hoffmanns und zu wichtigen Aspekten des Gesamtwerks

Ellinger, Georg: E. T. A. Hoffmann. Sein Leben und seine Werke, Hamburg 1894
Harich, Walther: E. T. A. Hoffmann. Das Leben eines Künstlers, 2 Bde., Berlin 1920
Dahmen, Hans: E. T. A. Hoffmanns Weltanschauung, Marburg 1929
Ricci, Jean F. A.: E. T. A. Hoffmann. L'Homme et l'Œuvre, Paris 1947
Hewett-Thayer, Harvey W.: Hoffmann. Author of the Tales, [New Ed.] New York 1971 [zuerst 1948]
Thalmann, Marianne: E. T. A. Hoffmanns Wirklichkeitsmärchen, in: Journal of Englisch and Germanic Philology 51 (1952), S. 437–491
Martini, Fritz: Die Märchendichtungen E. T. A. Hoffmanns, in: Der Deutschunterricht 7 (1955), H. 2, S. 57–78
Mayer, Hans: Die Wirklichkeit E. T. A. Hoffmanns, in: Klaus Peter (Hg.): Romantikforschung seit 1945, Meisenheim 1980, S. 116–144 [zuerst 1958]
Müller, Helmut: Untersuchungen zum Problem der Formelhaftigkeit bei E. T. A. Hoffmann, Bern 1964 (Diss. Bern 1960)
Tecchi, Bonaventura: Le fiabe di E. T. A. Hoffmann, Firenze 1962
Werner, Hans-Georg: E. T. A. Hoffmann. Darstellung und Deutung der Wirklichkeit im dichterischen Werk, Berlin/Weimar ²1971 [zuerst 1962]
Reber, Natalie: Studien zum Motiv des Doppelgängers bei Dostojevskij und E. T. A. Hoffmann, Gießen 1964
Just, Klaus Günther: Die Blickführung in den Märchennovellen E. T. A. Hoffmanns, in: Wirkendes Wort 14 (1964), S. 389–397
Preisendanz, Wolfgang: »Eines matt geschliffnen Spiegels Widerschein«. E. T. A. Hoffmanns Erzählkunst, in: Festschrift für Jost Trier zum 70. Geburtstag, Köln 1964, S. 411–429
Cramer, Thomas: Das Groteske bei E. T. A. Hoffmann, München ²1970 [zuerst 1966]
Köhn. Lothar: Vieldeutige Welt. Studien zur Struktur der Erzählungen E. T. A. Hoffmanns und zur Entwicklung seines Werkes, Tübingen 1966

Schneider, Karl-Ludwig: Künstlerliebe und Philistertum im Werk E.T.A. Hoffmanns, in: Hans Steffen (Hg.): Die deutsche Romantik. Poetik, Formen und Motive, Göttingen [3]1978, S. 200–218 [zuerst 1967]
Segebrecht, Wulf: Autobiographie und Dichtung. Eine Studie zum Werk E.T.A. Hoffmanns, Stuttgart 1967
Rotermund, Erwin: Musikalische und dichterische ›Arabeske‹ bei E.T.A. Hoffmann, in: Poetica 2 (1968), S. 48–69
Matt, Peter von: Die Augen der Automaten. E.T.A. Hoffmanns Imaginationslehre als Prinzip seiner Erzählkunst, Tübingen 1971
Günzel, Klaus: Zu E.T.A. Hoffmanns Entwicklung als Schriftsteller, in: Mitteilungen der E.T.A. Hoffmann-Ges. 18 (1972), S. 17–32
Rüdiger, Horst: Zwischen Staatsräson und Autonomie der Kunst. E.T.A. Hoffmanns poetologischer Standort, in: Deutsche Weltliteratur. Von Goethe bis Ingeborg Bachmann. Festgabe für J. Alan Pfeffer, hg. von Klaus W. Jonas, Tübingen 1972, S. 89–114
Daemmrich, Horst S.: The Shattered Self. E.T.A. Hoffmann's Tragic Vision, Detroit 1973
Stegmann, Inge: Deutung und Funktion des Traumes bei E.T.A. Hoffmann, Diss. Bonn 1973
Uber, Wolfgang: E.T.A. Hoffmann und Sigmund Freud. Ein Vergleich, T. 1.2., Diss. FU Berlin 1974
Nehring, Wolfgang: E.T.A. Hoffmanns Erzählwerk: Ein Modell und seine Variationen, in: Zeitschrift für deutsche Philologie 95 (1976), Sonderheft E.T.A. Hoffmann, S. 3–24
Rösser, Barbara: Satire und Humor bei E.T.A. Hoffmann. Eine Untersuchung der historischen und poetologischen Grundlagen und der Realisation im Werk, Diss. München 1976
Vitt-Maucher, Gisela: Die wunderlich wunderbare Welt E.T.A. Hoffmanns, in: Journal of English and Germanic Philology 75 (1976), Sonderheft E.T.A. Hoffmann, S. 515–530
Eilert, Helga: Theater in der Erzählkunst. Eine Studie zum Werk E.T.A. Hoffmanns, Tübingen 1977
Miller, Norbert: Das Phantastische – Innensicht, Außensicht. Nachtstücke und Märchen bei E.T.A. Hoffmann, in: Phaicon 3. Almanach der phantastischen Literatur, hg. von Rein A. Zondergeld, Frankfurt 1978, S. 32–56
Pikulik, Lothar: Romantik als Ungenügen an der Normalität. Am Beispiel Tiecks, Hoffmanns, Eichendorffs, Frankfurt 1979 [das Kapitel über das »Wunderliche« bei E.T.A. Hoffmann auch in: Euphorion 69 (1975), S. 294–319]
Fühmann, Franz: Fräulein Veronika Paulmann aus der Pirnaer Vorstadt oder Etwas über das Schauerliche bei E.T.A. Hoffmann, Hamburg 1980
Magris, Claudio: Die andere Vernunft. E.T.A. Hoffmann, Königstein 1980
Sauer, Liselotte: Marionetten, Maschinen, Automaten. Der künstliche Mensch in der deutschen und englischen Romantik, Bonn 1983
Dobat, Klaus-Dieter: Musik als romantische Illusion. Eine Untersuchung zur Bedeutung der Musikvorstellung E.T.A. Hoffmanns für sein literarisches Werk, Tübingen 1984
Safranski, Rüdiger: E.T.A. Hoffmann. Das Leben eines skeptischen Phantasten, München/Wien 1984

Loquai, Franz: Künstler und Melancholie in der Romantik, Frankfurt/Bern/New York/Nancy 1984

Keil, Werner: E. T. A. Hoffmann als Komponist. Studien zur Kompositionstechnik an ausgewählten Werken, Wiesbaden 1986

Auhuber, Friedhelm: In einem fernen dunklen Spiegel. E. T. A. Hoffmanns Poetisierung der Medizin, Opladen 1986

Feldges, Brigitte/Stadler, Ulrich (mit je einem Beitrag von Ernst Lichtenhahn und Wolfgang Nehring): E. T. A. Hoffmann. Epoche – Werk – Wirkung, München 1986

Einzelbeiträge zu den »Serapions-Brüdern«

(Zum Ganzen)

Schnapp, Friedrich: Der Seraphinenorden und die Serapions-Brüder E. T. A. Hoffmanns, in: Literaturwissenschaftliches Jahrbuch, N. F. 3 (1962), S. 99–111

Müller-Seidel, Walter: Nachwort zur Ausgabe der »Serapions-Brüder« im Winkler-Verlag (s. o. unter Kritische Ausgaben)

Winter, Ilse: Untersuchungen zum serapiontischen Prinzip E. T. A. Hoffmanns, The Hague/Paris 1976 [zuerst Diss. Rutgers Univ., New Jersey, 1971]

Steinecke, Hartmut: Nachwort [zu:] E. T. A. Hoffmann: Die Serapions-Brüder, Frankfurt 1983, Bd. 4, S. 1319–1339

Günzel, Klaus: Wahrhafte Nachricht von den Berliner Serapions-Brüdern. Nachwort [zu:] Die Serapionsbrüder. Märchendichtungen der Berliner Romantik, hg. von Klaus Günzel, Köln 1986, [enthält Texte von Hoffmann, Chamisso, Contessa, Fouqué und Koreff], S. 565–609

(Zu den einzelnen Erzählungen, nach der Reihenfolge in den »Serapions-Brüdern«:)

Kolckenbrock-Netz, Jutta: Wahnsinn der Vernunft – juristische Institution – literarische Praxis. Das Gutachten zum Fall Schmolling und die Erzählung »Der Einsiedler Serapion« von E. T. A. Hoffmann, in: Jutta Kolckenbrock-Netz, Gerhard Plumpe, Hans Joachim Schrimpf (Hg.): Wege der Literaturwissenschaft, Bonn 1985, S. 122–144

Wiese, Benno von: E. T. A. Hoffmann: »Rat Krespel«, in: Ders.: Die deutsche Novelle von Goethe bis Kafka. Interpretationen, Bd. 2, Düsseldorf 1962, S. 87–102

Rippley La Verne, J.: The House as Metaphor in E. T. A. Hoffmann's »Rat Krespel«, in: Papers on Language and Literature 7 (1971), S. 52–60.

Vitt-Maucher, Gisela: Hoffmanns »Rat Krespel« und der Schlafrock Gottes, in: Monatshefte 64 (1972), S. 51–57

Haase, Frank: Eine Marginalie zu E. T. A. Hoffmanns Novelle »Rat Krespel«, in: Mitteilungen der E. T. A. Hoffmann-Ges. 31 (1985), S. 15–17

Brandstetter, Gabriele: Die Stimme und das Instrument – Mesmerismus als Poetik in E. T. A. Hoffmanns »Rat Krespel«, in: Dies. (Hg.): Jacques Offenbachs »Hoffmanns Erzählungen«. Konzeption – Rezeption – Dokumentation, Laaber 1987.

McGlathery, James M.: »Der Himmel hängt ihm voller Geigen«: E. T. A. Hoffmann's »Rat Krespel«, »Die Fermate« and »Der Baron von B.«, in: German Quarterly 51 (1978), S. 135–149
Wittkowski, Wolfgang: E. T. A. Hoffmanns musikalische Musikerdichtungen »Ritter Gluck«, »Don Juan«, »Rat Krespel«, in: Aurora 38 (1978), S. 54–74
Schweitzer, Christoph E.: Bild, Struktur und Bedeutung: E. T. A. Hoffmanns »Die Fermate«, in: Steven Paul Scher (Hg.): Zu E. T. A. Hoffmann, Stuttgart 1981, S. 117–119
Garlington, Aubrey: E. T. A. Hoffmann's »Der Dichter und der Komponist« and the Creation of the German Romantic Opera, in: The Musical Quarterly [New York] 65 (1979), H. 1, S. 22–47
Müller, Hans von (Hg.): Zwölf Berlinische Geschichten aus den Jahren 1551–1816. Erzählt von E. T. A. Hoffmann. Nach der Folge der Handlung zusammengest. u. erl. von H. v. M., München 1921 [u. a. mit Anmerkungen zu »Ein Fragment aus dem Leben dreier Freunde«, »Nußknacker und Mausekönig«, »Nachricht aus dem Leben eines bekannten Mannes«, »Der Baron von B.«]
Lorenz, Emil: Die Geschichte des Bergmanns von Falun, vornehmlich bei E. T. A. Hoffmann, Richard Wagner und Hugo von Hofmannsthal, in: Imago 3 (1914), S. 250–301
Scherer, Micheal: Die Bergwerke von Falun. Eine Studie zu E. T. A. Hoffmann und J. P. Hebel, in: Blätter für den Deutschlehrer 2 (1958), H. 1, S. 9–16
Hamburger, Käte: Das Bergwerk von Falun, in: K. H.: Kleine Schriften, Stuttgart 1976, S. 175–180 [zuerst 1959]
Heinisch, Klaus J.: E. T. A. Hoffmann: »Die Bergwerke zu Falun«, in: Ders.: Deutsche Romantik. Interpretationen, Paderborn 1966, S. 134–153
Neubauer, John: The mines of Falun: temporal fortunes of a romantic myth, in: Studies in romanticism 19 (1980), S. 475–495
Elardo, Ronald J.: The maw as infernal medium in »Ritter Gluck« and »Die Bergwerke zu Falun«, in: New German Studies 9 (1981), S. 29–49
Müller, Hans von (Hg.): Die Märchen der Serapionsbrüder, hg. und mit einem Nachwort versehen von H. v. M., Berlin ^{2}1920 [mit Anmerkungen zu »Nußknacker und Mausekönig«, »Das fremde Kind«, »Die Königsbraut«]
Heintz, Günter: Mechanik und Phantasie. Zu E. T. A. Hoffmanns Märchen »Nußknacker und Mausekönig«, in: Literatur in Wissenschaft und Unterricht 7 (1974), S. 1–15
Elardo, Ronald J.: E. T. A. Hoffmann's »Nußknacker und Mausekönig«. The Mouse-Queen in the Tragedy of the Hero, in: Germanic Review 55 (1980), S. 1–8
Loepp, Frida: Über E. T. A. Hoffmanns »Kampf der Sänger«, (masch.) Diss. Marburg 1925
Kanzog, Klaus: Formel, Motiv, Requisit und Zeichen bei E. T. A. Hoffmann, in: Richard Brinkmann (Hg.): Romantik in Deutschland, Stuttgart 1978, S. 625–638 [zu »Die Automate«]
Kolb, Peter: E. T. A. Hoffmanns »Meister Martin« im deutschen Unterricht, in: Zeitschrift für Deutschkunde 38 (1974), S. 25–35
Planta, Urs Orland von: E. T. A. Hoffmanns Märchen »Das fremde Kind«, Bern 1958 (Diss. Zürich 1958)
Schnapp, Friedrich: Die Heimat des fremden Kindes, in: Mitteilungen der E. T. A. Hoffmann-Ges. 21 (1975), S. 38–41

Pniower, Otto: E. T. A. Hoffmanns Erzählung »Aus dem Leben eines bekannten Mannes«, in: Euphorion 14 (1907), S. 714–717
Thalmann, Marianne: E. T. A. Hoffmanns »Fräulein von Scuderi«, in: Monatshefte 41 (1949), S. 107–116
Himmel, Hellmuth: Schuld und Sühne der Scuderi, in: Mitteilungen der E. T. A. Hoffmann-Ges. 7 (1960), S. 1–15
Alewyn, Richard: Ursprung des Detektivromans, in: Ders.: Probleme und Gestalten, Frankfurt 1974, S. 341–360 [zuerst 1963. – Zu »Das Fräulein von Scuderi«]
Kanzog, Klaus: E. T. A. Hoffmanns Erzählung »Das Fräulein von Scuderi« als Kriminalgeschichte, in: Mitteilungen der E. T. A. Hoffmann-Ges. 11 (1964), S. 1–11
Post, Klaus D.: Kriminalgeschichte und Heilsgeschichte. Zu E. T. A. Hoffmanns Erzählung »Das Fräulein von Scuderi«, in: Zeitschrift für deutsche Philologie 95 (1976), Sonderheft E. T. A. Hoffmann, S. 132–156
Lindken, Hans Ulrich: E. T. A. Hoffmann: »Das Fräulein von Scuderi«. Erläuterungen und Dokumente, Stuttgart 1978
Schneider, Peter: Verbrechen, Künstlertum und Wahnsinn. Untersuchungen zur Figur des Cardillac in E. T. A. Hoffmanns »Das Fräulein von Scuderi«, in: Mitteilungen der E. T. A. Hoffmann-Ges. 26 (1980), S. 34–50
Gorski, Gisela: E. T. A. Hoffmann »Das Fräulein von Scuderi«, Stuttgart 1980
Gorski, Gisela: »Das Fräulein von Scuderi« in Schauspiel, Oper, Film und Fernsehen, in: Mitteilungen der E. T. A. Hoffmann-Ges. 26 (1980), S. 76–87
Hemmerich, Gerd: Verteidigung des »Signor Formica«. Zu E. T. A. Hoffmanns Novelle, in: Jahrbuch der Jean-Paul-Ges. 17 (1982), S. 113–127
Behrmann, Alfred: Zur Poetik des Kunstmärchens. Eine Strukturanalyse der »Königsbraut« von E. T. A. Hoffmann, in: Wolfgang Haubrichs (Hg.): Erzählforschung, Bd. 3, Göttingen 1978, S. 107–134
Vitt-Maucher, Gisela: E. T. A. Hoffmanns »Die Königsbraut«: »ein nach der Natur entworfenes Märchen«, in: Mitteilungen der E. T. A. Hoffmann-Ges. 30 (1984), S. 42–58

Zeittafel

1776 24. Januar: Ernst Theodor Wilhelm Hoffmann in Königsberg in Preußen geboren. Aus Verehrung für Mozart ändert er später seinen dritten Vornamen in Amadeus um. Sein Vater: Christoph Ludwig Hoffmann (1736–1797), Anwalt am preußischen Hofgericht in Königsberg. Seine Mutter: Luise Albertine Doerffer (1748–1796), Tochter des Königsberger Anwalts und Konsistorialrats Johann Jacob Doerffer.

1778 Scheidung der Eltern. Ernst Theodor Wilhelm wird vom Gericht der Mutter, sein älterer Bruder Carl Wilhelm Philipp (geb. 1773) dem Vater zugesprochen. Die Mutter zieht mit dem Sohn ins Doerffersche Haus.

1782 H. tritt in die reformierte Burgschule in Königsberg ein.

1787 Beginn der lebenslangen Freundschaft mit dem Mitschüler Theodor Gottlieb (später: von) Hippel (1775–1843). Privat-Musikunterricht beim Organisten Podbielsky. Privat-Malunterricht beim Maler Saemann.

1792 Beginn des Jura-Studiums an der Universität Königsberg.

1794 Der Großonkel, Justizrat Christoph Ernst Voeteri (gest. 1795) nimmt den angehenden Juristen mehrfach als Protokollführer auf Dienstreisen zu preußischen Adelsfamlien mit. H. erteilt Musikunterricht. Verliebt sich in seine Schülerin Dora Hatt (1766–1803), Frau eines Königsberger Weinhändlers.

1795 H. besteht sein Examen als Regierungs-Auskultator und beginnt seine Amtstätigkeit in Königsberg.

1796 Übersiedlung H.s nach Glogau (Schlesien) zu seinem Onkel Johann Ludwig Doerffer, der, selber Rat am Glogauer Obergericht, die Versetzung des Neffen erwirkt hat, um ihn von Dora Hatt zu trennen. Winter 1795/96 Entstehung des Romans »Der Geheimnisvolle«, von dem ein Fragment in H.s Brief an Hippel vom 13. März 1796 erhalten ist.

1798 H. verlobt sich mit Minna Doerffer, einer Tochter seines Onkels. Er besteht das Referendarexamen und läßt sich nach Berlin versetzen, wohin auch sein Onkel als Obertribunalsrat versetzt ist. Während des Berliner Aufenthalts Musikunterricht beim Komponisten Johann Friedrich Reichardt.

1800 H. besteht das Assessorexamen mit der Note »Vorzüglich«. Wird zum Assessor am Obergericht in Posen ernannt. Entstehung des Singspiels »Scherz, List und Rache« (nach dem Text von Goethe).

1802 H. löst die Verlobung mit Minna Doerffer und heiratet am 26. Juli Maria Thekla Michalina (Mischa) Rorer (1781–1859), Tochter eines polnischen Stadtschreibers. Von H. gezeichnete Karikaturen preußischer Offiziere, die er auf der Posener Karnevalsredoute verteilt hatte, tragen ihm eine Strafversetzung nach Plock ein. Seit 21. Februar Regierungsrat.

1803 »Schreiben eines Klostergeistlichen an seinen Freund in der Hauptstadt« erscheint im »Freimütigen« als erste gedruckte Schrift H.s.

1804 Versetzung nach Warschau. Bekanntschaft mit Zacharias Werner und Beginn der Freundschaft mit Julius Eduard Itzig (später Hitzig), der ihn mit den Werken der Schlegel, Tieck, Novalis, Brentano und wohl auch mit den Calderon-Übersetzungen A. W. Schlegels bekannt macht.

1805 Entstehung der Bühnenmusik zu Z. Werners »Das Kreuz an der Ostsee«. Aufführung des Singspiels »Die lustigen Musikanten« (nach dem Text von Brentano). Vollendung der Messe in d-Moll. Unter H.s führender Beteiligung wird die »Musikalische Gesellschaft« gegründet. H. wird zweiter Vorsitzender, Sekretär und Bibliothekar der Gesellschaft.

1806 H. tritt im Eröffnungskonzert der »Musikalischen Gesellschaft« im neu eingerichteten Vereinshaus am 3. August zum ersten Mal als Dirigent auf. Am 28. November Einzug der Franzosen in Warschau. H. verliert seine Stellung als preußischer Beamter, seine Wohnung wird von den Franzosen beschlagnahmt. Er muß mit Frau und Tochter Caecilia (1805–1807) Zuflucht in einer Dachkammer des Vereinshauses suchen. Leitet weiterhin Konzerte. Zwischen Herbst 1806 und Sommer 1807 Aufführung der Es-Dur-Sinfonie.

1807/1808 Zweiter Berliner Aufenthalt. H. versucht vergeblich, als Porträtmaler, bei Musikverlagen und am Theater unterzukommen. Er lernt (vielleicht im Salon der Rahel Levin) verschiedene Vertreter des geistigen Lebens Berlins kennen, u. a. den Komponisten Karl Friedrich Zelter, die Schriftsteller Karl August Varnhagen von Ense, Adelbert von Chamisso, den Philosophen Johann Gottlieb Fichte.

1808 Auf Grund eines Inserats im »Reichsanzeiger«, in dem sich H. als Theaterkapellmeister empfohlen hatte, erhält er vom Bamberger Theaterdirektor Graf von Soden eine Anstellung am Bamberger Theater. Mißerfolge und Mißhelligkeiten zwingen ihn kurze Zeit später, die Tätigkeit als Theaterkapellmeister aufzugeben und sich mit der Stelle eines Theaterkomponisten zu begnügen.

1809 H. verdient seinen Lebensunterhalt hauptsächlich als Musiklehrer. Gibt im Mai seine Tätigkeit am Theater ganz auf. Beginn der Mitarbeit an der »Allgemeinen Musikalischen Zeitung«. Dort erscheint am 15. Februar seine Erzählung »Ritter Gluck«.

1810 Der neue Direktor des Bamberger Theaters, Franz von Holbein, stellt H. als »Direktionsgehilfen« ein. H. arbeitet als Theaterkomponist, Bühnenarchitekt und Kulissenmaler. Besprechung der 5. Sinfonie von Beethoven für die AMZ.

1811 H. faßt eine leidenschaftliche Zuneigung zu seiner Gesangsschülerin Julia Mark. Besuch bei Jean Paul in Bayreuth. Erfolgreiche Mitarbeit bei der Inszenierung der Dramen Calderons und Shakespeares und bei der Aufführung von Kleists »Käthchen von Heilbronn«.

1812 Holbein legt die Direktion des Theaters nieder, H. verliert seine Stellung. Reise nach Nürnberg. Julia M. verlobt sich auf Betreiben der Mutter mit Gerhard Graepel, einem Hamburger Kaufmannssohn.

1813 Vertragsabschluß über die »Fantasiestücke in Callots Manier« zwischen H. und dem Verleger Carl Friedrich Kunz. H. nimmt eine Stelle als Kapellmeister in Dresden unter dem Operndirektor Joseph Seconda an. Wechselnde Aufenthalte in Dresden und Leipzig im Zeichen der Kriegswirren. H. erlebt die Belagerung Dresdens vom 7. Oktober bis 11. November. Komposition der »Undine« (nach dem Text von Fouqué).

1814 Dezember 1813 bis September 1814 in Leipzig. Im Februar Bruch mit Seconda, H. wird entlassen. Zu Ostern erscheinen Bd. 1 und 2, im Herbst Bd. 3 der »Fantasiestücke in Callots Manier«. Wiedereintritt in den preußischen Staatsdienst mit einer Anstellung am Kammergericht. H. sammelt bald nach seiner Übersiedlung nach Berlin Ende September einen Freundeskreis um sich, in dem, zusammen mit dem 1818 wiederauflebenden Freundschaftsbund, das Urbild der Serapions-Bruderschaft zu sehen ist (s. dazu den Gesamtkommentar unter 1.).

1815 Beginn der Freundschaft mit dem Schauspieler Ludwig Devrient. Es erscheinen: Bd. 4 der »Fantasiestücke in Callots Manier« und Bd. 1 der »Elixiere des Teufels«.

1816 Ernennung zum Kammergerichtsrat. Erfolgreiche Uraufführung der Oper »Undine« im Königlichen Schauspielhaus. Es erscheinen: Bd. 2 der »Elixiere des Teufels«, Teil 1 der »Nachtstücke«.

1817 Es erscheinen: Teil 2 der »Nachtstücke«, die erste Fassung der »Seltsamen Leiden eines Theaterdirektors«.

1818 Es erscheint die zweite Fassung der »Seltsamen Leiden« (mit Erscheinungsjahr 1819).

1819 Im Frühjahr erkrankt H. schwer. Erholungsreise im Sommer nach Schlesien. Ernennung zum Mitglied der »Immediatkommission zur Ermittelung hochverräterischer Verbindungen und anderer gefährlicher Umtriebe«. Es erscheinen: »Klein Zaches genannt Zinnober«, die 2. Aufl. der »Fantasiestücke in Callots Manier«, Bd. 1 und 2 der »Serapions-Brüder«, »Lebens-Ansichten des Katers Murr« (Bd. 1, mit Erscheinungsjahr 1820).

1820 Es erscheinen: Bd. 3 der »Serapions-Brüder«, »Prinzessin Brambilla«.

1821 H. erwirkt seine Entlassung aus der »Immediatkommission«. Ernennung zum Mitglied des Oberappellationssenates am Kammergericht. Schreibt Ende des Jahres die berühmte Knarrpanti-Episode seines »Meister Floh«, mit der er den Polizeidirektor von Kamptz karikiert. Es erscheinen: Bd. 4 der »Serapions-Brüder«, »Lebens-Ansichten des Katers Murr« (Bd. 2, mit Erscheinungsjahr 1822).

1822 H. erkrankt Anfang des Jahres tödlich. Ende Januar beschlagnahmt die preußische Regierung in Frankfurt am Main das Manuskript des »Meister Floh«. Disziplinarverfahren gegen H. wegen der Knarrpanti-Episode. Eine zensierte Fassung des »Meister Floh« (ohne die Knarrpanti-Episode) wird freigegeben und erscheint. An seinen letzten Erzählungen (u. a. »Des Vetters Eckfenster«, »Die Genesung«, »Der Feind«) schreibt und – nach Lähmung der Hände – diktiert H. noch auf seinem Kranken- und Sterbebett. Er stirbt am 25. Juni.